读《左传》悟哲理

荣海生 著

齊魯書社
·济南·

图书在版编目（CIP）数据

读《左传》 悟哲理 / 荣海生著. -- 济南：齐鲁书社, 2025. 1. -- ISBN 978-7-5333-5056-7

Ⅰ. K225.04

中国国家版本馆CIP数据核字第2024HV1318号

责任编辑 刘 晨 李 煦
装帧设计 宋 双 亓旭欣

读《左传》 悟哲理
DU ZUOZHUAN WU ZHELI
荣海生 著

主管单位	山东出版传媒股份有限公司
出版发行	齊魯書社
社　　址	济南市市中区舜耕路517号
邮　　编	250003
网　　址	www.qlss.com.cn
电子邮箱	qilupress@126.com
营销中心	（0531）82098521 82098519 82098517
印　　刷	天津中印联印务有限公司
开　　本	710mm × 1000mm 1/16
印　　张	15.25
插　　页	1
字　　数	223千
版　　次	2025年1月第1版
印　　次	2025年1月第1次印刷
标准书号	ISBN 978-7-5333-5056-7
定　　价	68.00元

序 言

大家知道，《左传》作为中华优秀传统文化的经典，诚如李学勤先生所说："我们应该有一个看法，《左传》是研究中国古代历史文化的起点和基础。"这里，承蒙海生先生之邀，为他的大作《读〈左传〉 悟哲理》一书写序，深感荣幸之至。

我们通读书稿，作者穷高极远，功力深厚。通过深入挖掘历史文化资源，以讲故事的方式，梳理剖析《左传》所记历史事件和人物经纬，喻人以理，诲人以善，给阅读者以全新的导读提示和感悟引领，不仅体现了作者对中华优秀传统文化的深刻理解，更加体现了作者对历史发展规律的深刻认知。

中华五千多年文明史，犹如一条奔腾不息的长河，承载着人类文明的兴衰更替。历史，不是只有单薄的人名、事件和年代，而是由一个个真实发生的故事串联起来，有情节、有画面，也有血、也有肉，可谓丰富多彩，绚丽多姿。在浩若烟海的中华历史文化典籍当中，《左传》可谓记事详备、叙事优美，承载着中华智慧的文史宝藏，它以写实的笔法，用一个个趣味横生的故事，反映了中国历史上那个辉煌灿烂时代的道德观念、政治智慧和人生哲学，对几千年来中国政治、思想、文化的发展产生了巨大而深远的影响。每当我们翻开其厚重的书页，仿佛穿越历史时空，置身于那个诸侯纷争、风云变幻的时代，也许这就是古代经典的魅力所在！

那么，古代先贤包括当今学人在内，为何都喜欢读《左传》呢？我们觉得，《左传》所蕴含的丰富的人生哲理和深刻的智慧境界，引人深思。诸如《左传·襄公十一年》所云："书曰：'居安思危。'思则有备，有备无患"，强调防范于未然的必要；《左传·僖公二十年》所云："量力而动，其过鲜矣"，告诫人们要根据自己的实际能力和情况采取适当的行动；又如《左传·宣公二年》

所云：“人谁无过？过而能改，善莫大焉”，鼓励人们要有悔过自新的勇气和行动；《左传·闵公元年》所云：“宴安鸩毒，不可怀也”，警告人们不要沉溺于安逸的生活，要保持勤奋和进取的精神；再如《左传·襄公二十五年》所云：“弈者举棋不定，不胜其耦”，强调了果断决策的重要性，以及抓住机遇的必要性；《左传·襄公十年》所云：“众怒难犯，专欲难成”，提醒领导者要听取各方意见，避免偏听偏信；《左传·昭公三十一年》所云：“君子动则思礼，行则思义，不为利回，不为义疚”，时刻提醒执政者，要坚守公平正义，不为利益所左右，诸如此类，不胜枚举。我们阅读《左传》，汲取古人的智慧，以史为鉴，可以更好地面对生活和工作中的种种挑战。

海生先生是山东菏泽社会科学院首任院长，是社科研究战线上的一位老同志，深耕传统文化三十余年，笃学明志、砥砺前行，以落实中华优秀传统文化“两创”精神为己任，出版多部专著，发表上百篇论文，受邀到高校、科研院所等平台做学术讲座、录制视频专题片等，为挖掘、研究、宣传传统文化，不遗余力。这本《读〈左传〉　悟哲理》应该是近期传统文化研究方面取得的一个重要成果。

在新的起点上，期待更多有价值的成果面世。

谨以此为序。

2024 年 12 月 1 日

于京杭大运河畔

目 录

《左传》开篇非常重要

《春秋左氏传》又称《左传》，是儒家经典“十三经”之一，相传为春秋末年鲁国史官左丘明为解释《春秋》所作。《左传》按年份记事，记载了自鲁隐公元年（公元前722年）至鲁哀公二十七年（公元前468年）共两百多年间（其叙事至鲁悼公十四年为止）周王室、鲁国及其他诸侯国发生的一系列重大历史事件。

西周末年，幽王昏庸，为了讨得褒姒的红颜一笑，竟然玩起了烽火戏诸侯的游戏，还把申后（王后）打入冷宫。申后的父亲是申国的国君申侯。申侯咽不下这口气，他要为女儿申冤，就联合北方的少数民族犬戎，一起进攻周王室。犬戎进犯，受到戏耍的各国诸侯无人前来增援，王室军队大败，周王室被迫东迁，中国社会进入春秋时代。

这个时间交界点正是鲁国的鲁惠公执政时期。

《春秋》是从鲁惠公去世、鲁隐公继任开始写起的，记录了当年鲁国和邾国会盟、和宋国会盟，记录了郑国内乱和战争，还记录了周天子大臣宰咺到鲁国吊唁的事情。

《春秋》首先对鲁惠公和鲁隐公、鲁桓公的关系做了简单介绍。在隐公元年的条目下，《左传》记载了以下几个历史事件：一是鲁惠公去世时太子年幼，由其兄鲁隐公摄政；二是邾国国君没有得到天子的册封，与摄政的鲁隐公各有所需而结盟；三是郑庄公挫败弟弟共叔段的反叛，段的儿子公孙滑逃到卫国求援，卫国出兵攻打郑国，郑国又以周天子的名义讨伐反击卫国；四是周王室派大臣宰咺到鲁国吊唁，惠公已经下葬，此举有失礼节；五是纪国人讨伐夷国；六是鲁国与宋国结盟求和。此外，还记载了鲁国修建郎城、建都城南门、发生虫害等事件。其中，“郑伯克段于鄢”写得最为详细。郑武公的妻子武姜讨厌大儿子寤生（郑庄公），溺爱小儿子段，最终得寸进尺的段发动叛乱，战败后逃到了共这个地方。段的儿子公孙滑逃到卫国求援，卫国出兵攻打郑国，为公孙滑夺得了一块土地。作为周天子的卿士，郑庄公却以天子的名义发动多国军队攻打卫国。郑庄公对母亲武姜的做法非常生气，把她逐出都城，并发誓“不及黄泉无相见也！”后来，郑庄公后悔，大臣颍考叔让庄公挖地道，母子和好。“多行不义必自毙”“黄泉”等词语均出自这里。

《左传》第一篇所记内容详略有致，非常重要，历来为史学界所重视。本篇第一次写到了诸侯会盟议事，第一次写到了郑国的内乱和诸侯国之间的战争，第一次写到了周天子与诸侯之间的丧事礼仪。文中对一些事件和人物进行了追溯，还提到了《春秋》没有记载的几件事情，并给出了不记录的缘由。

战争和会盟是春秋时期的主线。作为西周的封国，各个国家之间因何而战，战争之后如何恢复关系，各国因何而盟，会盟的效果如何，等等，本篇都做了介绍。可以说，这一篇确定了《左传》的写作体例，涵盖了周王室、鲁国及其他国家发生的事件。

《左传》开局从郑国开始

春秋初年，郑国在帮助周天子迁都中立下功劳，成为周天子最为倚重的诸侯国。但此时郑国国内也不平静。《左传》记载，接替父亲郑武公的郑国国君郑庄公寤生非常不开心，他的母亲武姜不喜欢他，总想让他的弟弟段取代他。原因很简单，他出生的时候难产，武姜险些因生他而丧命，武姜认为为大儿子付出的足够多了。所以，在丈夫郑武公在位的时候，这个偏心的母亲就几次请求废掉太子寤生，让小儿子段接班。在那个时代，长幼有序。国君夫人的干预，肯定要惹麻烦。

郑武公是个明白人，最终还是让太子寤生继位了。郑庄公还是比较讲孝道，对他的母亲武姜非常孝顺，可以说言听计从。武姜本应非常知足。可是，她并不这样想。她还是念念不忘要让小儿子段篡位！她替小儿子要封地、要军队，只要对小儿子有利的，她都去争取，明显就是怂恿小儿子段造反。后来，段真的就造反了。

郑庄公是历史上有名的小霸主。后来，段在鄢地被打败，逃到了共地。后人给这个故事取名为“郑伯（庄公）克段于鄢”。史书评价说，郑庄公的弟弟段造反，全在郑庄公的掌握之内，他是故意不约束武姜给段要地和军队，造成弟弟反叛。段的儿子公孙滑一看形势不好，也逃跑了，逃到了卫国。郑国和卫国是邻国，郑国当年又很强势，卫国的国君会接受公孙滑吗？

卫国国君是一个爱管闲事之人。他听了公孙滑的一面之词后，决定要为公孙滑做主。卫国遂出兵攻打郑国，抢占了一块叫作廪延的地方，安置了公孙滑。

郑庄公不干了。敢管我们国家的事，还对我动武，我可是周朝的卿士！于是，他以周天子的名义，联合虢国、邾国共同出兵，攻打卫国，占领了卫国的大片土地。郑国、卫国由此结怨。当时邾国出兵时还与鲁国进行了沟通，鲁隐公不同意出兵，而公子豫自己做主前往，说明鲁隐公领导力不够。

后来，宋国国君死了，国内因为争君位而内乱。国君的一个儿子冯逃跑，逃到了郑国，郑国收留了他。卫国马上与宋国国君联系，说：“你要断绝后患，让郑国把公子冯交出来。”郑国不交。于是宋国、卫国联合攻打郑国。由此郑国又与宋国结怨。

这是春秋乱局的开始，全部是围绕着一个“权”字。

春秋乱局祸根源于卫庄公

春秋时期社会之乱，在中国历史上是数得着的。有人说春秋之乱始于《左传》记载的“郑伯（庄公）克段于鄢”，郑国的内乱殃及邻近的卫国。但这次内乱，郑庄公是最终的胜利者，平叛的一方战胜了叛乱的一方，正义战胜了邪恶。更多的人则认为，春秋之乱始于卫国的州吁弑杀卫国国君，因为这件事是邪恶的一方占据了上风，使得社会发展失去了底线标准。

卫国是西周初平定管叔、蔡叔作乱后，分封周武王弟弟康叔建立的诸侯国。卫国“启以商政，疆以周索”，成为周朝的重要藩屏，康叔还得以在周王室担任司寇。周平王东迁时，卫武公曾出兵助周平戎。所以，司马迁在《史记》中把卫国列为十二诸侯国之一。可见，在西周和春秋初期，卫国是比较风光的。

卫庄公是卫国的第十二任国君。卫庄公曾娶齐国太子得臣的妹妹庄姜为夫人。庄姜很漂亮，《诗经·卫风·硕人》形容她美若天仙：“手如柔荑，肤如凝脂。领如蝤蛴，齿如瓠犀。螓首蛾眉，巧笑倩兮，美目盼兮。”但庄姜没有生育能力，卫庄公即使想一直独宠庄姜，也架不住他身为一国之君需要接班人。于是卫庄公又娶了陈国贵族的女子为夫人，新娶的夫人长得也不差，随后就为卫庄公生下了儿子，就是后来的卫孝伯。但她寿命不长，不久就去世了。根据周朝的习俗，陈女出嫁时，她的妹妹作为陪嫁的媵人，也来到了卫国，后来也受到了卫庄公宠幸，并为庄公生下了公子完。

庄姜无事可做，又很喜欢小孩，便照看抚养公子完，对待他如同自己的儿子一样，后来公子完被立为了太子。卫庄公的另一个宠妾，也生了一个儿子，起名叫州吁。州吁自幼不学礼节，喜欢舞枪弄棒。卫庄公却对他们母子宠爱有加，而庄姜却非常讨厌州吁。

州吁长大后，个性张扬，秉性不改。当时州吁和大臣石碏的儿子石厚交往密切，石碏不想让儿子与州吁来往过密，却阻止不了。石碏就劝谏卫庄公，说：“对州吁太过放纵，宠爱和赐予太过分，容易让他走上邪路，不合适。如果准备立州吁为太子，就应该尽早定下来，否则会酿成祸乱。”卫庄公没有同意。

公元前 735 年，卫庄公去世，因为有齐国和陈国的支持，太子完继位，是为卫桓公。失去靠山的州吁逃往国外。第二年春，不甘落魄的州吁回国，发动政变，杀死了卫桓公，自立为国君。

州吁篡权后为提高威望，马上与郑国开战。因为他杀害了卫桓公，卫国人还是不拥护他。卫国内部一派乱象。石厚问计于父亲石碏——如何让州吁安定君位和治理国家？石碏表示，要得到大臣的支持，必须取得周天子的认可。怎么让周天子认可呢？石碏告诉他，卫国和陈国友好，让陈国的陈桓公出面代为请求周天子，大事可成。于是州吁就带着石厚去了陈国。

卫桓公的母亲是陈国人。陈桓公对州吁弑杀卫桓公非常不满。石碏抢先一步派人到陈国，把州吁、石厚等人将去陈国的事情告诉了陈桓公，并说这二人是杀害卫桓公的凶手，请陈桓公帮助除掉他们。州吁、石厚等人没料到石厚的父亲石碏会大义灭亲，把他们调离卫国，就是为了抓捕他们。州吁、石厚等人满怀信心地到了陈国，陈桓公马上命人将其控制，然后请石碏派人来陈国处理。同年九月，石碏亲自安排，处死了石厚和州吁。十二月，卫国人拥立卫桓公的弟弟公子晋继位，是为卫宣公。

州吁，应该说是比较能折腾的一个人，他挑起了郑、宋之间的战争。在儒家看来，他既不是嫡子，也不是长子，更何况他的君位是通过不正当手段取得的，所以，他引起的卫国之乱，使得各诸侯国蠢蠢欲动，春秋乱局由此而起。

起怪名惹乱

自古以来，中国人对姓名都非常重视。姓名不仅仅是一个标识，它作为一种根脉文化，一直传承到现在。《左传·桓公六年》讲述了给小孩起名字的学问，即名字要讲究信、义、类、假、象，而且还有很多避讳。但历史上偏偏就有人专门找些不恰当的字作为名字。

晋穆侯的夫人姜氏在晋国讨伐条戎的时候生了大儿子，给他起了一个怪名字——仇。“仇”的意思是不和睦。在千亩之战时，她又生了一个儿子，起名叫成师。古代“师”主要是指组织军队和出征打仗。《周易》就有“长子帅师，弟子舆尸”的爻辞。大夫师服说：“不可思议，国君竟然给儿子起这样的名字！这不是期望晋国动乱吗？看来将来太子仇即使继位也不会在位太久。”

晋文侯（太子仇）去世后，晋国果真发生了动乱。

晋文侯的儿子晋昭侯继位之后把叔叔成师封到了曲沃。曲沃是一座人口和面积都要超过晋国国都翼城的城市。这无疑是放养了一只猛虎。

公元前 739 年，晋国的大夫潘父杀了晋昭侯而迎回成师，晋国大臣和翼城人都不支持，成师没能即位。晋国人又立了昭侯的儿子平为晋孝侯。公元前 724 年，成师的儿子曲沃庄伯（鱓）领兵攻打翼城，杀了晋孝侯，大臣和翼城人仍然不拥护鱓，又立了晋孝侯的弟弟郤为晋鄂侯。晋鄂侯又传位给了儿子晋哀侯。晋哀侯侵占了陉庭地方的土地。陉庭南部边境的人引导曲沃武公（鱓之子）攻打翼城，活捉了晋哀侯。公元前 705 年，曲沃武公诱杀了晋哀侯的儿子晋小子侯。第二年冬天，周天子再封哀侯的弟弟缗为晋国国君，并召集虢国、芮国、梁国、荀国和贾国等几个小国的军队共同讨伐曲沃，没有取胜。公元前 678 年，晋侯缗被杀。曲沃武公靠武力吞并了整个晋国，并以珍宝贿赂周僖王。周天子赐命曲沃武公为晋侯即晋武公。由此开始，成师的后代成功取代了仇的后代，取得君位。

低劣的外交

宋殇公时，因为郑国收留公子冯避难，甚至还想出兵帮公子冯篡权夺位，两个国家就此产生了矛盾。后来，与郑国战争不断的卫国的公子州吁弑君自立，怂恿宋国攻打郑国，郑、宋两国爆发战争而加深仇恨。

公元前 718 年，宋国人掠取了邾国的土地。邾国是小国，打不过宋国。当时的郑国是拱卫周天子的强国，郑庄公还是辅佐周天子的卿士，有维护小诸侯国权利的职责。于是邾国国君出使郑国，对郑国国君庄公说：“宋国无故侵犯小国，无视周天子，请君王攻打宋国，帮我们报仇雪恨，敝邑愿意为向导。”

宋国和卫国组织的军队曾攻打过郑国的都城，郑庄公一直想找机会报仇。他打着维护正义的旗号，带领郑、郳联军和周天子的军队，大举进攻宋国。联军一直攻到了宋国的外城。

宋殇公派人到鲁国告急求救。鲁隐公听说郑、郳联军已经攻到了宋国国都的外城，打算出兵救援宋国，便认真地询问使者："敌国的军队到了什么地方？"使者没有如实相告，欺骗他说："还没有到国都。"鲁隐公十分生气，就没有发兵前去救援。他辞退使者说："你们的君王请求我出兵，为宋国的危难分忧。宋国危在旦夕，你却在这里说瞎话，把国家大事当儿戏，我没有必要替你们解忧了。"不久，鲁国就与郑国摒弃前嫌建立了友好关系。

《诗经》曰："辞之辑矣，民之洽矣。辞之怿矣，民之莫矣。"外交人员的辞令，关系到国家的安危和百姓的生活，必须十分慎重地选派。国际大事虽然是变化无常，但事实真相不可否认。

华父督行贿

宋国是周公旦分封商纣王的兄长微子启而建立的诸侯国，周天子准许其用天子礼乐祭祀祖先。宋襄公的时候，宋、楚在泓水交战，宋襄公把宋军演绎成了仁义之师，后世很多人都据此认为宋国是一个崇尚仁义礼智信的国家。其实，宋国并不是遵守周礼的国家。据《左传》记载，早期的宋国盛行送礼贿赂。

宋国宋戴公的孙子华父督任太宰，把持宋国政权。有一次，他在路途中无意之间看见了孔父嘉的妻子，惊叹"美而艳"，由此不能忘怀。这个孔父嘉就是孔子的六世祖，也不是一般的人，是宋国的司马，掌管军队。

当时宋国的国君是宋殇公，宋国与郑国、鲁国等邻国不停地发生战争，百姓苦不堪言。华父督就到处宣扬宋国穷兵黩武都是孔父嘉的责任。公元前710年春天，华父督找了一个机会，出兵包围并进攻孔父嘉宅院，杀死了孔父嘉，抢走了孔父嘉的妻子。宋殇公震怒问责，华父督非常害怕，就又杀死了宋殇公。

郑庄公是周天子的卿士，他以此为借口，召集鲁国、陈国、齐国共同出兵，讨伐宋国。华父督见势不妙，开始大肆贿赂。他为了讨好郑国，便从郑国把公子冯请回国内立为国君，把攻打郜国时抢来的郜鼎送给鲁国，并又分头以财物贿赂齐国、陈国。郑国与鲁国、陈国、齐国四国国君受贿后，在稷地会盟，帮助公子冯（即宋庄公）确立了合法地位，华父督则继续执掌宋国朝政。

垂涎美色而杀人夺妻，还稳居高位，春秋时期这类事情，《左传》中不乏记载，这是一种野蛮的现象。

受贿的东西不干净

宋国卿士华父督杀死孔父嘉而占有他的妻子。宋殇公震怒，要处罚华父督。华父督又把宋殇公也杀了。《春秋》认为华父督大逆不道，“弑其君与夷（宋殇公）及其大夫孔父”。

齐、鲁、郑、陈等国计划出兵讨伐华父督，平定宋国的内乱。华父督得到消息，马上派人到各个国家进行贿赂，并游说他们说，宋殇公即位以后，十年之中发生了十一次战争，百姓不能忍受。孔父嘉作为司马，这都是他造成的。华父督作为太宰，为了百姓安稳生活，才杀了孔父嘉和宋殇公。华父督又把公子冯（宋殇公堂弟）从郑国请回而立他为国君。同时把从郜国抢来的大鼎送给鲁桓公，对齐、陈、郑诸国也都有财礼馈送。这些国君得到不义之财后，竟然召集会盟大会，帮助华父督稳定局面。

公元前 710 年，鲁桓公从宋国运来了郜国的大鼎，把它安放在太庙里。这件事不符合礼制。大夫臧哀伯劝阻说：“作为君主，应该弘扬道德而阻塞邪恶，以为百官的表率，即使这样做了，也还担心有所失误，所以要显扬美德以为示范。因此，太庙用茅草盖屋顶，祭天之车用蒲草席铺垫，祭祀用的肉汁不加调料，主食不吃舂过两次的米，都是为了表示节俭。礼服、礼帽、蔽膝、大圭、腰带、裙子、绑腿、鞋子、横簪、瑱绳、冠系、冠布，都各有规定，用来彰显尊卑制度。玉垫、佩巾、刀鞘、鞘饰、革带、带饰、飘带、马鞅，各级多少不同，用来表示各个等级规定的数量。礼服上的火焰、飞龙、绣黼、绣黻等图案，是为了表示尊贵的文饰。青、黄、赤、白、黑五种颜色绘出各种形象，是为了表明不同器物的色彩。车马上的锡、鸾、和、铃，是为了表示不同的声音。旗帜上画有日月星辰，是为了表示明亮差异。行为的准则应当节俭而有制度，增减有定数，用文饰、色彩来记录它，用声音、旗帜来发扬它，以此向文武百官做表率。百官才有警戒和畏惧，不敢违反纪律。现在废除道德而树立邪恶，把人家贿赂来的器物放在太庙里，公然展示给百官看，百官也模仿这种行为，行贿之风能不兴起吗？一个国家的衰败，是由为官者违反礼法的行为开始的。为官者丧失美德，是通过骄纵和贿赂先表现出来的！还有比把受贿的郜鼎放在太庙里更明显的吗？周武王打败商朝，把九鼎运到洛邑，当时还有人反对，更何况这个标志着违礼和叛乱的贿赂的器物啊！”鲁桓公不听规劝。

鲁国此后的风气如臧哀伯所言，每况愈下。鲁桓公为了与齐国结好，求婚于齐国的文姜，文姜与其兄齐襄公有私情，致使鲁桓公在齐国死于非命。此后，鲁国政权被“三桓”势力瓜分。从《左传》记载来看，作者认为都与鲁桓公的纳贿有关。

谁杀死了《春秋》起笔的鲁隐公？

《春秋》开篇是从鲁隐公元年写起的，该书记录了鲁隐公在位十一年的历史事件。这中间发生的重大历史事件有郑国内乱及和卫国的战争，宋国内乱及和郑国的战争，卫、宋结盟和郑国的战争，宋国不朝贡周天子而被诸侯联军讨伐等。

鲁隐公是摄政的国君。他的父亲鲁惠公的原配夫人孟子应该是没有儿子可以继承君位。孟子死后，鲁惠公又娶了继室声子，生了鲁隐公。此后，惠公又娶了宋国国君的女儿仲子，仲子被立为鲁国夫人（正妻），生下了桓公，桓公自然就成了太子。不久，惠公去世，本应该桓公继位，但由于他年龄太小，只得由隐公代为执政，即为摄政国君。鲁隐公在位期间，和齐国、郑国等结盟，率领军队攻打宋国、许国，得到了郜、防两地。

鲁隐公是怎样让位给鲁桓公的呢?

鲁国的大臣羽父想得到太宰的位子，就讨好鲁隐公，建议鲁隐公杀掉弟弟鲁桓公，这样就不用把国君的位子交给他了。没想到鲁隐公还比较讲信用，说已经准备好要把国君位还给弟弟，自己去养老。羽父害怕了，反过来就到鲁桓公那里诋毁鲁隐公，请桓公杀掉哥哥鲁隐公，把国君的位子抢回来。在一次祭祀活动中，羽父派刺客杀死了鲁隐公。鲁隐公摄政十一年死于国君位子上。羽父在把鲁桓公推为国君的同时，自己也掌握了大权。

鲁隐公和鲁桓公本来是和睦的兄弟，羽父为了私利而搬弄是非，结果造成兄弟阋墙，鲁隐公死后，也没有按照国君的礼节安葬。

引火烧身的鲁桓公

鲁桓公六年（公元前 706 年），北方的少数民族戎人多次骚扰侵犯齐国。当时的齐国只能算大还算不上强。于是齐国向郑国求救。郑庄公派太子忽率兵救援齐国，大败戎军，还俘虏了两个主帅大良、少良，斩杀带甲戎兵三百人，将其首级献给齐国。当初出兵救援的还有其他的诸侯国。为了表示感谢，齐僖公要到各国军队的驻地慰问，并送去食物。当时各国的驻军都在齐国边境。国君慰问的顺序很有讲究，慰问的先后，显示的是被慰问一方的地位高低。齐国人拿不定主意，就请鲁国人来确定慰问各国军队的先后顺序。

鲁国是周公旦的后代，他们依照周朝初年所定的封爵次序，把郑国排在了后面。郑太子忽认为郑国最有影响力，郑国军队在这次作战中功劳也最大，应该被安排在第一位。他对鲁国的安排很生气。

鲁桓公十年（公元前 702 年），郑国要出兵讨伐鲁国，请求齐国一起出兵。齐国又联系了卫国，三国军队在郎地进攻了鲁国军队。郑国找回了面子，教训了鲁国。

郑国与宋国有矛盾，不断发生战争。鲁桓公主动会见宋庄公，协调郑、宋两国关系。宋庄公不同意与郑国讲和，鲁桓公便又与郑厉公会盟，联合讨伐了宋国。

作为一个喜欢管事问事的国君，鲁桓公费了不少心思处理国家间事务，到头来出力不讨好，还引火烧身。

历史上最早的诱敌战

诱敌深入然后围而歼灭之，是历史上优秀军事将领常用的战法。《孙膑兵法·威王问》中就谈到了“诱而击之”的作战主张。

《左传》记载，鲁隐公九年（公元前 714 年）冬，北面的戎人入侵郑国。郑庄公欲率兵抵御他们，又忧心戎军力量强大难以取胜，就对众将说：“戎军是步兵，我们用的是战车，我担心他们从后边突然绕到我军之前攻击我们。”公子突说：“我们不妨派遣一些勇猛的兵士诱敌，和敌人一接触就赶紧撤退。国君先在撤退途中设下三批伏兵等待。戎人轻率而不整肃，贪婪而不团结，打赢了会因为争夺财物各不相让，打败了各不相救。前军见到有财物可得，必然不顾生死地前进，遭到伏击必然脱离队伍奔逃。后面的士兵看到前军败退肯定不去救援，敌人首尾不相顾，定会大败而逃。”郑庄公听从了公子突的意见。果然，戎人的前锋部队被引诱与后面的队伍失去了联系，遇到伏击就溃败了。郑国军队追击，把戎军拦腰截断，前后夹攻，将戎军前锋部队全部歼灭。戎军后继部队见势头不好也拼命奔逃。郑国非常完美地演绎了诱敌设伏、大败外敌入侵的经典战例。

有人说秦晋之间的崤山之战是中国历史上最早的伏击战，还有人讲发生于晋楚之间的城濮之战是中国历史上最早的诱敌战。城濮之战发生于公元前 632 年，崤山之战发生于公元前 628 年，而郑国诱伏北戎的战争发生于公元前 714 年，比城濮之战和崤山之战早了 80 多年，这才是我国史书上记载的最早的诱敌战。

片面争功死得快！

大家都知道二桃杀三士的故事，三人因贪功而殒命。在更早的春秋时期，也有因争功而双双身亡的故事。

郑庄公时，郑国国力强盛，郑庄公是周朝的上卿。他常常打着周天子的旗号号令其他诸侯。郑庄公的强势，自然离不开军事的支撑。他手下有两员大将，一个叫颍考叔，一个叫子都（即公孙阏）。颍考叔是帮助郑庄公“黄泉见母”的人，子都曾救过郑庄公的命。二人对郑庄公都非常忠心。

据《左传》记载，鲁隐公十一年（公元前 712 年）夏季，鲁隐公与郑庄公会盟，谋划共同出兵攻打许国。五月，郑庄公为了激发士气，赏赐将领们一辆战车，谁得到它谁就打头阵。当时，颍考叔和子都各领一军，二人都想得到这辆战车，就争夺起来。颍考叔抢先一步，拿到了战车的车辕木，子都不让，拿起武器就追，没有追上，却心怀不满。

在进攻许都城时，颍考叔亲率士兵攻城，他身先士卒，扛着大旗登上了城墙。子都气还没有消，不想让颍考叔立功。于是，他就从城墙下朝颍考叔射了一箭，结果这箭射中了颍考叔，颍考叔从城上摔下来，死了。

攻下许国都城后，郑庄公听说颍考叔是被自己人用箭射死的，非常气愤，就让人排好阵势，杀了一头公猪、一条狗和一只鸡，请巫师作法，大家一起诅咒放箭的人。

很明显，郑庄公知道是子都射的箭。所以，他不调查。子都承受不了心里的压力，自杀了。

郑庄公的两员大将都想立功打头阵，互不相让，结果都死于自己人之手。郑庄公是一位十分有计谋的诸侯国君，他曾设圈套一步步地让亲弟弟走向反叛之路。颍考叔和子都两员大将之死，其内因不言而喻——功高盖主，不易于管理！

箭射周天子的郑庄公为何没有称霸？

春秋初年，郑国是周王室最为器重和依赖的诸侯国之一。在郑庄公时期，郑国与周王室产生矛盾，最后发展到大动干戈，郑国大将用箭射中周天子，将周天子推下了神坛。郑国此后还强势了一段时间。后人称郑庄公为春秋小霸主，但《左传》《史记》并不认可他。郑庄公为何没能称霸诸侯呢？

郑庄公是难产儿，他出生时将他的母亲武姜折磨得死去活来。从小他的母亲就很不喜欢他，而非常宠爱他的同母弟弟共叔段。郑武公（郑庄公之父）去世后，郑庄公继位。武姜不但不帮助郑庄公治国，反而怂恿和帮助小儿子造反。结果共叔段被哥哥郑庄公打败，逃离郑国，失去了领地。段的儿子公孙滑在其父造反失败后逃到了卫国。卫国很仗义，出兵帮助公孙滑攻打郑国，并占领了郑国的廪延。但郑庄公是周朝的卿士，善于谋略，他当然不会屈让于卫国。他假借周天子的名号，带领虢国、邾国军队攻打卫国，教训了多管闲事的卫国。宋国侵占邾国的土地，郑国受邾国之请讨伐宋国，还收留逃亡的宋国公子冯并积极支持他继任国君。此后，郑国与齐国交好，与鲁国交换土地，成为当时最为活跃和有影响的国家之一。

郑国日渐强盛，周天子欲削弱郑国的影响力，便乘郑国征战之际，想撤掉郑庄公卿士的职务，并暗中将周王室大事交付给虢国的虢公。郑庄公自然不答应，他亲自到京城洛邑对周平王施加压力，就有了后来郑国和周王室相互交换人质（太子）的“周郑交质”事件。

周平王去世，其继任者周桓王是早亡的太子姬泄父的儿子姬林。郑庄公没再觐见过周天子，周、郑关系更冷了。周桓王三年（公元前 717 年），郑庄公前去朝见周桓王。周桓王对他不加礼遇，接着免除了郑庄公卿士之位，不再让他辅政。郑庄公也不甘示弱，立即打着周天子的旗号，派兵抢割周王室的庄稼，又联合齐、鲁等国攻伐宋国。

郑庄公盗用周王室之名，扰乱秩序，周桓王大怒，为了王室的威严，周桓王调集王师及陈、蔡、卫、虢四国军队，亲率大军讨伐郑国。郑庄公也集中兵马对抗，双方在繻葛展开了激烈的战斗。郑庄公巧用计谋，先攻王师军队两翼薄弱处，然后进攻周天子掌管的中军，王师因此被冲散，周天子的军队大败。郑国大将祝聃还一箭射中周天子的肩膀，射落了周天子的权威。郑庄公经此一战，威严大增，开启了诸侯藐视周天子的先河。

公元前 701 年，郑庄公病死，太子忽继位，是为郑昭公。公子突在宋国的帮助下，赶跑郑昭公，夺取了国君之位，即郑厉公。后来流亡的郑昭公复辟，结果在外出打猎时遇刺被杀，公子亹接任为国君。同年，公子亹在会盟时被齐襄公杀害。公子婴成为国君。再后来，郑厉公又回国复辟。从公元前 701 年到公元前 682 年，在这十九年间，郑国国君更迭频繁，郑庄公的四个儿子先后继位，其中三个死于非命。郑国的内乱，使其失去了发展壮大的最佳时机，经济和军事力量严重下滑。就在郑国陷入内乱之时，天下的形势发生了巨大的变化。原本相对沉寂的齐国、晋国、楚国、秦国等诸国，他们之间的实力相差并不大。经过自我发展和扩张，齐国迅速崛起，秦、晋结好共同发展，楚国也开始强大起来。他们成为雄踞四方的大国，而郑国变成了一个中原小国。另外，郑国地处中原，紧靠周王室，处于大国包夹之中，属于四战之地，无论齐国称霸，还是晋、楚争霸，郑国都不能置身事外。郑国不但没能继续强势称霸，反而被迫成了一个“朝秦暮楚”的墙头草。这种状态一直持续到战国初期，直到被灭。

陷天子于不义的繻葛之战

春秋初年，雄心勃勃而又颇有实力的郑庄公，藐视周天子，不但与天子互换人质，而且还擅以天子的名义攻打宋国，抢割周王室的粮食作物，结果引起周天子周桓王的不满。公元前 707 年秋，周桓王统率联军讨伐郑国，与郑国发生了繻葛之战。

周天子组织的这支联合部队，除了天子自己的军队，还有虢国、卫国、蔡国、陈国的军队。周天子亲自率军征讨叛逆，这些封国自然要派军队出战。周天子统领中军；蔡国、卫国和虢国军队组成右军，由虢国的虢公林父指挥；左军主要是陈国军队，由周公黑肩指挥。大军奔向郑国的繻葛。

郑庄公也不想与周天子开战。无论胜败，郑国都不会有好结局。可是，天子组织的联军打过来了，怎么办呢？

箭在弦上不得不发！郑国大将子元认为，陈国国内正闹动乱，将士缺乏战斗意志，如果先攻击陈军，他们必定溃败。他建议把郑军也分成左、中、右三方阵，用左方阵来对付蔡军和卫军，用右方阵来对付陈军。陈军一旦溃败，蔡国和卫国的军队就会动摇、支撑不住。这时再集中兵力对付周天子的中军，就可以获得胜利。郑庄公依计而行，摆开鱼丽阵，在繻葛与联军对峙。

郑庄公指挥郑国的军队发起进攻。陈军、蔡军和卫军都是来为周天子助威的，本来以为天子大军一到，郑国服软就完成任务了。不料郑国真的出兵与周天子硬刚起来了，联军这边没有必死一战的决心。两军刚一交战，蔡、卫、陈军便掉头败退，周天子的军队也因此变得混乱起来。郑国的军队从两边夹击，周天子军队大败，周桓王还被弓箭射中了肩膀。如果不是郑庄公还有点敬畏之心，周天子恐怕就被活捉了。

这场战役，牵涉到周天子的脸面，他要的是王的尊严，虢国、卫国、蔡国、陈国看中的是周天子大旗，所以他们才肯出战。没想到这些诸侯军队出工不出力，反而害了周天子。如果虢国、卫国、蔡国、陈国不答应出兵，周天子自己出兵讨伐郑国，郑国兴许不敢出战就认输了，周天子的地位也许不至于一落千丈。

误国害己的随国少师

在春秋时期，有一个很有影响的诸侯国家——随国，也就是产生了随侯珠和出土编钟的地方。随国与楚国是近邻，文化昌盛，是汉水以东的地方强国，像鲁国一样，历代国君都比较安逸保守，一直没能扩张起来。而一步步发展起来的楚国，在楚武王时期，开始对外扩张。大夫斗伯比对楚武王说：“楚国多年来扩大军队，训练甲兵，整顿装备，对外炫耀使用武力，结果造成周边小国抱团来对付楚国。这些国家中随国最强大，如果能让随国狂妄自大起来，就能离间他们的阵营。”

公元前706年，楚国入侵随国。楚武王驻军在瑕地，派大夫薳章去交涉，随侯派少师主持和谈。

斗伯比对楚武王说：“少师这个人一向很高傲，请大王向他展示我军的懒散和软弱，助长他的骄傲。”大夫熊率且比认为随国有贤臣季梁，恐怕难以达到目的。斗伯比认为，少师善于察言观色，肯定能够得到随侯的信任。楚武王按照斗伯比的计策，把楚军布置得乱七八糟，看似没有战斗力，蒙骗了随国的少师。

少师回去后便请求随侯追逐楚军。季梁劝阻随侯：“楚国军队非常强大，楚王是故意示弱来引诱随军的。大王应修明政治，亲近兄弟国家，才能免于灾难。”随军没敢妄动，楚军只好撤军。

公元前704年，少师果然受宠。斗伯比认为机会来了。夏季，楚武王在沈鹿会合诸侯的军队，随国借故不参加。于是，楚武王亲自率军讨伐随国，军队驻扎在汉水、淮水之间。面对来势汹汹的楚军，季梁建议随侯向楚王请求和好结盟，如果楚王不答应，就可以激怒随军而助长士气。少师则对随侯说：“必须速战，否则会丢失战胜楚军的机会。”随侯听从了少师的建议，率军抵御楚军。两军对峙，季梁说：“楚人以左为尊，楚王一定在左军之中，要避其锋芒，攻击楚军的右军。楚国右军无良将，必败。他们的右军一败，则全军乱。敌乱则我方可取胜。”少师怂恿随侯展示随军的实力，正面攻击楚军。随侯没听从季梁的话，结果随军大败，少师被俘虏，随侯侥幸逃跑。秋季，随国被迫同楚国讲和。

随国少师自不量力，狂妄自大，最终误国害己。

骄兵必败

屈瑕是楚武王时期楚国的大臣，他屡立战功，最终被授予莫敖，为楚国执政官。

一个人的事业如果太过顺利，往往就会飘，自傲而误事，屈瑕就是如此。

春秋初期，楚国周围的小国常常联合起来对抗楚国。楚国于是就想分裂他们。《左传》记载，公元前 701 年春，楚王派屈瑕去和贰、轸两国和谈结盟。郧国、随国、绞国、州国、蓼国和贰、轸两国一样，都是楚国的近邻，如果贰、轸两国与楚国结盟，无形之中就会给郧国、随国等造成压力。郧国等五国自然不愿意他们结盟。郧国是五国中的先行者，郧军驻扎在蒲骚，准备和随、绞、州、蓼四国集合，一起进攻楚国，借此吓阻贰、轸两国。楚人识破了郧国的计策，屈瑕率军围攻并打败了郧军，其余四国军队只好撤退，楚国和贰、轸两国订立了盟约。第二年，楚武王亲率大军进攻绞国。楚军驻扎在绞国都城南门。屈瑕说：“绞国地小人稀，缺少有远见有谋略之人。我们可以派士兵去山里砍柴，故意从北城门前路过，引诱绞国城内出兵驱赶，这样就可以设伏打败他们。”楚王依计而行。果然，绞军看到小股楚军背负柴草，就出兵俘获了三十个砍柴人。第二天，楚军不但在山里设下伏兵，还在北城门做好了攻城的准备。楚军又派人去砍柴，绞军争着出城，一直把砍柴人追到山里。楚军出击，大败绞军，强迫绞国订立了城下之盟。

在进攻绞国时，罗国曾准备偷袭楚军，被楚军发现，罗军没敢行动。公元前699年春，屈瑕率军进攻罗国。出征时，屈瑕趾高气扬、心神不宁。为他送行的斗伯比和楚武王夫人邓曼都认为屈瑕自傲轻敌，必定失败，请武王马上派人去提醒他，结果派去的人没有追上屈瑕。

屈瑕在军中下令："敢于进谏的人都要受到处罚！"而且，他对军队疏于管理，队伍行进不一致，渡河无秩序，也不设防，如同一盘散沙。结果大军进入罗国就遭到罗国和卢戎军队的夹攻，楚军大败。屈瑕自杀于山野。

郑昭公不找外国靠山

春秋初期，郑国邻近周王室，是个比较强盛的国家。郑武公和郑庄公相继成为周朝的卿士，协助周天子治理国家。早期的郑国在执行周天子命令时是比较积极的，是周天子的坚定维护者。后来，周天子想削弱郑庄公的权力，于是和郑国之间出现了信任裂痕，在郑庄公的威逼下，双方开始互派人质。

公子忽是郑庄公的儿子，是郑国太子，被派到成周成为人质。太子忽非常有能力、有威望，邻国陈国的陈桓公就把女儿嫁给了忽。齐僖公也想把女儿文姜嫁给忽，被忽谢绝了。他说："每个人都有自己的择偶标准，齐国太强大，我不能娶她。"《左传》记载，文姜和她的哥哥齐襄公有私情，害死了后来的丈夫鲁桓公。

公元前706年，北戎人攻打齐国。出乎意料的是，当时的齐国竟然打不过北戎。齐国向郑国求救。此时太子忽已经结束人质生涯回到了郑国，郑庄公便派太子忽带兵救援齐国，大败北戎军，还俘虏了戎人的两个主将。齐僖公表示感谢，很慷慨地犒劳参与攻打北戎的军队。当时文姜已许配鲁桓公，齐僖公想把另一个女儿嫁给忽，又被他拒绝了。他说："我奉命前来帮助齐国作战，如借此娶妻，回去没法向国君交代！”大臣祭仲说：“你的父亲郑庄公的妃子多，儿子多，大家都觊觎国君的位子，你如果没有强大的外援，很难继承王位，即使继承了王位也难以稳定。你一定要娶齐僖公的女儿为妻，有齐国撑腰，你的国君之位才有保障。”当时的忽颇受郑庄公的器重，没有听从祭仲的建议。

郑庄公的妃子雍姞，是宋国人，她生的儿子叫突，也很聪明。雍姞不但长得漂亮，还善解人意，很受郑庄公宠爱。郑庄公死后，宋国把祭仲哄骗到宋国抓了起来，威胁他说：“如果你不立公子突为国君，就杀了你！”祭仲为了保全性命，被迫与宋国签订盟约，答应立公子突为国君。没有能够保住君位的郑昭公（太子忽）被迫逃跑。

祭仲是郑庄公时期的老臣，又在拥立郑厉公（公子突）时有功，慢慢地就专权独断起来，引起郑厉公的忧虑。郑厉公派雍纠（祭仲的女婿）杀祭仲，结果事情败露，雍纠被杀，郑厉公逃到蔡国。祭仲又迎接郑昭公回国。

父与夫谁最亲？

郑厉公当国君的时候，大臣祭仲把持大权，非常霸道，郑厉公很窝火，想除掉他。于是，他找来心腹大臣雍纠，商量对策，计划以宴请为名，将祭仲约出来，然后杀死他。

雍纠是祭仲的女婿，但他更忠于郑厉公。说干就干，雍纠马上就布置好了“鸿门宴”。

祭仲是多年的老臣，还掌管军队，下属多，在都城不好动手。他们二人商量后决定，在郊外设宴，请祭仲赴宴，杀死他。雍纠和他的妻子，也就是祭仲的女儿，非常恩爱。他无意之中就把这件事告诉了妻子，他的妻子很是纠结，一边是丈夫，一边是父亲。告诉父亲，丈夫必死无疑；不告诉父亲，父亲就要被杀。雍纠的妻子六神无主。

她想到了一个人，谁呀？她的母亲，也就是祭仲的妻子。向她提了一个问题：父亲和丈夫到底谁最亲近？

如果她母亲说自己与丈夫最亲近，那她母亲的丈夫也就是自己的父亲马上就要被杀死。如果她母亲说自己与丈夫不是最亲近的，自己的丈夫就要被杀死。她母亲无意间就背起了这个锅！

她母亲是个老江湖。见女儿慌慌张张的，知道必定有事。她说："在你出嫁以前，每个男人都可能成为你的丈夫，父亲却只有一个。"雍纠的妻子哭泣着，就把雍纠设宴要杀他的事情告诉了父亲。于是，祭仲就先下手为强，杀了雍纠，逼走了郑厉公。

《周易·系辞》讲："君不密则失臣，臣不密则失身，几事不密则害成。是以君子慎密而不出也。"应该保密的事情，千万不要泄密，否则就有杀身之祸。当断则断，该果断的时候一定果断，否则必受其乱。

《左传》中第一个被五马分尸的人

"五马分尸"是古代一种极其残酷的刑罚。历史上著名的变法改革家商鞅，通过变法使秦国发展成为富裕强大的国家，却因没有处理好各方面的关系，最终得到了一个被五马分尸的悲惨结局。很多人认为，"五马分尸"是从商鞅开始的。

事实并非如此！

商鞅是战国时期的人，而早在春秋初年，《左传》中就有了"五马分尸"的记载。

郑庄公之后，郑国因争夺君位发生了内乱。郑国执政大臣祭仲受宋国挟制，赶跑郑昭公（公子忽），立了郑厉公（公子突）。后来，宋国不断向郑厉公索要财物，这下两国友谊的小船就翻了，甚至引发了战争。祭仲独断专行，与郑厉公也产生了矛盾。后来祭仲逼走郑厉公，又请回了郑昭公。

郑国的卿士高渠弥，是郑庄公任命的，郑昭公非常讨厌他，当初就坚决反对任用高渠弥。郑昭公即位后，高渠弥害怕他会杀掉自己，就先下手杀害了郑昭公，而立郑庄公的另一个儿子子亹为国君。

公元前 694 年秋，齐襄公驻军在首止，举行会盟大会。子亹前往，高渠弥随从。《左传》记载："七月戊戌，齐人杀子亹而轘高渠弥，祭仲逆郑子于陈而立之。"轘，就是车裂，五马分尸。即鲁桓公十八年七月初三，齐国人杀了子亹，把高渠弥五马分尸。这次会盟，祭仲事先预料到了可能发生的事情，托病没有去，逃过了一劫。

郑厉公复辟

郑国的公子突在宋国和大臣祭仲的帮助下，当上了国君，即郑厉公。郑厉公设计谋杀权臣祭仲不成，逃亡蔡国，后又返回栎地。

公元前 680 年，郑厉公组织人马进攻都城，在大陵俘虏了大臣傅瑕。傅瑕说："请您放了我，我可以想办法让您再登君位。"郑厉公觉得傅瑕这个人可以利用，于是就和他盟誓结盟，接着把他释放了。傅瑕回去后便杀死了国君子仪和他的两个儿子，然后迎接郑厉公回国。

郑厉公即位以后就杀了傅瑕。

郑厉公派人对伯父原繁说："傅瑕对国君有二心，现在已经得到了惩处。对这种人，周朝有规定的刑罚，必须依照处理。这些年一心帮助我回国的人，我都要重用他们。您是我的伯父，我离开国家在外时，您没有告诉我国内的情况；我回到栎地以后，您也不去看望我，我对此感到很失望。"原繁回答说："国君是一国之主，国内的百姓，谁不是他的臣下呢？臣下不应该有二心，这是应该的。不忠于自己的君主而心却在国外，还有比这更大的二心吗？子仪为国君已经十四年了，现在策划请您回国的，难道不是对国家有二心吗？庄公的儿子还有八人在世，如果都用封官爵为贿赂劝说别人反叛，您又该怎么办呢？我们的先君命令我的族人管理宗庙，我知道您的意思了。"于是原繁就上吊自缢了。之后，郑厉公又杀死了参与雍纠之乱的公子阏，砍去强鉏的两只脚。

兄妹有私，害死夫君

俗话说：自古奸情出人命。但是，一个泱泱大国的国君与人有私情，而且还是他的同父妹妹，让人不得不费思万分。

《左传》记载，鲁桓公十八年（公元前694年）春夏之交，鲁桓公死于齐国。《春秋》是这样写的："夏四月丙子，公（鲁桓公）薨于齐。丁酉，公之丧至自齐。秋七月。冬十有二月己丑，葬我君桓公。"史书对鲁桓公之死、葬写得很模糊，就因为这中间有一桩兄妹有私情害死亲夫的悲剧。

公元前694年春，鲁桓公为了加强与齐国的关系，便和夫人文姜一同到齐国去访问。当时齐国的国君齐襄公是文姜的异母哥哥，荒淫无道。当初齐国受到北狄的侵犯，郑国的太子忽领兵前来救援并立了大功，齐僖公就要把她许配给忽，忽坚决不娶她。齐僖公后来把她嫁给了鲁桓公。鲁大夫申繻劝阻鲁桓公不要让文姜随同回齐国，他说："女人有夫家，男人有妻室，不可以互相轻慢，这就叫有礼。违反这一点必然出大事。"但文姜还是去了齐国。

鲁桓公和齐襄公在泺地会面，然后就一起到了齐国都城。齐襄公和文姜有私情，被鲁桓公发觉了，鲁桓公训斥了文姜。文姜把这件事告诉了齐襄公。四月初十日，齐襄公设宴招待鲁桓公。宴后，齐襄公派公子彭生搀扶桓公一同上车，鲁桓公在车中不明不白地死去。

鲁国人得到国君死去的消息，派人告诉齐襄公说："我们国君敬重您的威严，到贵国重修旧好，却一去不回。这件事在诸侯中造成了恶劣影响。请求赐死彭生消除影响。"于是齐国人杀死了彭生。

鲁桓公的儿子同继位，即鲁庄公。《左传·桓公六年》记载，鲁庄公与父亲鲁桓公同一天出生，鲁桓公为起名的事问申繻，后来就起名为同。鲁庄公对母亲文姜与舅舅的龌龊事很无奈，便断绝了与文姜的母子关系，不让她回国。此后，文姜一直住在齐国，还不时与齐襄公幽会。齐襄公被杀后，文姜也没能回鲁国。

你种的瓜不会熟吗？

在黄河流域，七月是瓜果成熟的季节。齐襄公以瓜果成熟作为约定，又不守诺言，最终造成国乱人亡。

齐襄公时期，诸侯争霸的形势已经形成。为了实现西进战略，齐襄公派大臣连称、管至父领兵到葵丘驻守。《左传》记载，鲁庄公八年（公元前 686 年）七月，齐襄公对连、管二人说："到明年地里的瓜成熟的时候，我派人接替你们。"二人于是动身前往葵丘。

连称、管至父二人在葵丘驻守了一年多，地里的瓜早已成熟了，齐襄公违背诺言没有让人替换连称、管至父。二人请求齐襄公派人接替，齐襄公不同意。二人非常气愤："难道你种的瓜不会熟吗？"

连称有个堂妹是齐襄公的妃子，不受宠。齐襄公有个堂弟公孙无知，是其父齐僖公同母兄弟夷仲年的儿子，当初很受齐僖公的宠信。齐襄公并不待见他。连称、管至父两个人就鼓动公孙无知发动叛变，还让连称的堂妹为内应，提供情报。

《左传·庄公八年》记载，十二月，齐襄公在贝丘打猎时，看到一头大野猪，随从说："这是公子彭生！"彭生就是受命害死鲁桓公又被齐襄公杀死的人。齐襄公发怒说："彭生敢来见我！"就用箭射他。野猪像人一样站立起来对着齐襄公嚎叫。齐襄公害怕了，从车上摔了下来，伤了脚，还丢了鞋子。齐襄公回驻地不久，连称、管至父就带领叛军冲进来，杀死了齐襄公，拥立公孙无知为新国君。

公孙无知虐待羞辱大夫雍廪，雍廪一怒之下又杀了公孙无知。齐国陷入内乱。直到公元前 685 年夏天齐桓公即位，齐国才安定下来。

齐襄公不守信用，诓人害己！与大臣约定的时间是瓜熟的季节，却不遵守约定，不免让人发出疑问：难道你种的瓜真的不会熟吗？

杀主不成反被杀的周公

“山不厌高，海不厌深。周公吐哺，天下归心。”曹操的一首《短歌行》，让无数的后来人对周公顶礼膜拜。

曹操所咏颂的周公，是周武王的弟弟姬旦，西周初期杰出的政治家、军事家、思想家。他辅佐武王灭商，建立周朝，被封于鲁。武王去世，继位的周成王年幼，周公旦摄政。周公让嫡长子伯禽代自己掌管鲁国，此后伯禽的后代在鲁国世袭。周公留在都城辅佐成王，在摄政期间，制礼作乐，完善典章制度，分封诸侯，平定管、蔡与武庚叛乱，营建东都洛邑，有效地巩固了西周的统治。他制定的典章制度后来被称作“周礼”或“周公之典”，对后世产生了极其深远的影响。周公旦去世后，其次子君陈守护王畿内封地，在朝为卿，此后世袭为周公。周桓王时，君陈的后代黑肩为周公（周桓公）。

《左传》记载，周桓王时，其长子佗被立为太子。但他更宠爱小儿子克，把他托付给了周公，让周公辅佐他。周大夫辛伯劝谏周公不要答应，说：“庶子与嫡子地位高低不分，这将是祸乱的根源。”公元前 694 年，周桓王去世，周公谋划杀死太子佗而立克。结果辛伯提前把这件事报告给了太子佗（周庄王），并协助太子佗杀了周公黑肩。克逃亡去了燕国。

应该说，在春秋时期周公一直是天子信赖的大臣，但黑肩违背了“周公之典”，杀主不成反被杀，令人唏嘘。

立于危墙之下的纪侯

纪国是西周时期分封的一个小诸侯国，西面与齐国接壤，南面与莒、杞、夷等小国相望，东面则与莱国相邻。《史记·齐太公世家》有“纪侯谮之周，周烹哀公而立其弟静（胡公）”的记载。据考证，纪国国都在今山东寿光一带。

进入春秋，齐国日益强大起来，开始开疆拓土。纪国国君担心被齐国吞并，只得与另一个邻居鲁国交好，以求被保护。《左传》记载，鲁隐公二年（公元前 721 年）九月，纪子帛娶了鲁隐公的女儿；冬天，纪子帛与莒子在密地会谈，调解鲁国和莒国间的矛盾，促成了鲁隐公和莒子最终在浮来结盟（鲁隐公八年）。

果真，此时的齐国已盯上了纪国的土地。鲁桓公五年（公元前 707 年）夏季，齐僖公、郑庄公前往纪国，想趁机袭击纪国，纪国人察觉了他们的图谋，没有成功。

公元前 706 年夏天，纪侯到鲁国，和鲁桓公在成地会谈，商谈如何应对齐国欲灭纪的问题，好像没有找到答案。冬天，纪侯再次到鲁国，请求鲁桓公代纪国去求周天子，请天子下一道命令给齐国，让齐国不要再侵扰纪国。鲁桓公告诉他说这事自己做不到，但帮纪国办了另一件事——牵线将纪女嫁给周桓王。《春秋》记载：“（鲁桓公八年）祭公来，遂逆王后于纪。”也就是说周天子要从纪国娶王后，让鲁国为其主婚。先派大臣祭公到鲁国，从鲁国再到纪国迎接王后。次年春，纪国的季姜出嫁到京师，成了王后。王后成为纪国的靠山，鲁国协调齐、纪之间的冲突就容易了。公元前 695 年春天，在鲁桓公的促成下，齐襄公和纪侯在黄地结盟，齐、纪和好。同年夏天，齐国人入侵鲁国，两国军队在边界奚地发生了战争。后来鲁桓公携夫人文姜到齐国，遇上齐襄公和文姜发生私情的尴尬事，鲁桓公不明不白地死于齐国。

齐襄公是个不讲礼义廉耻的人。公元前 693 年，齐军抢占了纪国郱、鄑、部三座城池，并迁移其民。公元前 691 年秋天，“纪季以酅入于齐，纪于是乎始判”。纪国终于不堪其压，纪侯的弟弟纪季带着酅地顺服了齐国，成为齐国的属国，纪国被一分为二。第二年，纪侯不愿屈从齐国，把政权让给了弟弟纪季，他则带领不愿投降的一群人离开了他的国家。《史记》记载：“（齐襄公）八年，伐纪，纪迁去其邑。”至于纪侯去了哪里，史书均无记载。

上述文献记载表明，齐国一直伺机吞并纪国。纪国选择与鲁国结好，借鲁国之力保全自己。鲁国也试图保全纪国，以抑制齐国的扩张。一直生存在亡国危机之中的纪国，终究没有逃脱被齐人灭亡的厄运，纪国的灭亡和齐国的壮大，是历史发展中分分合合的必然趋势。

自不量力的代价

古代有个夜郎国，夜郎王如井底之蛙，要与汉朝比大小，留下了夜郎自大的笑话。同样在西南地区的邓国，是商王武丁时分封的诸侯国，周朝时被赐为子侯。春秋时期，邓国国君非常狂妄自大，结果亡了国。

邓国和巴国都是楚国的邻居。楚武王的夫人邓曼，是邓国邓祁侯的姐姐。巴国希望和邓国和好。公元前 703 年，巴国国君巴子派遣使臣韩服到楚国，请求楚国从中协调，以期和邓国建立友好关系。楚武王派大夫道朔带领韩服到邓国聘问。邓国南部边境的鄾地人竟然攻击使团，掠夺他们的财礼，并杀死了道朔和韩服等人。楚武王震怒，派遣薳章到邓国问罪，邓国人傲慢，拒不接受。同年夏天，楚武王调遣大军与巴军一起进攻邓国，包围了邓国的鄾地，邓国出兵抵抗。在楚、巴两军夹攻下，邓军大败，鄾地失守。

公元前 687 年，楚文王攻打申国，路过邓国。邓祁侯说：“楚王是我的外甥。”于是设宴招待了楚文王和他的大臣。邓国大臣认为楚文王雄心勃勃，有吞并邓国的野心，请求杀掉楚文王。邓祁侯说这样做不太光明磊落，不允许。楚军打败申国后，回国途中就攻打了邓国。公元前 678 年，楚国再次进攻邓国，邓国灭亡。

夜郎自大的邓国国君为傲慢付出了亡国的代价！

侮辱属下的代价

人与人之间本应该是平等的，但自从有了地位差别以后，有些地位高的人不自觉地就有了高人一等的思想，有时会不由自主地流露出对属下的轻蔑。

《左传》记载，鲁庄公十年（公元前 684 年）夏季，鲁国军队在乘丘主动出击，大败宋军，解除了齐、宋两国军队对鲁国的威胁。在乘丘战役中，鲁庄公用箭射中了宋国将领南宫长万，并将他活捉。

公元前 683 年夏天，宋国再次进犯鲁国。鲁庄公亲自出兵迎战。在戬地，宋国的军队还没有摆开阵势，鲁军就发动进攻，又一次打败了宋军。这年秋天，宋国发大洪水，鲁庄公派人前去慰问，双方和解。宋国人请求释放南宫长万，鲁国同意了。

宋人接回了南宫长万。宋闵公对他开玩笑说："原来我敬重你，如今你成了鲁国的囚犯，今后我不能再敬重你了。"

南宫长万是大力士，也很要面子。他认为这是宋闵公对自己的侮辱，因此对宋闵公怀恨在心。公元前 682 年秋，南宫长万在蒙泽杀死了打猎的宋闵公。随后又杀死了卿士仇牧和太宰华督，并拥立子游为国君。公子御说逃亡到亳地，其他的公子们都逃亡到萧邑。南宫长万让儿子南宫牛和他的同党猛获率领军队包围了亳地。不久，逃到萧邑的公子们到曹国请求出动军队，讨伐南宫牛和猛获。曹军杀死了南宫牛，在宋国都城又杀了子游，拥立公子御说为国君，即宋桓公。打了败仗的猛获逃亡到卫国，南宫长万逃亡到陈国。宋国人从卫国捉回了猛获。宋国人又到陈国行贿，请求押还南宫长万。陈国人让女人陪南宫长万饮酒，灌醉他以后就用犀牛皮把他包裹起来，送回了宋国。宋国人把猛获和南宫长万二人剁成了肉酱。

一句带有侮辱性的玩笑话，结果引发了一桩血案，引起了国家动荡。

桃花夫人

春秋时期曾出过一位倾国倾城的美女，妫姓，因嫁给息国国君被称为息妫。她有多美？身体修长，面若桃花，后来的人都称她为桃花夫人。

陈国国君膝下有两个非常漂亮的女儿。大女儿大妫被蔡国国君蔡侯看中，下聘礼娶走，成为蔡国夫人。蔡国的邻国息国，其国君息侯赢得了二妫的芳心。在春秋战国时期，国君有漂亮的女儿，就是一种资源，其女儿往往被当成政治利用的工具。

息侯很快就下了聘礼。下聘礼的人还没返回来，息侯就开始派人到陈国迎娶新娘。

娶亲的队伍回来时路过蔡国，蔡侯闻讯非常高兴，夫人的妹妹到了，马上列队迎接。但蔡侯的这次迎接捅下了娄子。

蔡国国君欺负息国国力弱，说：“息国夫人息妫是我夫人的妹妹，自家亲戚。强行把息妫一行人接到驿站，热情得不得了。蔡侯拉住息妫的手不放，言语间尽显轻浮。随后在礼官的催促下，息妫一行人匆匆离开了蔡国。

国君是一个国家的首领。但蔡侯办的事，既不像国君，也不像姐夫，有失国格人伦，必然要招来灾祸。

息侯得到消息后，非常恼怒。他想报仇。可是息国是小国，没有实力。怎么办呢？他想到了借刀杀人！可见，后来的孙武、孙膑应是了解这个故事的，要不《孙子兵法》中怎会记载这样的计策呢？

当时南面的楚国非常强大，楚文王做梦都想扩充地盘。让楚国收拾蔡国，楚王肯定会帮这个忙。说干就干，息侯备好礼品，让人去拜访楚文王，把息侯的意思告诉了楚文王。

这真是天上掉下来的馅饼啊！楚文王非常高兴地答应了。

这年秋天，按照息侯的意思，楚国进攻息国，息国向蔡国求救。蔡侯对二妫念念不忘，于是非常慷慨地出兵救援了。不承想，楚国放弃进攻息国，全力进攻蔡国，大败蔡国军队，活捉了蔡侯。

蔡侯被楚军活捉后，割地赔款，保住了命。后来，蔡侯听说这一切都是息侯设的圈套，气得咬牙切齿。他也要报复息侯。

蔡侯请求面见楚文王，在楚文王面前极力夸奖息国夫人漂亮、招人喜欢。楚文王被蔡侯说得茶不思饭不想，于是就带兵去了息国，让息妫敬酒。楚文王发现息妫确实美若天仙，天下难找。楚文王遂在宴会上就把息侯杀了，趁机灭了息国。息妫被带回了楚国，成了楚文王夫人。后来，她还为楚文王生了儿子，就是后来的楚成王。

息妫到楚国后，怀念息国，一言不发。楚王知道息国的灭亡是蔡侯所引发的，为了安慰她，楚国又出兵攻占了蔡国很多土地，蔡国的损失也不少。应该说，心术不正，自不量力，相互倾轧、内斗，是治国的大忌！

楚文王死后，他的弟弟子元亦倾慕桃花夫人，桃花夫人坚守住了自己的底线，被后人赞赏。

楚文王之死

楚国是南方的一个超级大国。即使是在齐桓公称霸时，齐国率领诸侯国到楚国兴师问罪，也没有占到一丁点儿便宜。

楚文王继位时，楚国已经强盛起来了。楚文王又先后攻打申国、消灭邓国、攻打蔡国、消灭息国，征服了南方的小诸侯国，称霸一方。有道是一物降一物，小小的巴国就一度成为楚国越不过去的一道坎。巴国人的彪悍，就是楚人所畏惧的。

公元前 676 年，楚文王和巴国人联系，想一起攻打申国。但楚人又对巴人不放心，心存戒备，处处提防，引起了巴人的不满。还没有攻打申国，巴人便开始进攻楚国了，并占领了楚国一个叫那的地方。那地的楚国官员阎敖，也怕巴人，城池丢了，他就从下水道逃走，结果被楚文王抓住后杀了。这时巴人又进攻楚国的都城，而阎敖的族人也恨楚文王，开始作乱。楚文王没能消灭申国，自己的国家反而乱起来了，他非常恼怒，就带领全国的军队，反击巴人。楚文王的一个部下叫鬻拳，劝他和巴人和谈，不要和巴人打仗了。楚文王不听，鬻拳就拿武器威胁文王，楚文王被迫答应和巴人和谈。过后，咽不下这口气的楚文王，把鬻拳的双脚砍去，并让他看守都城城门。楚文王调集军队再次攻打巴国，结果又打了大败仗。楚文王领兵退回都城，结果城门紧闭，鬻拳把守城门不让楚文王进城，还把楚文王教训了一番。楚文王很窝火，只好离开都城，又出征打仗，不料在行军途中生病，死于军中。

威震天下的大国之君楚文王，就这样在郁闷中结束了自己的一生。

歪打正着的空城计

东周初期，郑国非常强势，齐国遭受北戎人侵犯时，郑国还带头救援。郑国假借周天子之名与宋国、卫国不断发生战争。后来又与周天子产生矛盾，损耗了国力，慢慢就成了二等国家。公元前 667 年，郑国被迫与齐国签订盟约，顺服了齐国。

而这一时期的楚国，扩充军队，发动对周边小国的战争，很快强大起来。楚国被中原诸国称为荆蛮之国，不尊周王室。在齐桓公称霸的时候，楚国自恃国大兵强，欲和齐国争夺中原霸主地位，经常出兵攻打中原诸国。

《左传》记载，蔡国的蔡侯和息国的息侯这对姻亲因为息妫而成为仇敌，楚文王借机降服蔡国，消灭息国，并抢走了息妫。不料，楚文王寿命不长，没过几年就死了。楚文王的弟弟子元就开始引诱息妫，没有得逞。息妫怒斥子元没有廉耻，没有为国效力的忠心。

公元前 666 年秋季，子元以郑国亲近齐国为由，发兵车六百乘进攻郑国。

楚军一鼓作气攻进郑国国都外城门。大军通过郑国都城城外的集市，路人并不惊慌，内城的闸门也没有放下。子元说：“郑国有人才！”和诸位大将商议，害怕中了郑军的圈套，就主动后退驻扎在城外。齐桓公得到消息，率诸侯联军救援郑国，楚军当天夜里就撤军走了。其实，当时郑国人是没来得及放下内城闸门而已，他们已经做好了弃城逃跑的准备。楚军撤军以后，他们才放弃了逃跑的念头。

子元回到楚国后，继续引诱息妫。公元前664年，大臣斗射师劝阻子元不要骚扰文王夫人，子元囚禁了斗射师。大臣斗班大怒，伺机杀死了子元。

贪得无厌的周惠王

周庄王有一个非常宠爱的妃子王姚，她生的王子子颓，周庄王也爱屋及乌，并让大臣蔿国担任他的老师。周庄王去世，他的嫡子胡齐继位，就是周僖王。周僖王不长寿，接替他的是他的嫡子阆，为周惠王。

周惠王即位后，开始大肆聚敛财物。他抢占蔿国的菜园用作饲养禽兽的林苑。大臣边伯的房屋在王宫的旁边，也被周惠王抢占。惠王还强夺大臣子禽和詹父的田地，并收回了管理王宫后勤的石速的俸禄。蔿国、边伯、子禽、詹父和石速联合叛乱，他们推子颓为周王，围攻王宫攻打周惠王。结果没有获胜，子颓逃到了温地，后又到了卫国。卫国联合燕国出兵，攻打周惠王的军队，获得了胜利，周惠王逃跑，子颓被立为周天子。

卫国、燕国和五位大臣拥立子颓为新的周天子，引起了周王室卿士郑厉公的不满。郑厉公出面调和子颓和周惠王的关系，没有成功。于是，郑国出兵抓获了燕国国君，并接回了周惠王。郑厉公设宴宴请周惠王，周惠王赠送给郑厉公周王后使用的鞶鉴。郑厉公又与虢公会盟，两国联合出兵，攻克王城，杀死了子颓和五位大臣，让周惠王重新即位。周惠王在虢国赐宴表示感谢，赠送给虢公自己使用的酒爵。赠送给郑厉公的鞶鉴没有赠送给虢公的酒爵珍贵，引起了郑厉公儿子即郑文公的恼怒。后来郑国攻打滑国，周惠王派人调停，郑文公就没有给他面子。

周惠王去世，他的嫡子郑害怕王子们和他争夺王位，秘不发丧，过了很长时间才办理丧事。

周惠王贪财惹祸失位，给后人留下了一段笑谈。

谁为周天子撑腰？

在整个春秋时期，周天子的权势一天不如一天。而王室无所事事，还不断发生内乱。贵为周天子的周惠王继承王位后，侵占大臣们的家财，引发芀国等五位大夫造反，他们拥戴周庄王的儿子颓（周惠王的叔叔），在卫国、燕国的帮助下，赶跑了惠王，拥立王子颓为新的周天子，史称“王子颓之乱”。

鲁庄公二十年（公元前 674 年）春，郑厉公出面调解周惠王和公子颓之间的矛盾，没有成功。当时的郑国国君是周朝卿士，也是周天子需要仰仗的势力。郑军逮捕了燕国的国君燕庄公，把周惠王安排在了郑国的栎地。

王子颓即位后，全依仗五大夫。在冬季，王子颓设享礼招待芀国等五位大夫，歌舞升平，遍舞六代之乐。郑厉公对虢国国君（虢公）说：“王子颓迷恋歌舞，大讲排场，必定危机四伏。面临危机没有警觉，乐极生悲，祸患一定到来。我们帮助惠王吧！”虢公赞同。于是，在公元前 673 年夏天，郑厉公和虢公联合出兵进攻王城，杀了王子颓和五大夫。郑厉公在宫廷设宴招待周惠王，也是通宵达旦，歌舞升平。周惠王为表示感谢，赐给郑厉公虎牢以东的土地，并把王后的鞶鉴赐给了他。《左传》认为，郑厉公反对王子颓又效法王子颓，有祸患是一定的。不久郑厉公就去世了。

周惠王不喜欢自己的大儿子郑，迟迟不立他为太子。这一时期，齐国的齐桓公开始称霸，公子郑投靠齐桓公。公元前 665 年，齐桓公召集各诸侯在首止会盟，要求周惠王遵守礼制立郑为太子。周惠王十分生气，就指使郑文公破坏会盟而去联络楚国，又派人去游说晋国，试图压制齐国。齐桓公以郑国不尊王为借口兴兵攻郑，郑国被迫叛周亲齐，周惠王找的靠山彻底倒了。

管仲的粗心与用心

齐僖公是个比较务实、重感情的国君。齐僖公在位三十多年，重用人才，增强国力，发展军事，注重外交，多次主持会盟，平息宋国、卫国两国与郑国的战争，出兵讨伐不向周天子朝贡的宋国、郕国、许国，平息狄戎对周朝诸国的进犯，为齐国树立起了负责任的大国形象。

齐僖公之后，太子诸儿继位，就是齐襄公。齐襄公荒淫无道、昏庸无能、行为无常，引起了其兄弟们的警觉。鲍叔牙是公子小白的师傅，鲍叔牙认为“君使民慢，乱将作矣”，意思就是国家快要大乱了。他就动员公子小白逃离齐国，一起去了小白母亲的国家——莒国。齐僖公另一个儿子是公子纠，公子纠的师傅是管仲。管仲与鲍叔牙关系很好，都是当时的名士。有个成语“管鲍之交”，讲的就是他们两个的深厚友谊。管仲见公子小白和鲍叔牙逃跑了，他也和公子纠等人逃到了公子纠母亲的国家——鲁国。

不久，齐国内乱，公孙无知勾结外臣谋害了齐襄公。齐国陷入内乱，随后公孙无知也被齐国人杀死。齐襄公没有儿子，公子纠和公子小白就成了国君候选人。

鲁国得到消息，准备派兵护送公子纠返回齐国，想让公子纠继承齐国国君之位。在莒国的公子小白和鲍叔牙也得到了消息，他们轻车简从，快马加鞭，日夜不停地赶往齐国都城临淄。管仲预料到鲍叔牙一定会想方设法护送小白去临淄。于是，他带了一队人马，前往莒国通往临淄的路上拦截。果然，发现了公子小白一行人。管仲是个好射手，他对着小白的胸口就射出了一箭，公子小白应声倒下。管仲认为小白已死，就派人回鲁国报告了小白死亡的消息。鲁国于是就放慢了速度，非常隆重地护送公子纠，让他回齐国即位。鲁国大队人马几天后到达临淄。没料到，此时公子小白和鲍叔牙抢先一步，已经到了临淄，小白成为国君，即齐桓公。原来公子小白知道管仲箭法好，当他在路上发现鲁国军队以后，就做好了思想准备。管仲一箭射中了小白的带钩，小白立即倒下装死，骗过了管仲，赢得了时间。一直办事非常仔细的管仲，在刺杀小白这件事上，竟然粗心了，放了齐桓公一条生路。

公子纠、管仲只好和鲁国军队一起返回了鲁国。

为了消除隐患，齐国发动和鲁国的战争，在乾时大败鲁军，逼迫鲁国处死公子纠，把管仲交给齐国处理。鲁国认为公子纠很难再有成为国君的机会了，留着用途不大，害怕齐国继续入侵，就在生窦这个地方杀死了公子纠，并让齐国人把管仲押回齐国去了。

齐桓公知道管仲是难得的人才，他不计前嫌，重用了管仲。管仲治理国家非常用心，使得齐国国富兵强，很快成了霸主。

管仲是历史上的一代名相，他本来可以护佑公子纠夺取齐国政权的。只是他一时的粗心，让齐桓公诈死得逞，贻误了战机。这个无意的疏忽，成就了春秋霸主齐桓公。

齐桓公为何要会盟称霸于鄄？

春秋时期的第一个霸主齐桓公，名小白，是姜太公的后代，齐国人。作为齐国的国君，他为什么不在齐国，而要到当时属于卫国的鄄地，会盟诸侯、称霸中原呢？

西周时，地处东部沿海的齐国，发展农商、修治甲兵、辟疆扩土，逐渐成为强大的诸侯国。特别是齐桓公即位后，在谋士管仲、鲍叔牙辅佐下，成为“春秋五霸”之首。齐桓公先消灭郯国，后讨伐鲁国，又齐、鲁两国会盟，齐桓公归还侵占的鲁国土地，赢得了好名声和各诸侯国的信赖。

宋国是有影响力的国家。公元前 681 年，宋国参加了齐国组织的北杏会盟，随后背离盟约。齐桓公于是率领齐国、陈国、曹国联军讨伐宋国，还得到了周天子的支持。宋国屈服了。

周天子这个时候已没有实力了，大家都希望齐国出面主持公道。

怎么主持呢?

公元前 680 年冬，齐桓公在鄄地主持会盟大会，宋国、卫国、郑国国君参加，周天子也派代表参加了。第二年春天，齐桓公在鄄地再次主持了宋国、卫国、郑国及陈国国君参加的会盟大会。当时的鄄已经是非常有名的城镇了，现在鄄城北还有个旧城镇，鄄大概就在这里。宋国、卫国、郑国及陈国，在当时是比较活跃的国家。

在会盟大会上，齐桓公提出了“尊王攘夷”、安内御外的主张。通过鄄会盟，齐桓公达到了成为中原霸主的目的。《左传》《史记》都讲：鄄会盟，齐国称霸的开始。

那么，齐桓公为什么要到鄄地召开会盟大会呢?

一是鄄的位置重要，地处齐、鲁、卫、郑、宋各国的中间地带，离周王室也不远，方便各国参加会盟活动。鄄这个地名非常有意思，有人讲它是西方乐土的耳朵。古时候，鄄和甄字通用。二是齐国主导会盟，不在齐国而在卫国举办，给人一种大家都是自愿参加而非强迫的表象。为和平而会盟，与会各国乐于接受。

在鄄城县旧城镇，有一处葵丘堌堆遗址，据当地人说此乃齐桓公会盟诸侯处。那么，历史上的葵丘会盟是怎么回事呢?

公元前 655 年，为巩固周王室太子郑的地位，齐桓公组织了会盟大会，旗帜鲜明地拥护太子。公元前 651 年，齐桓公在葵丘组织了齐、宋、卫、郑、许、曹六国诸侯和周王室大臣参加的会盟。在葵丘大会上，即位的周襄王（太子郑）派人给他送了祭肉，并让使者称他为伯舅。齐桓公制定了盟约，提出：“凡我同盟之人，既盟之后，言归于好。”

对于葵丘遗址，现在争议比较大。鄄城有葵丘堌堆，东明有五霸岗，菏泽有青丘遗址，民权有葵丘会盟台，南北一条线相距近百公里，各县的地方志书，皆称为当年齐桓公召集诸侯会盟之地。到底哪里才是当年的会盟之地？均无早期确切的实物证据。

从史书记载的“齐桓公九合诸侯，以葵丘之会最盛”来看，会盟场面是非常壮观的。大国国君应该带有上千兵马参加活动，这种规模在《左传》中有记载。六个国君参加的大会，期间的互相交流不断。山东地貌早年有丘陵之说，我认为，当年这里就是一条叫着葵丘的南北向丘陵高地。为了安全，各国与会人员在不同的地方居住活动，所以才出现了多处葵丘会盟地的历史悬疑。

金庸钟情的五霸岗

地处山东省菏泽市东明县陆圈镇与鲁西新区马岭岗镇交界处的五霸岗，是一个非常古老的村庄。村东南原有高大的土岗子，因历代黄河泛滥淤积和不断取土修路、填坑，现在已经很难寻觅当年高耸的模样。

偏僻的五霸岗之所以声名远播，源于 20 世纪金庸武侠小说《笑傲江湖》的风靡于世。在《笑傲江湖》中，五霸岗是天下武林英雄会盟之地，是令狐冲和任盈盈相识相亲相爱的纪念地。《笑傲江湖》全书 40 章，110 多万字。从第 15 章《灌药》开始，五霸岗就成为了江湖故事的聚焦地，一直到第 36 章《伤逝》，不时在书中被提及，达 46 次之多。可见，金庸对此地情有独钟。

金庸在《笑傲江湖》中这样描述五霸岗：“五霸冈正当鲁豫两省交界处，东临山东菏泽定陶，西接河南东明。这一带地势平坦，甚多沼泽，远远望去，那五霸冈也不甚高，只略有山岭而已。”五霸岗的位置介绍得非常详细，就是现在陆圈镇与马岭岗镇交界处的五霸岗。

金庸到过五霸岗吗？绝对没有！

据说金庸是在仔细地研究中原地图后，才把故事的发生地定在这里的。这里曾经是天下之中，是春秋时期诸侯会盟之地，是论英雄、息纷争的地方。自然是小说家眼里武林好汉们向往之地，所以才能有武林各门派不远千里到此聚会。现在的五霸岗只是一个平坦的村庄而已，村内大约有 5000 人。《东明县志》记载："公元前 651 年（晋献公二十六年），齐桓公会诸侯于葵丘（今县东南五霸岗村）。"而在五霸岗村东的马岭岗镇李朝花村，原先有一座三官庙，庙宇已毁，原来在庙内的一块明朝隆庆三年（1569 年）重修三官庙的石碑尚保留完好。碑文记载，五霸岗原名五伯岗，李朝花村原名葵丘李庄，都因为葵丘会盟而得名。当年的葵丘是一个土堌堆群，五霸岗与葵丘李庄均依古葵丘而居，五霸岗在葵丘西北，李庄在葵丘东南。葵丘会盟求和以及解决诸侯间的水事矛盾，造福百姓，故修建三官庙祭祀。南宋荆湖北路安抚使张孝祥曾为三官庙题诗：周衰桓为盛，破戎平狄明。葵丘催战鼓，四野旌旗动。歃血修战事，尊王攘夷盟。五伯会圣地，立祠三官名。在五霸岗村东南不远处的清丘是葵丘的一部分，公元前 597 年，晋、宋、卫、曹四国会盟就在这里。在清丘会盟堌堆上，有清朝康熙四十六年（1707 年）所立的石碑，碑文是进士刘嗣因所写，明确说明为清丘寺院落成应邀而题写。因碑文开篇有"鲁僖公九年，齐桓公率诸侯同盟于葵丘。宣公十二年，齐人宋人曹人卫人盟于清丘。谓清丘即葵丘也"字句，故该碑又被称为清丘寺会盟碑。可见，这里被认定为春秋时期著名的葵丘会盟之地有非常久远的历史了。

作为一代文豪，金庸发现了此处地名的文化价值，为我们演绎了一段武林佳话。

齐桓公为何千里迢迢会盟于召陵？

齐桓公是中国历史上的一代枭雄。他不计前嫌，重用曾箭射自己险些使自己丧命的管仲，励精图治、整顿朝政，推行"尊王攘夷"，成为春秋时期的第一个霸主。

公元前 656 年，齐桓公亲率联军与南方大国楚国在召陵举行会盟，不战而屈人之兵，这是齐桓公在历史上显赫的功绩之一。齐桓公为何要不远千里，到长江流域与楚国会盟呢？其中有个小插曲。

齐桓公好女色，夫人有三个，还有很多内宠。他的三个夫人王姬、徐姬和蔡姬都没有给他留下后嗣子孙。公元前 657 年，齐桓公与蔡姬在湖中乘船游玩。蔡姬胆子大，喜欢开玩笑。船到湖中间时，蔡姬用力晃动小船，船儿左右颠簸。齐桓公怕水，吓得脸色都变了，即令蔡姬停止晃动。蔡姬觉得很好玩，不听劝，晃动得更厉害了。齐桓公非常恼怒，上岸后就让人把蔡姬送回了她的母国蔡国。蔡国国君问清原因后，也很气愤，竟把蔡姬另许他人改嫁了。齐桓公得到消息，认为这不仅仅是蔡国故意和自己过不去，还代表着蔡国要背叛齐国归附楚国。当时，楚国已先后灭掉了申、息、邓等国，并多次进攻黄国、郑国，大有继续北进中原争霸的趋向。齐桓公决定兴师问罪，他很快以霸主的名义召集宋国、郑国、卫国、陈国、许国和曹国的国君会盟，次年便组成诸侯之师，前去讨伐蔡国，蔡军不战而溃败。于是，诸侯之师就趁机攻入楚国境内。

楚成王派使臣到两军阵前，质问齐桓公："您住在北方，我住在南方，双方相距遥远，风马牛不相及。您侵入我们的国土，这是什么缘故？"齐国宰相管仲回答："从前召康公赐命我们先君姜太公说：'五侯九伯如果有罪过，你都有权征讨，以辅佐周王室。'你们楚国应当进贡的'包茅'不按时送来，周王室的祭祀用品供应不上，没有用来渗滤酒渣的东西，我来征收贡物。另外，周昭王南巡没有返回，我特来查问这件事。"楚国使臣回答说："贡品没有交纳，是我国的过错，我们怎么敢不供给呢？周昭王南巡没有返回，还是请您到水边去问一问吧！"于是联军又向前开进。

这年夏天，楚成王派使臣屈完到齐军中交涉，齐桓公同意联军后撤驻扎在召陵，齐桓公与屈完一同乘战车观看联军军容战阵。随后，屈完代表楚国与诸侯国订立了和好盟约。《古文观止》选录自《左传》的《齐桓公伐楚盟屈完》，讲的就是这个故事。

齐桓公千里迢迢到楚国举行会盟，其原因公私兼而有之，展示了齐国强大的号召力和策略上的灵活性。

晚年的齐桓公徒有虚名！

在葵丘会盟大会上，齐桓公得到周王室的支持，名声大振，成为各方诸侯间的霸主。原来亲近楚国的南方小国徐国，受形势所迫，开始倒向中原，归顺齐国。

后来，齐国的势力好像也没有再继续强大。公元前 656 年，齐桓公亲率联军去问罪楚国，最后却不得不在召陵与楚国结盟。

公元前 645 年春天，楚王“讨伐不服”，派军队攻打徐国，徐国向齐国求救。齐桓公召集宋襄公、鲁僖公、陈穆公、卫文公、郑文公、曹共公和许僖公等诸侯，在牡丘会盟，商讨履行葵丘之盟约，救援徐国。随后，组建了联军，兵发徐国。徐国得到许诺，一心等待联军救援，没有尽力备战。这年冬天，等联军即将到达徐国时，徐国军队已在娄林被楚军打败。第二年夏天，齐桓公采取“围魏救赵”战术，派军队攻打厉国。厉国是楚国的盟国，顽强抵抗。楚国闻讯前去救援厉国，放弃了徐国。齐国没有能够取得胜利，却救了徐国，也算完成了一项任务，就此领兵回国了。

这年“夷狄”侵犯鄫国，齐桓公在淮地再次召集会盟大会，组织军队打败了“夷狄”人，并带领着各国军队帮助鄫国修筑城墙。士兵日夜不停地在工地上劳动，非常疲惫，都想尽快回国，有人趁夜深人静时大喊：“齐国内乱了！齐国内乱了！”造成军心涣散，结果城墙没有修好就撤走了。

公元前 643 年，鲁国侵吞了项国。在召开会盟大会时，齐国扣留了鲁僖公，后来又把他放了回去。齐桓公作为霸主的威望感觉越来越弱了，同年，齐桓公死于宫廷之内。

齐桓公的儿子们：窝里横

历史上的齐桓公可算得上是一个英雄，但他的儿子们没有继承他开疆拓土的能力，却善于“窝里横”，把一个强盛的齐国给搞垮了。

齐桓公儿子众多，有十多个，《史记》记载，齐桓公“十有余子”。他的三个夫人皆没有生儿子，而六个“如夫人”，各生了一个儿子。这六个儿子分别是：长卫姬生公子武孟（即无诡）、少卫姬生公子元、郑姬生公子昭、葛嬴生公子潘、密姬生公子商人、宋华子生公子雍。这六个儿子中，有五个“你方唱罢我登场”，每个人都做了一次国君。

齐桓公在位时，指定其“如夫人”郑姬所生的公子昭为太子，可能是觉察到儿子昭的势力不够强大，另外几个儿子各立党羽，都觊觎国君宝座，他就将昭嘱托给了“讲义气”的宋襄公。

齐桓公病危，他受内臣易牙蛊惑，答应另立武孟为太子，结果埋下了祸根。他另外的几个儿子都想做继承人，便各立山头，借此机会在宫门之外展开了厮杀。无人照看已不能行动的齐桓公，只能在疾病与饥饿中死去。公子武孟依靠宫人易牙、竖刁等人的帮助，通过血腥屠杀，终于得到了齐国国君之位。齐桓公也在死去 67 天之后，才被安葬。太子昭出逃宋国，寻求帮助。

三个月后，宋襄公带领军队护卫着公子昭杀回齐国，齐人攻杀武孟，太子昭赢得了齐国君位，是为齐孝公。为躲避灾祸，公子雍逃去了鲁国，齐桓公其余七个儿子都逃到了楚国。齐孝公在位十年病逝，齐桓公生前宠臣卫公子开方杀死孝公的儿子，公子潘即位，是为齐昭公。

公子商人也始终没有放弃抢夺君位的野心。他暗地里结交贤士，广纳门客，取悦于百姓，等待时机。齐昭公逝世，其子吕舍继位。吕舍的母亲原不受昭公宠爱，他自然也得不到大夫们的支持，在这种情况下，公子商人便在齐昭公的葬礼上杀死吕舍，如愿以偿地自立为国君，是为齐懿公。从父亲死去到自己即位，齐懿公足足经历 30 年的漫长等待。

商人杀死吕舍后，还假惺惺地给哥哥元辞让了一回。元说："你想做国君很久了，我可以为你服务，让你不要积怨太多，否则你能赦免我吗？你做国君吧。"

齐懿公即位之后，其所作所为令国人大失所望，他欺软怕硬，无故出兵攻打鲁国、曹国，在得知晋国将要组织联军讨伐齐国时又行贿晋国。据《左传》记载，在齐懿公为公子时，曾经与邴原争夺土地，结果没争到手。等到他即位以后，邴原早已死去，他竟然掘其坟而断其尸足。可笑的是，他还听信了邴原之子邴歜的花言巧语，把邴歜安排为自己的车夫，让他整日跟随着自己。另外，齐懿公看中了阎职貌美的妻子，便把她抢走纳入宫中，却又让阎职做骖乘，随时跟随自己驾车。他自己可能还没意识到，这种羞辱式的自我满足，将会给自己带来杀身之祸。

公元前 609 年夏天，邴歜和阎职随齐懿公出行。二人在申池池水里洗澡，邴歜用马鞭鞭打阎职，阎职发怒。邴歜笑话他说："别人夺了你的妻子你不生气，我打你一下，有什么了不起？"阎职说："比砍了父亲的双脚而不敢怨恨的人怎么样？"此言语说到了二人的痛处，二人对齐懿公的仇恨在压抑许久之后瞬间爆发。于是二人策划杀死了齐懿公。

齐懿公死后，公子元即位为君，这就是齐桓公儿子中第五个成为国君的齐惠公。齐惠公宠爱大臣崔杼，使得齐国的高、国两大势力遭受压制。齐惠公之后，崔杼被赶跑。到齐庄公时，崔杼再次受宠而专权，消灭高、国两家家族势力，还杀死齐庄公，造成齐国内乱。

出卖朋友的代价

从史书记载来看，古代贵族为了权力继承自相残杀，是司空见惯的事情。反倒是没有亲缘关系的知心朋友，可能会真诚相处。俗话说，朋友是相处出来的，出卖朋友也就意味着背叛。

《左传》记载，鲁僖公四年（公元前 656 年）春天，齐桓公带领陈、郑等国联军意欲讨伐楚国，双方不战而和，在召陵会盟，签订和平盟约。联军将要返回北方。陈国的大臣辕涛涂对郑国的大臣申侯说："齐国的军队取道陈国和郑国之间，我们两国沿途必然要提供军队所需。如果让齐军向东走，沿海路回齐国，我们就无此之忧了。"申侯表示赞同。于是，辕涛涂就建议齐桓公大军向东走，向东夷人炫耀武力。齐桓公同意了。申侯也去见齐桓公，把辕涛涂的小心思告诉了齐桓公，还说："大军已长时间在外奔波，将士疲惫不堪，如果再往东绕行而遇到敌人，恐怕是不能打胜仗的。若取道陈国和郑国之间，由两国供给军需就可以了。"齐桓公很高兴，将虎牢之地赏给了他，而把辕涛涂抓了起来。当年，齐国又讨伐陈国，陈国求和，齐桓公才把辕涛涂放了回去。

辕涛涂认为，自己把申侯当成了知心朋友，申侯不讲情谊出卖了自己，他非常恼怒。于是便生一计，他劝申侯在所赐的封邑修筑一座又大又漂亮的城，并表示自己会给予帮助。申侯果真中计，筑起了高大结实的城墙和美观的城楼。辕涛涂接着在郑国国君郑文公面前进谗言，说申侯准备叛乱。申侯本是楚文王宠信的人，楚文王临死的时候，给他了一块玉璧，让他逃走，说："只有我了解你，你贪婪而永不满足，你可以从我这里取，从我这里求，我也不怪罪你。我之后将会有人向你索取财物，你必然不免于罪。我死后，你一定要赶快逃走，不要到小国去，他们不会容纳你的。"申侯逃到郑国，又受到郑厉公的宠信。

公元前 653 年夏天，齐军攻打郑国。郑文公为缓和与齐国的关系，借此杀死了申侯。《左传》认为这是"用陈辕涛涂之谮也"。

借刀杀人

古籍《三十六计》中有借刀杀人之计，意思是自己想除掉对手，却又不出手，巧妙地利用对手与第三者的矛盾，借第三者之力除去对手。在古代，有些心术不正的人尔虞我诈，彼此相互利用又相互残害，借刀杀人自然就成了一种被常常利用的权术。借刀杀人是一种非常隐晦的智谋，谁也不愿做被利用的第三者，一旦被识破，就会引火烧身。《左传》中有一个借刀杀人的故事。

召陵之盟后，霸主齐桓公要带领联军各自回国。陈国的辕涛涂自作聪明，想骗齐桓公走远路而减轻陈国的负担，结果为郑国的申侯出卖。辕涛涂被齐桓公扣留，陈国付出很大代价才把辕涛涂救出来。辕涛涂后来使用借刀杀人之计，怂恿申侯在封地筑大城，又到郑文公跟前诬陷他有谋反之心，引起郑国国君郑文公的警觉。

公元前655年，齐桓公召集各诸侯在首止会盟，商讨如何安排周王室继承人事宜。因为齐桓公的意见与周天子相左，周天子不满意，就利诱劝说郑文公脱离了齐桓公的联盟，结果得罪了齐桓公。之后，齐桓公组织联军讨伐郑国。为了缓和与齐国的矛盾，郑文公杀死了申侯。公元前653年秋天，齐桓公和鲁僖公、宋襄公、陈太子款在宁母结盟，策划继续进攻郑国。郑文公派遣太子华参加会盟，寻求和好。太子华想利用齐桓公除掉对手泄氏、孔氏、子人氏三族，便对齐桓公说："郑国泄氏、孔氏、子人氏三族，违背您的命令，是他们主张我们逃离盟会投靠楚国的。您如果帮助我除掉他们，我们甘愿作为您的藩属。"齐桓公明白这是郑太子华想利用自己，借刀杀人，他正好也想利用郑国的矛盾解决问题，于是准备答应他。管仲说："国君您应该用德来安抚郑国，并对其加以教训。如果他们不接受，再率领诸侯去讨伐，他们挽救危亡还来不及，难道不害怕？如果听信太子华这种奸佞之人，出兵解决郑国内乱，如何向后人交代，君王的盟约就要废弃了。君王还是不同意为好，郑国一定会接受盟约的。郑太子华既然做了太子，却求助大国来削弱他自己的国家，必然难免于祸患。"齐桓公于是谢绝了子华的请求，子华也因此得罪了郑国君臣。这年冬天，郑国派使者到齐国请求结盟，主动顺服了齐国。子华不久被杀。

总的来讲，春秋以前，人们相处相对和谐。随着诸侯争霸，各种诡辩和欺骗之术层出不穷，诸如兵法韬略、《三十六计》成了某些心术不正之人的权术手段。

郑文公的小算盘

春秋以来，周天子的威望越来越低，后来竟然到了自己的事情自己做不了主的地步。齐桓公称霸，被周天子和各个诸侯国国君所认可。齐桓公开始打着“尊王攘夷”的旗号，发号施令。他率领各个诸侯国的军队，讨伐“夷戎狄蛮”，平息诸侯国国内的叛乱，干涉周王室的事务。

周惠王晚年的时候，不喜欢太子郑，宠爱郑的弟弟带。他就想废了郑的太子之位，改立带为太子，好让带顺利继承王位。太子郑知道只有齐桓公能够左右大局，于是就向齐桓公求援。公元前655年夏天，齐桓公以安定周王室、周礼不可逆为理由，召集鲁、宋、陈、卫、郑、许、曹等七国国君在首止会盟，共同拜会太子郑，巩固了郑的太子地位。秋天，齐桓公与这些诸侯国君们再次会盟，并请周王室派人参加，想借此机会向周惠王表明各个诸侯国都拥戴太子郑。

太子郑的这一招，将了周惠王一军。周惠王惧怕齐桓公，不敢不参加，于是派周公宰孔去首止参加会盟。他让宰孔想办法做离间工作，阻止会盟支持太子郑。宰孔到首止，私下会见郑文公说：“郑国一直是周王室的屏障，天子让我告诉你，不要和他们掺和在一起参与太子废立之事。我安排楚国与你们和好，让晋国辅助你，你就不要和这些人一起签订盟约了。”郑文公对周惠王的信任非常高兴，郑武公、郑庄公的时候，郑国就是卿士，现在终于又有机会参与王室之事了！再者，郑国与楚国是邻居，楚国已强大起来，郑国需要与这个邻居友好相处。但他又惧怕齐国，参加盟会就不得不签盟约。所以他打算不辞而别，不参加盟誓。郑国大夫孔叔劝阻他，希望他考虑清楚，慎重从事。郑文公不听，独自一人回国，没有签订盟约。

在周王室的安排下，郑、楚两国和好。

公元前654年夏天，齐桓公以郑文公私自离开不参加会盟为由，率领齐、鲁、宋、陈、卫、曹等国军队讨伐郑国，包围了郑国的新密。郑国顽强抵抗，并向周天子求救。为了救郑国，这年秋天，楚成王亲自率领军队攻打齐国的盟国许国。齐桓公率军队去救许国，郑国之围解除。

公元前 653 年春天，齐国再次进攻郑国。郑文公看到周惠王病重，太子郑在齐桓公支持下，羽翼丰满，只得找了个借口，顺服齐国。齐桓公去世后，齐国霸主的位子也随之失去了，郑文公再次与楚国和好。郑文公无视逃亡在外的晋国公子重耳，结果重耳（晋文公）即位后，攻打郑国，郑文公又接受晋国的建议立了储君。

可见，作为一国之君，郑文公只精于打小算盘，目光有些短浅了。

《左传》记载的“春秋第一神卦”

占卜也称占筮、算卦，是我国古代预测重要事情发展趋势的一种主要方式。我国最早的占卜，可以追溯到伏羲画卦。一开始是根据《易经》的卦爻辞，使用烧烤龟壳产生的纹理推测事情发展的趋势，后来发展到使用蓍草，到周朝初年形成了《周易》。当时的人认为，蓍草之下有龟蛇之灵物，能够与天地沟通，比较灵验。他们还认为“龟长蓍短”，即用烧烤龟壳预测要比用蓍草预测精准。因为烧烤龟壳难于把握和辨析，后来就慢慢失传了。

《左传》记录的是春秋时期两百多年的历史，自然少不了占卜的内容。如：公元前 706 年，鲁庄公（姬同）出生时，其父鲁桓公为儿子起名，提到了请占卜之人选抱孩子的“吉人”的事情。再如：鲁桓公十一年(公元前701年)，楚国和郧国对阵，楚国大将斗廉向屈瑕建议发起进攻，屈瑕胆怯，就想占卦预测一下结局。斗廉认为犹豫不决没有信心才占卜，既然楚军占据绝对优势，又何必占卜？结果没有占卜也打了胜仗。

《左传》第一次详细记载占卜情况的，是在鲁庄公二十二年（公元前 672 年）。陈厉公的儿子敬仲（陈公子完）年幼的时候，成周的太史去见陈厉公。

陈厉公请他用《周易》为敬仲占卜，占的结果是《观》卦变成《否》卦。《观》卦为本卦，《否》卦为之卦。《观》卦卦象是地（坤）上有风（巽），意指观察学习，寻找机会。《否》卦卦象是天（乾）在上地（坤）在下，上下不交合。本卦和之卦的内卦均是土（坤），《观》卦外卦是风（巽），《否》卦外卦是天（乾）。《观》卦六四爻为动爻，外卦由风（巽）变为天（乾），就成了《否》卦。根据《易经》的传统说法，一爻变以本卦变爻爻辞为断辞。《观》卦六四爻的爻辞是“观国之光，利用宾于王”。周太史据此认为：“敬仲将要享有国家！但不在陈国这里，而在别国；不在敬仲这个人身上，而是在他的子孙。因为‘光’是从另外的地方照过来的，所以说‘出使他国观光’。庭中陈列的礼物很多，另有进奉美玉绸帛，天上地下美好的东西都具备了，所以说‘利于作君王的上宾’。还有众人等着观看，所以说他的昌盛不在其本人，而在于他的后代子孙！风起于天际而行于土上，这就是山。有了山上的物产，又有天光照射，就能居于土地上，风行最后落在土地上，所以说他的昌盛也不在本国而在别的国家！如果在别国，必定是姜姓之国。姜是太岳的后代。山岳高大可以与天相配。但事物不可能两者一样大，陈国衰亡，姜姓国兴起，这个家族才能昌盛！”历史上，陈国第一次被占领时，敬仲的后人陈桓子在齐国拥有了强大的势力。后来陈国被楚国灭亡，他的后人陈成子就夺取了齐国的君位。这就是历史上著名的事件——田齐代姜。

为了说明这次预测的准确，这篇文章同时还记载：懿氏要把女儿嫁给敬仲，他的妻子为女儿占卜未来和吉凶。不知道用的什么方法，结果是“吉”。“凤凰相伴飞翔，唱和的声音嘹亮。妫氏的后代，养育于齐姜。第五代就要昌盛，官位和正卿一样。第八代以后，没有人可以和他争强。”所以，《左传》记载的“春秋第一神卦”，关系到了齐国、陈国两个国家，预测了上百年的历史。

《左传》占卜之事知多少？

纵观整个春秋时期，战争与会盟交织，人们追求公平信义，笃信神灵和人与神的沟通。这时的《周易》作为一种神圣的文化和信念，被贵族们虔心推崇。他们蓄养卜人，在决定重大事情时，往往会请卜人占卜来预测未来，决定行动。

《左传》是儒家经典“十三经”之一，全文18万字，其中讲到了《连山易》《归藏易》和如何为小孩起名字等的内容，而更多预测之事讲的则是《周易》理论。《左传》中对于人的未来、家族兴衰、战争、交往、国事等进行预测有50余处，有的只是提到了因事而占卜，有的提到了结果但没有明确具体的卦象、卦名和卦辞、爻辞。其中，具有详细卦象、卦名和卦辞、爻辞的共有18处，我们可以称之为“《左传》经典18卦”。

第一卦出现于“庄公二十二年”。周史为陈厉公之子敬仲占筮，此卦有“春秋第一神卦”之称。此卦占出的是《观》卦变《否》卦，结论是陈敬仲去齐国，最终代替姜氏成为齐主。

第二卦是晋国大臣毕万为自己的命运占筮，占出的是《屯》卦变《比》卦，结论是将来能建立功业，成为一方诸侯。

第三卦出现于“闵公二年”。季友出生时，鲁桓公让卜楚丘之父为这个小儿子的命运占卦，占筮的结果是《大有》卦变《乾》卦，结论是季友将来与其父一样富贵而受人尊敬。

第四卦是秦穆公将出兵攻打晋国，让卜徒父占卜，得到的是《蛊》卦，结论是秦军大获全胜，并能够抓获晋国国君晋襄公。

第五卦是晋献公的女儿伯姬出嫁到秦国为秦穆公夫人，晋献公让人占筮，得到《归妹》卦变《睽》卦，此卦的结果显示这门婚事对晋国不吉。

第六卦出现于“僖公二十五年”。晋文公欲护送周天子回都城，让卜偃占筮是否可行。占卦的结果是《大有》卦变《睽》卦，吉。于是，晋文公亲自护送周天子，为称霸奠定了基础。

第七卦出现于“宣公六年”。郑国的公子曼满妄想做卿士，王子伯廖起卦，《丰》卦变《离》卦，结论是公子曼满活不过三年。

第八卦出现于“宣公十二年”。荀首起卦，《师》卦变《临》卦，邲之战晋军大败。

第九卦出现于“成公十六年”。晋厉公让太史占筮，得到《复》卦。晋国打败楚国，并射中了楚王的眼睛。

第十卦出现于“襄公九年”。鲁成公的母亲穆姜死于东宫，她曾让太史占筮，求得《艮》卦变《随》卦。

第十一卦是齐国崔杼占筮，得到了《困》卦变《大过》卦。崔杼迎娶了棠姜，后来家破人亡。

第十二卦出现于“襄公二十八年”。郑国大臣游吉暗示楚康王将死，以《复》卦变《颐》卦为喻。

第十三卦出现于“昭公元年”。医和说晋平公贪恋女色，如《周易》中的《蛊》卦，风吹树折之象。

第十四卦出现于“昭公五年”。穆子出生，庄叔以《周易》占筮，得到了《明夷》卦变《谦》卦。卜楚丘认为穆子长大后要出奔他国，虽长寿却不得善终。

第十五卦为孔成子占筮，起因为孔成子与史朝对于卫国的下一任君主各有一梦，人选却不相同，遂起卦，结果为《屯》卦变《比》卦，卦象显示应立公子元为君（卫灵公）。

第十六卦出现于“昭公十二年”。南蒯叛国，占了一卦，《坤》卦变为《比》卦。子服惠伯解卦，认为南蒯所占卜之事不能成功。南蒯最后只身逃走，结局不佳。

第十七卦出现于“昭公三十二年”。史墨用雷（震）在天（乾）上，即《大壮》卦来说明季氏执政受天庇佑。

第十八卦是阳虎用《周易》占筮，得到《泰》卦变成《需》卦，晋国撤军。

为什么古代没有女性易学大师？

易学是一门深奥的认识自然的学问。提起易学，人们首先想到的是《易经》、算卦和风水，认为这是玄之又玄的一套理论。很多人既敬畏，又好奇。

在我国五千多年悠久的文明史长河中，易学在古代社会生活中发挥了相当大的作用。据史料记载，华夏文明的始祖伏羲根据天地万物变化的规律，创造阴阳八卦，对后世产生深远影响。此后，先人们先后创造了《连山易》《归藏易》和《周易》。当时，生产力低下，交通不便，人们就依据卜卦的卦象、卦辞判断吉凶祸福。即便是行军打仗，往往也要靠卜卦来决定是否成行。

在古代，国家设置有专门从事易学的官员，级别还很高。男性官员称作觋，女性官员称作巫。易学在传承过程中，出现了很多易学大家，如周文王、孔子、郭璞、诸葛亮、徐茂公、袁天罡、李淳风、刘伯温等，民间术士更是不计其数。遍览史籍，自古至今却没有女性易学大师的记载，这与我国古代的社会制度有关。一方面，人类自从进入父系社会以来，女性的社会地位不高，基本上没有名字，不易流传。另一方面，人们普遍认为从事易学活动的女性不正派，词语“三姑六婆”就将“卦姑”和“师婆”纳入“三姑”和“六婆”的范围，解释为不务正业的妇女，阻滞了女性在易学方面的发展。

不好惹的马夫

鲁庄公在位的时候，为他养马驾车的人叫荦，非常勇猛有力，而且十分好色。有一年大旱，鲁庄公要举行求雨活动，事先进行了一次演习，庄公的女儿也到现场观看。荦看到庄公的女儿很美，竟然就调戏她。庄公的儿子子般发现了，让人抓住荦，用马鞭把他打得皮开肉绽。庄公说："这个人光打是不行的，必须杀掉，以免留下后患！"荦求饶不止，最后还是捡了一条命。

鲁庄公晚年预感到自己将要去世的时候，向弟弟叔牙询问谁做继承人合适，叔牙推荐了庄公另一个弟弟庆父。他又询问弟弟季友谁做继承人合适，季友推荐了鲁庄公的儿子子般，并表示要誓死追随他。季友的话正好说到了鲁庄公的心里，他告诉季友说叔牙推荐了庆父。季友为了表忠心，就逼死了叔牙。鲁庄公死后，子般在季友的帮助下接任了鲁国国君。

庆父知道叔牙的死和子般继位，都是季友所为，非常气愤，便不断地制造混乱。庆父和鲁庄公的妃子哀姜有私情，哀姜无子嗣，二人便谋划立公子开即鲁庄公和哀姜妹妹叔姜所生的儿子为国君，得到了齐国的支持。为了除掉子般，庆父找到荦，答应帮他报仇，要他配合行动。有一次，子般住进了他的母亲党氏家里，庆父便派荦刺杀了子般，让公子开接替了国君之位，即鲁闵公。

俗话说：当断不断反受其乱。鲁公子子般不听其父的劝告，鞭打他人解了一时之气，却没能斩草除根，最终失去了自己的性命。

春秋时期鲁国为什么没有称霸？

春秋初年，各个诸侯国利用周天子衰落之际，展开利益争夺，战争和会盟持续不断。郑国依靠着靠近京畿的优势，积极发展生产，远交近攻，成为春秋时期"挟天子以令诸侯"的"小霸主"。此后，东方的齐国兴起，维护王权、抗击外侵，平息诸侯国内乱，在鄄地成功会盟称霸，齐桓公"九合诸侯，一匡天下"，史称春秋第一霸。北方的晋国和南方的楚国，随后也先后成为霸主。就连连年征战的宋国，也在争霸道路上豪赌了一把，在鹿上组织会盟，执意争霸。而作为周公后裔立国的鲁国，却始终未能在霸主的争夺中占有一席之地，让人意想不到。

其实，鲁国在春秋早期是有着争霸机会的。只是鲁国的国君没有抓住机会，反而昏招频出，致使鲁国在激烈的竞争中越来越边缘化。鲁国的国君都是平庸之辈，一直没有争做霸主的理想和野心，他们更愿意维持现状和充当和事佬。鲁隐公继位以后，先后通过会盟与宋、邾、戎、纪、莒等国交好；通过艾地会盟、中丘会盟，与齐、郑化敌为友。为解决郑、宋两国矛盾，鲁桓公前后奔波，两年之间参加四会两盟。为了使齐、纪两国和好，鲁桓公组织了黄地会盟等。

在郑国励精图治继而争夺周天子权力时，鲁国与周边的齐、宋、曹等国经常为争夺领土发生摩擦，与周边处于敌对的孤立状态。在国内鲁国国君鲁惠公夺子之妻、随意废立太子，结果引发了宫廷内乱。各国之间当时冲突最激烈的是郑国和宋国。鲁国与宋国曾在宿地会盟，建立同盟，公元前 719 年，鲁、宋联合攻打郑国。第二年，郑国以周王师之名讨伐宋国，宋国求救于鲁国，鲁隐公却找借口拒绝出兵相救。更可恶的是，鲁国接下来与郑国在艾地会盟，双方弃旧怨修新好，致使宋国也不得不屈服于郑国。公元前 714 年，志在称霸诸侯的郑庄公以宋国不敬周天子为由，攻打宋国，鲁国也加入了郑国组织的联军行列。在打败宋国之后，郑国开始了针对鲁国的战争。公元前 702 年，郑国联合齐国、卫国攻打鲁国。鲁国为了摆脱郑、齐、卫等国的包围，被迫与宋国多次会盟协商，形成利益共同体。没想到双方结盟不到一年，鲁国再次背叛宋国，与郑国在武父结盟，联合进攻宋国。公元前 695 年，鲁国与邻居邾国盟于趡，当年又与宋、卫联合攻打邾国。鲁国出尔反尔，没有信用，自然没有号召力。

随着齐国的崛起，不事发展的鲁国就被齐国牢牢地压制住了。鲁桓公被害死于齐国，鲁国也没有一点办法。后来，鲁国因支持逃亡的齐公子纠争国君之位，得罪了齐桓公，遭到了齐国的攻打。直到公元前 681 年，齐桓公为了称霸而在柯地召集会盟，齐、鲁两国才走向和平。此后的鲁国与齐国相比，实力差距明显拉大了。齐国霸业结束后，宋国争霸没有成功，晋国和楚国的争霸进入了持久的拉锯战。夹在中间的小诸侯国不得不“朝晋暮楚”、左右逢源，每年向两国大量缴纳贡礼。鲁国依附于晋国，期间与晋国结盟不下三十次，不停地出兵出饷，仅此一项，就把鲁国压得喘不过气来。《左传》记载，当时鲁国经济已“府无虚月”。此后的鲁国再也没有恢复元气，更妄谈称霸，战国时被楚国所灭。

庆父之死，鲁国之难结束了吗？

有个成语叫“庆父不死，鲁难未已”，《现代汉语词典》解释为：鲁国公子庆父一再制造内乱，先后杀死两个国君。齐国人认为，如果不除掉庆父，鲁国就不得安宁。

那么，庆父是怎么样的一个人？他是怎么死的？庆父死后，鲁国之难结束了吗？

鲁桓公有四个儿子：嫡长子鲁庄公、次子庆父、三子叔牙、四子季友。《左传》记载，公元前 662 年，鲁庄公得了重病，向弟弟叔牙询问谁可以作为继承人。叔牙回答：“哥哥庆父有这个能力。”庄公又问四弟季友，季友回答：“我愿用生命来支持您的儿子子般。”庄公说：“刚才叔牙说‘庆父有这个能力’，这该怎么办呢？”

其实，鲁庄公作为国君、大哥、父亲，可以非常明确地指定让他的弟弟庆父或者儿子子般接任。可是他想像宋襄公那样摆出一副仁义道德的姿态，留个美名，结果把简单的事情弄复杂了。

聪明的季友心领神会，派人用毒酒毒死了哥哥叔牙，并安抚了他的后人，后来参与执政的叔孙氏就是叔牙的后代。

鲁庄公死后，子般即位。这年冬天，不服气的庆父唆使养马的荦杀死了子般。季友逃亡去了陈国。庆父因为与庄公的妾室哀姜有私情，就立了哀姜妹妹叔姜的儿子开为国君（鲁闵公）。

公元前 661 年秋，鲁国和齐国在落姑结盟，鲁闵公请求齐桓公让季友回国。这样，季友又回到了鲁国。齐国的大臣仲孙湫到鲁国慰问，回国后对齐桓公说：“不去庆父，鲁难未已。”齐桓公问：“怎么样才能除掉他？”仲孙湫回答："难不已，将自毙，君其待之。"意思是：庆父不断制造祸乱，必将自取灭亡，您就等着看吧！

鲁闵公二年（公元前 660 年）秋，肆无忌惮的庆父指使人杀害了鲁闵公。鲁庄公的另一个妾室成风把儿子公子申托付给了季友，季友带着公子申逃到了邾国。鲁国大臣们声讨庆父，庆父害怕，逃亡去了莒国。季友和公子申回到鲁国，公子申成为国君（鲁僖公）。他许诺给莒国财物，请求换取庆父，莒国人遂同意让庆父回鲁国。庆父到达密地，让公子鱼入朝请求赦免，没有得到同意。庆父听到公子鱼的哭声，就知道协调不成，绝望的庆父便上吊自杀了。第二年，莒国要求鲁国兑现许诺的财物，结果被鲁国出兵打败。在这场血腥的斗争中，被后人称颂的季友害死了哥哥，庆父害死了两个侄子，鲁国统治者就这样"传承"着周礼。

此后，鲁国内乱停息，安定下来。鲁僖公还参与了齐桓公领导的讨伐戎狄、存邢救卫、安抚周王室的行动。

《左传》论神灵出世

世界上到底有没有神灵，是无神论者和有神论者争论的焦点。在现实世界中，一般人几乎都没有见过神灵，神是什么样子的，没有一个固定的画像。神的描述多见于神话和鬼怪小说之中，《左传》作为一部历史上公认的史学经典，却明确记载了神的出现以及其与人的共存。

《左传》记载鲁庄公三十二年（公元前 662 年）七月，有神灵突然在虢国的莘地出现。春秋初期的虢国是个地位比较高的国家，其国君虢公曾与郑国一起捍卫王权，平息王子颓的叛乱，得到周天子的赏赐。周大夫樊皮造反的时候，虢公还受王命带兵前去镇压，并打了胜仗。晋国的谋臣士蒍认为虢公狂妄自大，没有远见，不会长久，后来的"假途灭虢"也印证了这一点。周惠王询问内史过："神为何在虢国现身呢？"内史过回答："国家将要兴起，神灵会现身观察它的德行；国家将要灭亡，神灵也会现身观察它的恶行。所以神灵现身之处的国家不是兴起便是灭亡，虞、夏、商、周都有过神灵现身的情况。”周惠王又问：“我们该怎么办呢？”内史过回答：“以五行对应的日子，用相应的祭品祭祀。”周惠王安排内史过前去祭祀。神在莘地住了六个月，虢公派史嚚等人悉心侍奉，神答应赐疆土田地给他。史嚚说：“虢国恐怕要灭亡了吧！我听说一个国家将要兴起，听百姓的；将要灭亡，听神灵的。神一向聪明正直而专一，针对不同的人而行事。虢国德恶且做的坏事太多，又怎么能得到土地呢？”内史过听到虢国国君请求神灵赐予疆土，回来说：“虢国必定要灭亡了，国君暴虐，听命于神，却不顺从民心。”

公元前658年，晋国借道虞国进攻虢国，攻占了下阳。虢国人还出兵在桑田打败了戎人。晋国的卜偃说：“虢国丢了下阳不知戒惧，过不了五年必然灭亡！”公元前655年，晋国再次借道虞国进攻虢国，灭了虢国。

可见，《左传》的作者是劝人向善的。在他的笔下，神是衡量一个国家有道还是无道的标准，神现身于世是有缘由的，不善之人永远得不到神的护佑和帮助。

虢国打了一场不该打的胜仗

查找历史文献，春秋以前，并无“黄河”这一名称的记载，多以“河”或“河水”名之，可能在此之前的黄河含沙量并不大。中国历史上围绕黄河发生了数不清的故事，《左传》就记载了大量发生在黄河上的历史事件。

《左传》记载的第一个黄河故事，发生在公元前660年春季。“虢公败犬戎于渭汭”，就是虢国的虢公在渭水入河的地方打败了犬戎。犬戎指的是戎狄，北方非常彪悍的游牧民族，在春秋时期，他们就不断地侵扰中原各国。上一年，戎狄还灭了邢国，齐桓公“尊王攘夷”，打败戎狄，邢国才得以复国。著名的政治家管仲就曾说过：“戎狄豺狼，不可厌也。”虢国打了胜仗，本来这是值得庆贺的事情。虢国的大夫舟之侨却认为：虢公没有德行却受到垂爱，这是灾祸来临的征兆。于是逃亡去了晋国。

当时的虢公很高调，可以用不可一世来形容。虢公高调展示实力，引起邻国虞君的恐慌。当初周天子曾想由他做正卿替代郑庄公，结果造成周天子与郑国的矛盾。虢公与郑国一起帮助新的周天子复位，又出兵入侵强大的晋国，惹来了麻烦。《左传》记载，公元前 662 年，神灵降临莘地，虢公向神灵祈求土地。周朝史官当时就说，虢国野心膨胀，快灭亡了。果然不出所料，仅仅过了五年，虢国就灭亡了。成语“唇亡齿寒”讲的就是虞君贪图钱财，许晋国借道去攻打虢国，结果“搂草打兔子”，也被晋国顺道消灭的事件。这是发生在公元前 655 年的事情。

《左传》作为我国现存较早的、较为完备的编年体史书，记载的第一个有关黄河的故事竟然是这样。“诚于中者形于外”，这个故事给后人以启示：德行不高，目光就短浅，如此做不切实际的事情，必有不可承受的灾难后果。

贪财失国的虞国国君

虞国是周康王时期，分封周太王次子仲雍的曾孙虞仲建立的诸侯国家。《史记》记载：“是时周武王克殷，求太伯、仲雍之后，得周章。周章已君吴，因而封之。乃封周章弟虞仲于周之北故夏虚，是为虞仲，列为诸侯。”

有个成语叫作假途灭虢，说的是春秋时，虞国国君贪图骏马、美玉失去国家的故事。晋献公借口虢国攻击晋国边城，想攻打并吞并虢国，可是在晋国和虢国之间隔着一个虞国，攻打虢国必须经过虞国。大臣荀息建议把“屈产之乘”（宝马）和“垂棘之璧”（美玉）送给虞国国君，请求借道。晋献公认为这是个好计策，就照办了。虞君见晋国送来如此大礼，不但答应借道还请求出兵助战。虞大臣宫之奇阻止，虞君不听，当年晋国便借道攻下了虢国的下阳。三年后，晋献公再次向虞国国君请求借道攻打虢国。宫之奇再次阻止说：“上次借道已经很过分了，怎么可以再有第二次呢！虞国和虢国是‘辅车相依，唇亡齿寒’。我们两个小国相互依存，有事可以彼此帮助，万一虢国被消灭了，我们虞国也就难保了。借道万万使不得。”虞君还是不听。果然，晋国军队借道虞国，消灭虢国后顺道就灭了虞国。这是发生在公元前 655 年的事情。

其实，虞国除了这个虞君，《左传》记载的还有一位虞公，也是贪图财物的虞国国君。虞公的弟弟虞叔有块美玉，虞公知道后向他索要，虞叔不愿给他。后来感到如果不给他可能会惹来杀身之祸，不久之后就又主动献给了虞公。一段时间后，虞公又发现虞叔有一柄名贵宝剑，又向他索要。虞叔说：“这真是贪得无厌啊！”于是就在公元前 702 年领兵攻打虞公，虞公不得不弃国逃跑。

这就是《左传》中记载的虞国国君——贪财失国！

品行尤不端，家国起狼烟

作为高等动物的人类，经过文明进化，一般不会侵害身边人的利益。但在一般规律之下，往往就有特殊，卫宣公就是个怪人。

卫宣公的父亲卫庄公喜好美色，《左传》记载，卫庄公娶了齐国东宫得臣的妹妹，东宫得臣的妹妹“美而无子”，他便又从陈国娶了一个妻子，名为厉妫。同时州吁的母亲是一个嬖女，受卫庄公宠爱，说明容貌极美。卫宣公与他父亲的姬妾夷姜有了私情，生了个儿子，取名急子。卫宣公不好意思声张，就把急子托给弟弟公子职抚养。急子长大后，卫宣公为他在齐国聘娶了一个妻子，急子待娶的妻子（宣姜）很美，卫宣公心存私念，就自己娶了她。宣姜为卫宣公生了儿子寿和朔，他把儿子寿托付给弟弟公子泄抚养。宣姜想让儿子公子朔继承君位，母子二人便诬陷急子，指证急子对宣姜图谋不轨。卫宣公十分生气，想杀他又不想让人知道，就安排杀手在急子出使齐国途中杀死他。公子寿看不惯父母所为，便告诉急子，让他逃走。急子不逃。公子寿用酒把急子灌醉，自己冒充急子出使齐国结果被杀，悲愤的急子也自投罗网而死。卫宣公去世后，公子朔如愿成了卫国的国君，即卫惠公。公元前 696 年，公子职、公子泄发动政变，另立国君。卫惠公逃亡到齐国。后来，在齐国和其他诸侯国的帮助下，卫惠公才复辟成功。齐国人为了控制卫国，逼迫急子的弟弟公子玩强娶了宣姜。

卫国君王的没落三部曲

春秋时期卫国的三代君王卫宣公、卫惠公和卫懿公品行不端，最终酿成大祸，君臣流离失所。

卫宣公就是卫公子晋，他的父亲卫庄公溺爱庶子州吁，卫庄公死后，州吁叛乱被杀，公子晋继位，是为卫宣公。卫宣公继位后，和父亲的姬妾夷姜产生了私情，夷姜为他生了儿子急子。急子长大后，是为卫宣公。宣公为他在齐国娶妻，发现这个齐国女人容貌昳丽，就纳入自己的后宫，就是宣姜。宣姜为他生了寿和朔，卫宣公和宣姜都喜爱公子朔，后来宣姜和朔诬陷急子，夷姜也受委屈自杀了。卫宣公派急子出使齐国，指使人途中暗杀他，寿为救急子，与急子一起被杀。

卫惠公轻佻好权。卫惠公就是公子朔，在他母亲宣姜的溺爱下，养成了轻佻的个性。在他很小的时候，就和母亲一起向父亲进谗言，害死了他的两个哥哥急子和寿。急子和寿是由他的叔叔公子职和公子泄养大的，因此卫惠公遭到了公子职和公子泄的怨恨。《春秋》记载鲁桓公十二年（公元前 700 年）十一月卫宣公去世，公子朔继位。卫惠公继位时，宣姜还很年轻，齐王就让急子的弟弟公子顽（昭伯）和宣姜成亲，公子顽不愿意，齐人就强迫他，两人后来生了很多孩子。公元前 696 年冬，卫惠公和宋庄公一起领兵攻打郑国，结果打了败仗。公子泄、公子职趁机另立公子黔牟为国君。卫惠公逃去了齐国，直到公元前 689 年底，卫惠公在齐、鲁、宋等国护送下回国复位，接着流放黔牟，杀了公子泄和公子职。周王子颓造反，失败后逃到了卫国。公元前 675 年，卫惠公竟出兵攻打周天子，另立王子颓为王，造成了周王室的混乱。

卫懿公好鹤亡国。公元前 667 年，齐桓公“尊王攘夷”，帮周天子复位，出兵攻打卫国，卫懿公战败而降。卫懿公喜欢鹤，给鹤封官职、供俸禄，并配备车舆。公元前 660 年，狄人大举进攻卫国。卫懿公组织抵抗，国人不愿意为卫懿公卖命，说：“让鹤去作战吧，鹤享有官爵俸禄，我们哪里能打仗！”结果卫军大败，卫懿公被杀，狄人灭亡了卫国。齐国、宋国出兵救援，卫国都城只有 730 人逃出，加上其他地方的百姓也仅剩 5000 人，被安置在了曹地。公元前 658 年，齐桓公又把卫国封到楚丘，卫国才重新起国。

春秋初年的宋国无法融入周王圈

宋国，是西周初年分封商纣王的兄长微子启而建立的诸侯国。与齐国一样，都是非姬姓之国。宋国在周朝初期也很有影响力，但难以融入大国的圈子。

《春秋》记载，鲁惠公的夫人和继室都是宋国人。但是在鲁惠公晚年，不知何种原因，两国发生战争，鲁国在黄地打败了宋国。鲁隐公摄政后，两国结盟讲和。

公元前 720 年，宋穆公病重期间，嘱托大司马孔父，立侄子与夷（殇公），把他自己的儿子公子冯送到了郑国。后来，郑国人谋划送公子冯回国争权。卫国因公孙滑与郑国有隙，州吁就鼓动宋国与卫国一起征讨郑国。宋国配合卫国，和卫国的盟友陈国、蔡国联合攻打了郑国。

公元前 718 年，宋国人掠取邾国的土地，邾国人到郑国告状，请求出兵救援。郑庄公是周朝的正卿，他以天子的名义攻打宋国。宋人到鲁国告急求救，鲁国本来打算出兵救援宋国，不料宋国使者不诚信，欺骗鲁隐公。鲁隐公生气没有出兵。

齐僖公协调宋、卫两国与郑国讲和，已经定了结盟的日期。宋殇公却私下请求与卫国先行协商，齐国非常不爽。

公元前714年，宋殇公不履行封国之责朝见周桓王。郑庄公于是以周天子的名义，联合齐、鲁等国讨伐宋国。宋国不服气，联合卫、蔡进攻郑国。宋、卫两国军队统一行动，让蔡军单独进攻戴地，结果被郑军打败。蔡国人对宋国的行径非常不满。公元前712年冬，郑军再次打败宋军，《春秋》也没有记载。《左传》认为这是因为宋国没有前来报告此事，所以不记载在简册上。

公元前710年春，宋卿华父督杀死孔父嘉而占有他的妻子。宋殇公发怒，华父督把殇公也杀了。鲁桓公和齐僖公、陈桓公、郑庄公商讨平定宋国的内乱。宋国大肆贿赂，各国军队退兵。宋国人认为：宋殇公即位以后，十年之中发生了11次战争，百姓不能忍受，也得不到周天子的信任。

宋闵公时，宋国再次内乱，齐桓公以平定宋国内乱为由，会盟诸侯称霸。此后，宋国紧随齐国活动，慢慢成为一个力主阻止大国通过战争争霸的国家。

讲仁义道德也逃不了血腥

春秋时期，宋国自诩为诸侯国家仁义道德的榜样。在兄弟推让国君位子一事和宋、楚泓水之战中，宋襄公把宋国的仁义道德演绎到了极致。

可是，即便是这个标榜仁义道德的国家，早在春秋之初，为了争夺国君之位也离不开血腥杀戮。宋宣公去世的时候，他安排弟弟和即后来的宋穆公继承君位，并把年幼的儿子与夷托付给他。宋穆公病重的时候，要把君位交给与夷，让与夷做新的宋国国君。他的大臣建议宋穆公最好是子承父业，让他的儿子冯接替国君之位。最终宋穆公还是传位给了与夷即宋殇公，而让他的儿子冯迁居到郑国。

这个时候，中原大地的政治环境正发生着大的动荡。郑国的公子段发动叛乱失败，他的儿子公孙滑逃到卫国求援。卫国出兵干涉，郑、卫之间发生战争。郑国想把冯送回宋国让他争夺君位，以加强两国关系。而卫国也借这一事件，游说宋殇公出兵逼郑国交出冯，以绝后患，宋殇公竟然同意了。卫国、宋国又联系陈国和蔡国，联合出兵攻打郑国。之后不久，郑国又报仇攻打宋国。宋、郑两国开始交恶。

公元前 710 年，宋国发生内乱，宋殇公被杀。宋国人请回了公子冯，就是宋庄公。

宋襄公自导自演的争霸闹剧

公元前 639 年，在鲁国的西南、大野泽岸边的鹿上之地，踌躇满志的宋襄公组织了一场志在称霸的会盟大会，东方强国齐国和南方强国楚国都参加了会盟。然而，在此后不久举行的第二次会盟上，宋襄公便沦为楚国的阶下囚，成了历史上的笑料。

春秋时期的霸主是靠文韬武略和实力争取来的。第一个霸主齐桓公依靠强大的国力，通过推行“尊王攘夷”的主张，实现了称霸诸侯。据《左传》记载，齐桓公在位 40 余年间，先后主持了 20 多次重要的列国会盟。《史记》称齐桓公“兵车之会三，乘车之会六。九合诸侯，一匡天下”；《谷梁传》则称齐桓公“兵车之会四”“衣裳之会十又一”。通过会盟和战争，齐桓公成功地实现了救邢存卫、北御强狄、南却劲楚、安定王室、维持诸侯秩序的目标，是当之无愧的春秋霸主。齐桓公去世后，齐国国内大乱，失去盟主地位，霸业丧失。

宋襄公想接续齐桓公称霸，然而其实力不够强大。宋国是西周初分封给商纣王的庶兄微子启的封地。到春秋时，宋国只是一个中等实力的国家，长期在战争的泥潭中不能自拔。宋襄公是以“仁义让国”登上国君之位的，宋襄公继位后，对内既不安抚民众、富国强兵、加强国家的经济和军事实力，对外也不善待诸侯、睦邻友好，只是打着“仁义”的旗号，凭着一己之私试图称霸。齐桓公临终之时，曾托付宋襄公照顾齐太子昭。在帮助太子昭即位后，宋襄公便认为自己理所应当地接替齐桓公，成为下一任中原霸主。

齐桓公之后，齐国内乱，中原权力出现真空。当时，周王室虽然衰落，但仍然处于至尊地位。由于没有霸主维持秩序，宋襄公便认为机会到了，便以殷商贵胄自居，以公爵国国君的身份争当霸主。宋襄公的哥哥公子目夷劝谏他：小国争霸，必会带来祸端。鬼迷心窍的宋襄公根本听不进去。宋襄公在争霸前期也借鉴齐桓公称霸之法，首先提高威望和震慑力。但他的方式既不能服众又残忍：在平定齐国叛乱后，宋襄公拘捕了滕宣公；与曹国、邾国等小国在曹南会盟时，因为曾国国君迟到，便让人把曾国国君当作祭祀的牺牲品杀死；以不顺附宋国为由而攻打曹国。这种凌弱的做法，自然未能得到各诸侯国特别是大国的认同。

当时，齐国和晋国都还没有走出内乱的阴影，南方的楚国最为强盛。郑国、陈国、蔡国都倒向了楚国。宋襄公无视周天子，幻想着狐假虎威，借助齐国的势力和威望，能得到楚国不参与中原争霸而支持自己称霸的应允。宋襄公的假仁假义，被同样假仁假义的楚国着实戏弄了一番。在鹿上会盟时，楚王答应配合宋襄公演戏，推举宋襄公为霸主。宋襄公在高兴之余，没有忘记再高调一回，组织一次被更多诸侯国认可的会盟大会。

当年秋天，宋襄公在盂地再次组织会盟，参加会盟的有楚、陈、蔡、郑、许、曹等国的国君。陈、蔡、郑、许等国是依附楚国的盟友，曹国是与宋有仇的国家，而宋国所依靠的齐国看破宋襄公的意图后，借故没有参加大会。这次会盟大会，势单力薄的宋襄公自然就成了“孤家寡人”，楚国轻而易举就将其抓获。最终，宋襄公的称霸梦成为以失败而告终的闹剧。

不得善终的宋襄公

宋襄公是个颇具悲惨色彩的人物，称霸不成反被捉，在泓水之战不懂得用兵之法，致使兵败而身亡。有史书说他理想远大，敢担当、讲仁义，是春秋五霸之一；有的史书说他过于迂腐，看不透形势，不会把握大势，注定失败。毛泽东主席在《论持久战》中谈到关于“主动性，灵活性，计划性”问题时将他作为反面教材并指斥道：“我们不是宋襄公，不要那种蠢猪式的仁义道德。”

其实，通读《左传》，从历史发展的角度来看，宋襄公的悲剧不是偶然的，根源在于他尊崇商周之礼，笃信命运天定。

周朝分封的宋国，是殷商后裔，也是唯一被周天子允许继承殷商礼乐宗祀的国家。宋国地理位置特殊，经济基础好，国人善于经商，因而周天子分封了大量姬姓之国在周边，如鲁国、曹国、郑国、卫国等。在春秋礼崩乐毁的形势下，宋国国君是外姓，所以坚定地维护传统礼乐制度，弘扬仁义之道，还是比较受尊重的。特别是宋襄公，在他的父亲宋桓公病重时，宋襄公要将太子之位让给自己的庶兄目夷，认为目夷比他年长，更有忠义之心。目夷听后不肯接受，就逃跑了。后来，宋桓公去世，宋襄公继承君位，请回了目夷，并用其为相，辅佐自己治理国家。宋襄公的做法的确让人感动。

《左传》记载，鲁僖公十六年（公元前 644 年）春，天上坠落五块大陨石于宋国，还有人在宋国国都发现空中有六只鹢鸟倒退着飞。当时周朝的内史叔兴正好在宋国，内史掌管历法记事，博学善卜。宋襄公就询问叔兴这两件事情是什么预兆，有无吉凶。叔兴回答说：“今年鲁国重大丧事多，明年齐国有大动乱，君王将会得到诸侯拥护却不能善终。”叔兴退出来就说：“国君不应该问这个问题，这是有关天象和阴阳的事情，人事吉凶与此无关。吉凶是由人的行为所决定。”

《春秋》记载：当年三月壬申，鲁国国相季友去世；秋七月甲子，执掌国政的卿士公孙兹去世。第二年十二月乙亥，齐国发布齐桓公去世的消息，国内发生动乱。《史记》记载：齐国除太子昭外，齐桓公的 5 个儿子各结党羽，为争夺王位互相攻战，以致齐桓公被饿死宫中无法入殓。桓公尸体丢在床上 67 天，蛆虫爬满尸体甚至爬出门外。直到武孟即位才将齐桓公的尸体装入棺椁，对外发丧。这些正好印证了周内史叔兴对宋国天象的解释。所以，宋襄公坚信自己能够得到诸侯拥护，至于能不能善终，那是身后之事。

齐桓公晚年，国相管仲去世，他的儿子们开始自立山头，这位霸主此时已经无力控制局面。他托付宋襄公一定要照顾好太子昭，宋襄公答应了。武孟夺得王位，太子昭逃到了宋国，请求宋襄公帮助。次年春天，宋襄公召集曹国、卫国和邾国一起出兵齐国，平息叛乱，齐人借机杀死武孟，计划立太子昭。不料其余四个公子的党羽强烈反对，太子昭再次逃亡宋国。宋襄公二次出兵齐国，拥立太子昭为齐孝公。宋襄公因此在诸侯国中有了一定的声望。

宋襄公想效仿齐桓公树立权威，会盟诸侯，做诸侯霸主。公元前 641 年春，宋国出兵抓了滕宣公；夏天，宋襄公让邾文公杀死鄫子祭祀土地神；秋天，出兵攻打不肯顺服的曹国。目夷认为他这种做法难以求取霸业，也不能得以善终。

公元前 639 年春，宋襄公在鹿上召集会盟，参加会盟的有当时的东方大国齐国和南方大国楚国。此时北方的晋国正陷入内乱之中，齐国内政尚不稳，宋襄公对齐孝公又有拥立之恩，对宋襄公的意图自不必说。宋襄公的目的就是请求楚国允许各诸侯国奉自己为盟主，没想到得到财物的楚王非常爽快地答应了。目夷当时就认为：小国争霸主，是自取其祸。可是志高气傲的宋襄公却认为并无不可。

《春秋》记载："（鲁僖公二十一年）秋，宋公、楚子、陈侯、蔡侯、郑伯、许男、曹伯会于盂。执宋公以伐宋。"在这年秋天，诸侯会盟大会在盂地召开，会盟大会上宋襄公没有能得到期盼的霸主荣光，反而像一只入了虎口的绵羊一样，成了楚人的俘虏，楚军还趁机对宋国进行了一番扫荡。直到冬天，诸侯在薄地会盟时，楚人才放回了宋襄公。

可能此时的宋襄公还没有领悟透周内史叔兴说的不能善终的意思。

公元前 638 年，郑文公到楚国聘问，归附于楚国。宋襄公认为郑国叛变，出兵讨伐。楚国为救援郑国而攻打宋国，宋襄公出兵应战。十一月初一日，宋、楚两军对峙于泓水两岸。宋军列队待战，楚军正在渡河之时，宋军司马认为楚军兵多，宋军兵少，建议趁楚军没有全部渡过河的时候发起进攻，宋襄公不同意。楚军渡过河还没有排开阵势，司马又建议趁楚军混乱发起进攻，宋襄公还是不同意。等楚军摆开阵势了宋军才发起攻击，结果大败，宋襄公大腿受伤，跟随宋襄公的亲兵被全歼。

公元前 637 年春，齐孝公以宋国不参加会盟为由也发兵进攻宋国。五月，宋襄公因伤口发作而亡。

这也许就是宋襄公命里注定的不得善终的结局。

君子不重伤，不禽二毛

号称春秋五霸之一的宋襄公有多么愚笨呢？看一看他说的“君子不重伤，不禽二毛”，就知道了。

宋襄公妄想称霸，他请求齐国和楚国推他做霸主，他采用的方式是贿赂加请求。在鹿上之盟，楚国同意了。在盂地会盟大会时，宋襄公被楚军活捉，后又被放回。

公元前 638 年春天，郑国国君郑文公到楚国拜会楚成王，两国结好。夏季，宋襄公便出兵攻打郑国，郑国向楚国求救。为救援郑国，楚王发兵进攻宋国。宋襄公积极准备应战，大司马子鱼劝阻说：“商朝被上天放弃已经很久了，您想复兴它，违背天意恐怕不会成功啊。”宋襄公没有理会他。十一月初，宋襄公的军队与楚军在泓水两岸对峙。宋军排成队列，等待楚军。楚军渡河时，司马子鱼对宋襄公说：“他们兵多，我们兵少，趁他们正在渡河混乱的时候，请您下令攻击他们。”宋襄公说：“不行。”楚军渡过河后还没有排开阵势，司马子鱼又请求宋襄公下令进攻，宋襄公还是说不行。等楚军摆开阵势后，宋军才发起进攻，结果宋军大败，跟随宋襄公的亲兵全部被歼灭，宋襄公本人大腿也受伤。

宋人都责怪宋襄公。宋襄公说：“君子不重伤，不禽二毛。古之为军也，不以阻隘也。寡人虽亡国之余，不鼓不成列。”意思是说，正人君子不能再伤害已经受伤的敌人，也不能捉杀头发已经花白的老人。要遵守古代作战之法则，不能靠关塞险阻取胜。宋襄公虽然是已亡殷商之国的后裔，但依旧不攻击没有摆开阵势的敌人。

他的哥哥公子子鱼说：“国君不懂如何打仗。强大的敌人因地形狭隘而没有摆开阵势，这是上天在帮助我们，我们乘机阻截攻击他们，不正好吗？即使这样，也不一定能取胜。那些强大的国家，都是我们的敌人。虽然遇到的是老兵，能够俘虏的也不能放，管他们头发花白不花白！使士兵们知道荣辱，教他们如何作战，目的就是为了多杀敌人。受伤之敌没有死，为什么不可以再次打击他一次呢？如果怜悯受伤的敌人，就应该从一开始就不伤害他。如果怜悯头发花白的敌人，就不如向他们投降。军队就应该选择有利的时机发动进攻。擂鼓是提振士气，趁敌人之乱、靠关塞险阻取胜都是可以的。”

《孙子兵法》曰：“夫地形者，兵之助也。料敌制胜，计险厄远近，上将之道也。知此而用战者必胜，不知此而用战者必败。”说的就是作战要主动选好有利地形，这是孙武子通过战争总结出来的规律。通过泓水之战，我们表面上看到的是一个迂腐的宋襄公，公子子鱼的一段话，其实也告诉我们：宋襄公是一个不懂得打仗的人！有可能他政治才能很高，但让他指挥打仗，输的可能性是很大的！

仁义掩盖之下的生意经

在中国历史上，哪个君王最讲仁义道德？人们首先会想到春秋时期宋国的宋襄公。在与楚国的泓水之战中，宋襄公不让严阵以待的宋军在楚军渡河混乱之时发动攻击，不让宋军在楚军渡过河没有组织好阵势时发起攻击，等到楚军全部准备完毕后才发动进攻，结果宋军大败。

宋国从建国之初就标榜自己国家的仁义道德，这与他们国家的国情有着密切关系。宋国的封地位置十分重要，处于中原东部，兼与郑、曹、陈、蔡、鲁、卫等国接壤，为中原要冲、四战之地，周围皆是周室姬姓的封地，皆是平原沃土，虽然地不过三百里，却是一个十分富庶的诸侯国家。宋国与姬姓诸侯国常以婚姻来加强相互间的关系。因为宋国地势平坦，无险可守，以仁义道德自居，应该是不得已之策。

郑庄公在位的时候，宋国的大家族雍氏，就把女儿嫁给了郑庄公。雍女还被郑庄公所宠爱，为庄公生下了公子突。有人提议立公子突为太子，郑庄公比较精明，为了将来国家不动乱，他遵照周礼，把嫡子公子忽立为太子。当时的大臣祭仲就曾劝太子忽与齐国结亲，找一个稳固的靠山，以备不测，太子忽没有答应。公元前 701 年，郑庄公去世，公子突的母亲诱骗祭仲到宋国，把他抓起来，宋国人威胁他，让他立公子突为国君，否则处死他。宋国人还扣留了公子突，让他签订协约，保证即位以后每年给宋国奉送财物。祭仲迫于形势，就与宋国订立了盟约，答应宋人的条件，赶走了郑昭公（太子忽），让公子突（郑厉公）回国继位。宋国人通过这种手段帮郑厉公取得国君位子后，开始不停地向郑厉公索要财物，宋人贪得无厌，“郑不堪命”。郑厉公不得不通过战争与宋国绝交。

齐桓公晚年的时候，因为夫人、子嗣众多，就把太子昭托付给了因兄弟让位而闻名的宋襄公，宋襄公非常高兴地答应了。齐桓公去世，齐国大乱。齐太子昭逃到宋国。宋襄公召集曹国、卫国、邾国组成联军，攻进齐都，扶持太子昭做了齐国国君（齐孝公）。当时，齐国之乱造成国力下降，再也没有做霸主的实力了。面对霸主的空缺，宋襄公念起了“生意经”，他让齐孝公推举自己做第二任霸主。宋襄公对齐孝公有恩，齐孝公自然愿意帮忙。公元前 639 年，宋襄公打着齐国的旗号，在鹿上召开会盟大会，要求各诸侯国承认宋国为新霸主，楚国也参加了会盟。宋襄公的梦想得到了实现。宋国实力毕竟有限，在随后的盂地之盟时，齐孝公没有参加，宋襄公被楚王活捉。

宋国的这两次跨国行动，有着太多的私心在里面。本身实力又不够强大，只能落个失败的下场。

古人抗旱不祭天

在我们的影视剧里，一到有旱灾发生，官府和百姓就会祭天求雨，好像这就是古代的传统一样。其实，古人每年祭祀的对象多是谷神和自己的先祖，而史书中很少有向天求雨的记载。

鲁僖公二十一年（公元前 639 年），鲁国长久天旱无雨，禾苗枯萎。鲁僖公得到报告后，心急如焚。他想要烧死巫尪，祭天求雨。大臣臧文仲说："这不是解决旱灾的办法。应该抓紧修理城墙、节用饮食、节省开支、致力农事、劝人施舍，这才是当今应该做的。巫尪能管什么用？如果杀了他们，上天才会下雨，上天就不应当生他们；如果他们果真有灵，能造成旱灾，烧死他们的话，旱灾会更厉害。"鲁僖公于是放弃了祭天求雨。《左传》记载："是岁也，饥而不害。"这一年，鲁国虽有饥荒，却没有百姓死亡。

从这个发生在鲁国的故事中，我们可以清楚地了解到，春秋时期的人们并不向龙王和神灵求雨。

晋献公灭亲未能安内

晋献公是我国春秋时期晋国的一代名君，他即位以后，攻灭骊戎、耿、霍、魏（前）等国，击败狄戎，史称其"并国十七，服国三十八"。"唇亡齿寒"的典故就来自晋献公的扩张。晋献公奉行尊王政策，提高了声望，为晋国称霸奠定了坚实的基础。

在晋献公对外扩张取得成效的同时，曲沃桓叔、庄伯的众多子孙们的势力也随之强盛起来，危及晋献公政权。晋献公非常担心。

在晋献公众叔、弟、侄中，富子最有计谋。大臣士蒍为献公献计，在他们中间挑拨离间，讲富子的坏话，设法除掉了富子。士苏又设计杀了桓叔、庄伯家族的继承人。士苏筑城让他们集中居住，晋献公派人包围聚集之城，把他们全部杀光。这样，有威胁的近亲属全部被消灭了。

晋献公从贾国娶了妻子，但没有嫡子。他竟和父亲的宠妾齐姜产生了私情，生了太子申生。又娶了戎人的两个女子，大戎狐姬生了重耳，小戎子生了夷吾。晋国攻打骊戎，骊戎国君把骊姬献给晋献公。晋献公改立骊姬为夫人，骊姬生了奚齐，她的妹妹生了卓子。

骊姬受到宠爱，想立自己的儿子奚齐为太子，便勾结男宠梁五和东关嬖五，让他们劝说晋献公："曲沃是君王的宗庙所在地，蒲地和北屈、南屈是晋国的边疆，这些地方不能没有自己人掌管。宗庙所在地管不好，百姓就不会畏惧；边疆管不好，就会有外敌产生侵犯的念头。应该让太子主管曲沃，让重耳、夷吾分别管理蒲地和二屈。"晋献公很高兴地同意了。除奚齐和卓子，别的公子也都被派往边境驻守。

公元前 656 年，骊姬诬陷太子申生欲弑父篡权，申生被迫自杀，奚齐被立为太子。骊姬又诬陷公子重耳、夷吾和申生同谋，并派兵攻打二人的守城，二人都逃出了晋国。

公元前 651 年，晋献公去世。临死之前，晋献公把奚齐托付给大臣荀息，让他辅佐奚齐。大臣里克等人不想让奚齐继位，便煽动申生、重耳、夷吾的党羽作乱，杀死了奚齐和卓子。夷吾通过贿赂秦国而回国继位。后来，重耳得到秦国、楚国、齐国等大国支持，最终成功夺权，成为一代霸主晋文公。

晋献公在延续国祚、稳固政权方面，可谓费尽了心机，不惜大义灭亲、大开杀戒。即便如此，仍然没能阻止自己儿子们之间的"殊死搏斗"。《左传·桓公十五年》记载，郑厉公逃亡的时候就说过："谋及妇人，宜其死也。"

《左传》之晋献公问卜

在古代，男女婚嫁前占卜来预测吉凶，是常有的事情。《左传》中对婚嫁进行预测的占卜很多，如晋献公占卜娶骊姬、崔杼占卜娶棠姜等。晋献公为女儿出嫁占卜，则是《左传》中一个非常精彩的故事。

齐桓公称霸时期，两个具有雄才大略的大国国君晋献公和秦穆公希望结秦晋之好，谋求共同发展，于是，晋献公把女儿伯姬许配给了秦穆公。晋国是周天子分封的姬姓亲属之国，而秦国是嬴姓封国，两国通婚合乎周礼。

嫁女并兼有政治图谋，这是大事。《左传·僖公十五年》记载，晋献公为这桩婚姻占筮，看是否合适，是否对国家有利。结果得到《归妹》卦，动爻是上六，之卦就是《睽》卦。《归妹》为嫁女之象，《睽》卦在《家人》卦之后，家人走到尽头，接着出现的是乖离。《归妹》卦上六爻爻辞为“女承筐无实，士刲羊无血，无攸利”，《睽》卦的上九爻爻辞为“睽孤见豕负涂，载鬼一车，先张之弧，后说之弧，匪寇，婚媾”。这一卦反映出了占卦的基本事实与走向，晋献公女儿出嫁，这桩婚姻不错，但最终会对晋国会不利。

晋献公让卜筮官史苏解卦，史苏认为卦象不吉利。《归妹》卦的外卦“震卦”上六变上九成为《睽》卦的“离卦”，也就是“离卦”通“震卦”。雷（震）火（离）过盛，预示着将来会理亏于西面的国家，嬴姓将打败姬姓。如车子脱轴，大火烧坏军旗，双方如有战争，晋国必会处于不利地位，会在宗丘之地大败。《归妹》嫁女，《睽》趋单孤。侄子随姑为人质，六年后逃回自己的国家，抛弃自己的家室，第二年死在高梁的废墟上。历史上，晋献公对于卜卦并不虔诚，所以伯姬还是嫁给了秦穆公。

晋献公死后，晋国内乱，他的儿子夷吾在秦穆公的帮助下夺取了晋国君位，即晋惠公。没想到晋惠公不讲信用，多次欺骗秦国，终于引发了秦、晋韩原之战。公元前 645 年，晋军大败，晋惠公被俘。多亏妹妹伯姬舍命相救，秦、晋签订盟约，晋国送太子圉到秦国做人质后，晋惠公被放回国。晋惠公说："先君如果听从了史苏的占卜，我也不会落得如此下场！"

晋惠公去世，太子圉在秦国做了六年人质，抛弃妻子，逃回晋国，做了国君。第二年，秦穆公又帮助重耳（晋文公），在高梁杀死晋怀公（太子圉），夺取了国君之位，两国延续秦晋之好。但晋文公死后的崤山之战，使得秦晋交好变成了秦晋交恶，从此两国交战不断。再后来，秦国通过霸西戎而强大起来，晋国的士大夫则在晋国与楚国的争霸中纷纷崛起，终于在春秋末期赵、魏、韩三家灭晋，在战国末期又全部被秦国所灭。

《左传》之毕万问卜

《左传·闵公元年》记载，晋献公为了实现自己的雄心壮志，大规模扩充军队，先后出兵灭掉了耿国、霍国和魏国。毕万作为跟随晋献公的勇士，屡立战功，晋献公把魏地赐给了毕万。

毕万是周文王的后代。周文王的第十五个儿子姬高，被封在毕地建立毕国。毕国存在四百多年后，被西戎所灭。毕万流落到晋国，因其孔武有力，得到晋献公重用，成为了国君战车的车右。

当初，毕万为命运占筮，占出的是《屯》卦变《比》卦。"屯者，物之始生也。""屯"有万物萌发、创始之意；"比"含有毗邻、亲附的意思。根据后人对《左传》的分析，一爻变取其主卦变爻爻辞为断语，此卦的断语为"磐桓，利居贞。利建侯"。意思是先稳固基业，有利于将来建立大业。周王室大夫辛廖就预测：他（毕万）的后代必定繁衍昌盛。"屯"险而坚固，"比"因进而入，没有比这更吉利的了！"震"变成了"土"，车跟随着马，两脚踏实稳固，哥哥抚育、母亲保护、众人归附，能集合民众而且根基牢固，这是公侯的卦象。他的子孙必定能恢复到公侯的地位。

晋国的大夫卜偃得知毕万获得封地，说："毕万的后代必定兴盛。"万，是满数；魏，是巍峨高大的意思。献公赏赐毕万土地，符合上天已经显示的征兆。天子统治百万民众称“兆民”，诸侯统治上万民众称“万民”，毕万拥有“高大”和“满数”，必定会赢得民众。

毕万的儿子魏犨，跟随晋文公流浪他乡十九年，是辅佐晋文公称霸的重要大臣。魏犨生魏悼子，魏悼子生魏绛，魏绛贤能，为晋悼公所倚重，升晋国卿士。魏绛生魏舒，魏舒升晋国正卿。魏舒生魏取，魏取生魏曼多，魏曼多生魏驹，魏驹生魏斯。公元前403年，魏斯与赵、韩“三家分晋”，建立魏国。魏斯（魏文侯）在战国时期首先实行变法，改革政治、奖励耕织、兴修水利、发展经济、辟疆扩土，一跃成为战国初期的中原霸主，称霸中原长达百年。

国家需要忠诚担当者

担当是一个人的优秀品格。为什么很多人不愿担当？纵观历史，担当常常是要付出代价的。《左传》记载，晋国的晋惠公是个不讲诚信的国君，但就是在他执政时期，晋国不但经济得到快速发展，军事力量也得以迅速增强，为后来晋国的称霸奠定了基础。这一切都得益于晋国拥有一批敢于担当的大臣。

晋献公的时候，宠信骊姬，害死了自己的亲生儿子太子申生，逼跑了儿子重耳和夷吾。重耳逃到了戎狄之国，夷吾也准备逃到戎狄去。他的随从郤芮说：“你们都往戎狄逃，就表明有同谋之嫌。不如去梁国。”于是夷吾就去了梁国。

公元前651年，晋献公去世。支持重耳的大臣里克、丕郑，想拥立他为国君，就发动申生、重耳、夷吾三位公子的支持者起来作乱。里克借机连续杀了公子奚齐和公子卓子这两位新立的国君。

当时的霸主齐桓公，召集各诸侯国的军队出兵晋国平息动乱。晋国贵族派人找到重耳、夷吾，商讨立新国君的事情。

郤芮建议夷吾贿赂秦国，请求秦国帮助他回国继位。秦穆公接受了夷吾割让土地等条件，在秦国和齐国的帮助下，夷吾即位，是为晋惠公。当时秦穆公曾问郤芮：“夷吾回国后依靠谁？”郤芮回答：“夷吾没有党羽，没有仇敌，喜欢争斗而有分寸。”秦穆公认为夷吾既猜忌又好强，对秦国有利。

晋惠公回国继位后，拒不履行对秦国的许诺，既不交割土地也不送礼。晋国有饥荒，秦国给晋国运送粮食；秦国有饥荒，晋国却拒绝秦国买粮，秦穆公一怒之下出兵攻打晋国。晋国战败，晋惠公被活捉。

秦穆公的夫人秦穆姬是晋献公的女儿，秦穆姬为哥哥求情，秦穆公同意放回晋惠公。

晋惠公派随从郤乞回国告诉大夫吕甥，秦国同意讲和，同时召他前来谈判。吕甥安排郤乞说：“你把都城里的人都召到宫门前，告诉他们国君快回国了，用国君的名义赏赐他们东西。就说国君自认为给国家带来了耻辱，请大家选定吉日，他要让位给太子圉，请大家支持太子圉。”郤乞照办了。大家听了郤乞的话，都感动得失声痛哭。吕甥趁机说：“国君不为自己担忧，反而为群臣忧虑，这是最大的恩德，我们应该怎样报答国君呢？”大家都表示愿意听从吕甥的。吕甥说：“征收赋税，修理装备武器，尽心辅助太子。诸侯听到晋国又有了新的国君，群臣和睦，军事力量比以前更强。这样，与我们友好的诸侯国就会勉励我们，仇恨我们的就会害怕我们！”晋国因此稳定下来，并开始改变田租制度，扩充军备，进行兵制改革。

吕甥拜会秦穆公并签订了和平盟约。秦穆公问吕甥：“晋国上下一心吗？”吕甥回答：“在我国，小人以失去国君为耻辱，对失去亲人感到悲伤，他们不怕增加赋税，希望重整军队，主张立太子圉为国君，发誓一定要报仇雪恨；君子拥护国君且知道他的过错，他们也不怕增加赋税，希望重整军队，发誓一定要报答秦国的恩德，有必死之决心。因此不一心。”秦穆公问：“晋国人对你们国君的命运有何看法？”吕甥回答：“小人忧愁，认为他不会被赦免；君子宽恕，认为他一定会回来。小人说我们得罪了秦国，秦国怎么能让国君回来？君子说我们已经认罪了，秦国一定会让国君回来。当初我国君主对秦国三心二意，所以被抓起来了，如今认错服罪，就该释放他。德行没有比这再宽厚的，刑罚没有比这再威严的。认错服罪的人感念您的德行，存有二心的人怕您的刑罚！仅靠这一战役，秦国就可以称霸诸侯！若让他回国而不使之安于君位，若要废掉他而不另立国君，把恩德变成怨恨，秦国不会这样做吧？”秦穆公点头，让人以诸侯之礼安置晋惠公，不久便让他回国了。

公元前 637 年，晋惠公去世。晋怀公（太子圉）继位。太子圉在秦国做人质时，抛下秦人妻子逃跑，得罪了秦穆公。在秦国的帮助下，重耳渡过黄河，回到晋国，派人刺杀了晋怀公。吕甥、郤芮害怕重耳即位后会杀害他们，就准备焚烧宫室并杀死他。结果消息走漏。秦穆公诱骗他们到黄河岸边，将他们杀死。《国语》载：“秦人杀冀（郤）芮而施之。”

“欲加之罪，何患无辞”的出处

“欲加之罪，何患无辞”，常用来表示如果加害于人，即使无过错，也可以罗织罪名作为理由。这句话来自《左传·僖公十年》：晋侯（晋惠公）将要杀大夫里克，告诉他说：“你杀了两个国君，不杀你天下人不容啊！”里克说：“欲加之罪，其无辞乎？”其实，细读《左传》，你会发现，晋侯的本性就是不讲仁义道德。

公元前 666 年，晋献公在宠爱的妃子骊姬的诱使下，把太子申生派往曲沃驻守，后又让他掌管下军。公元前 660 年，献公派他出征打仗。当时，里克劝阻晋献公：太子作为储君不宜领兵出征。晋献公竟然说：“我有那么多儿子，将来还不一定由谁接班呢！”太子就此事询问里克，里克便没有了主见。

太子被骊姬害死以后，里克希望公子重耳（晋文公）继任太子，但重耳回不了国。晋献公去世，骊姬的儿子奚齐继位。里克想接重耳回国继位，便煽动申生、重耳、夷吾的支持者起来作乱。里克借机杀死了奚齐，奚齐的弟弟卓子继位后，里克又杀死了卓子。没想到夷吾在秦国和齐国的帮助下，回国当上了晋国国君。在夷吾回国前，秦穆公曾与夷吾的随从郤芮有过对话，郤芮说：“夷吾小时候不喜欢玩耍，能够争斗而不过分，就是善于权谋。”秦穆公又问大臣公孙枝，公孙枝说：“夷吾既猜忌又好强，难以安定国家。”实践证明，夷吾在此后屡次失信于秦国，使秦、晋之好破裂，也经常违背诺言，失信于诸侯及大臣。

夷吾做了国君后，为了表明清白，自然不能放过里克。他派人对里克说：“如果没有你，我就做不了国君。你杀了两个国君，做你的国君，不是也很危险吗？”里克回答：“欲加之罪，其无辞乎？臣闻命矣。”说完，就自杀了。

晋惠公打击异己的理由信手拈来，其行为人所不齿，国人都不顺服他。

庆郑谏晋惠公

晋惠公时期，大夫庆郑是个比较有头脑的人，也比较有个性。《左传》记载，在晋国几次重大活动中，他都进言直谏，却不被采纳。他刚直的性格，导致他最终被杀。

晋献公之后晋国发生动乱，拥护公子重耳的里克和丕郑连续杀死继位的奚齐和卓子。在秦国和齐国的帮助下，夷吾得以即位，是为晋惠公。秦穆公认为夷吾既猜忌又好强，对秦国有利，于是便支持晋惠公。晋惠公即位后杀了里克和策划叛乱的丕郑。

公元前646年冬天，秦国发生饥荒，派人到晋国请求购买粮食，晋国人不给。晋惠公除不卖粮食给秦国外，他当年为了赢得晋国君位，答应秦穆公割让晋国的土地和城市、给秦大夫送礼，以及照顾申生夫人和公子们的承诺，后来都没有兑现。

晋大夫庆郑说：“背信弃义就失去朋友，幸灾乐祸就是不仁，贪图所爱惜的东西就是不祥，使邻国愤怒就是不义。这四种德行都丢掉了，靠什么来保卫国家呢？”大夫虢射说：“皮已经不在了，毛还附着在哪里？”庆郑说：“丢弃信用，背叛邻国，遇到祸患谁来救援？没有信用就会发生祸患，失去朋友，必定灭亡。”虢射说：“即使给粮食，怨恨也不会有所减少，反而使敌人增加实力，不如不给。”庆郑说：“背弃恩德，幸灾乐祸，是百姓所唾弃的。如此做事亲朋尚且仇恨我们，何况冤家仇敌呢？”晋惠公不听。庆郑退下来说：“国君今后必定后悔！”

秦穆公出兵攻打晋国，晋惠公迎战。

晋惠公占卜帅车的车右之人，庆郑为最佳人选。但晋惠公不用他，却安排了他的仆从。为他驾车的小驷马是郑国进献来的。庆郑说：“古代作战，一定要用本国产的马驾车。本土之马知人心意，听从调教，熟悉这里的道路。用外国产的马驾车，到战场上一受到惊吓就会不听指挥。”晋惠公还是不听。

秦、晋两军在韩地作战。晋惠公的小驷马不熟悉地形，陷在了烂泥中。晋惠公向庆郑呼喊求救。庆郑说：“刚愎自用，不听劝谏，违背占卜之意，实在是自找失败，为什么还要逃走呢？”说完就离开了。

公元前 645 年，晋惠公被释放回国，杀了庆郑。就在这一年，秦国开始在黄河以东晋国的土地上设置官吏，征收赋税。

秦穆公义释晋君

历史上之所以出现秦晋之好，其实是由双方国家利益决定的。秦国虽然希望东渡黄河，但平定西戎更为急切。晋国也一样，想西进，但扩大在中原的势力更重要。所以，两国都需要暂时的和平。和平的愿望很好，但落实并不容易，有时也有战争。战争如何平息？秦穆公处理秦晋关系的方式，凸显了其大国之君的政治头脑。

公元前 645 年，秦、晋两军在韩地交战，晋军大败，秦军俘虏了晋惠公。晋国的大夫们都披头散发，携带帐篷，一直跟随着晋惠公。秦穆公派人安慰他们说：“你们何必这么忧愁呢？寡人带你们国君西去秦国，不过是应验当年狐突的妖梦罢了，哪里敢把事情做得太过分呢？”原来，晋惠公夷吾的国君是在秦穆公的帮助下取得的。夷吾在回晋国前曾答应妹妹秦穆姬，照顾死去的哥哥太子申生的遗属，并给予秦国补偿。晋惠公兑现对妹妹的许诺，改葬了死去的申生，却霸占了申生的夫人。大臣狐突到曲沃，撞见了太子申生的冤魂。申生告诉他说："夷吾无礼，我已经请求上帝并且得到同意，准备把晋国给予秦国，将来让秦国人祭祀我。"狐突回答说："神灵不享用别的族类的祭品，百姓也不祭祀别族的灵魂，将来秦人不会祭祀您！况且晋国百姓有什么罪？处罚不当又断绝自己的祭祀，请您重新考虑！"申生考虑了一会，告诉狐突，七天后会有一个巫师告诉他新的结果。果然七天后有一个巫师告诉狐突，上帝只惩罚有罪之人，夷吾将在韩地大败。秦穆公的意思是：活捉晋惠公是上帝的安排。

晋国的大夫们叩首三拜说："君王一言九鼎，您头顶皇天，脚踩后土，天地都听到了您的话，我们也听到了，希望您言而有信。"

秦穆公把晋惠公拘留在灵台。秦国大夫们请求把晋惠公带回国都处理。秦穆姬听到消息，不惜以自焚的方式请求秦穆公，为了秦晋之好，放回哥哥晋惠公。秦穆公本来就没有打算杀死晋惠公，他安抚大臣们说："俘获了晋侯，本来是重大胜利。但如果处理不好，闹得我家不睦，国无宁日，还谈什么胜利？而且晋国人用悲情感动我，用天地道义和我相约，如果不考虑晋国人的感受，就会激怒他们，加深他们对秦国的仇恨。我如果不履行自己的诺言，就是违背天地，得不到护佑。还是放晋君回国吧。"公子絷说："不如杀了他，避免他继续作恶。"子桑说："晋国现在还不会灭亡，而杀掉它的国君，只能造成相互间更大的仇恨。放他回国，让他的太子来当人质，对我们秦国会非常有利。"

秦穆公允许晋国派人前来讲和。最后晋国以太子圉为人质，换取了晋惠公回国。

秦军使诈赚鄀国

用间使诈是我国古代战争史上常用的计谋。公元前 635 年，秦国就成功使用诈术，轻而易举地骗取了鄀国的都城。

秦穆公帮助逃亡在外的公子重耳夺回了晋国国君之位，又让他护送周天子回京，晋文公因此取得了诸侯的信任。

南方的楚国不断进攻和降服中原小国，剑指中原。秦国和晋国决定联合攻打鄀国，以警告楚国。鄀国为地处楚国边界的小国，其位置对于楚国来说非常重要。楚成王得到消息，马上派临近的申公（申县县尹）斗克和息公（息县县尹）屈御寇带领着军队前去鄀国，帮助鄀国人戍守鄀都商密。

秦穆公明白这次伐鄀的主力是秦军，晋国只是起呼应作用，精锐之师并未出动。而楚军势头正猛，鄀国由楚军守护，一定会尽全力防御。此战宜智取不宜强攻，必须速战速决。秦军快速行军，绕行经过楚地析邑，然后从丹江拐弯处回师，到达商密。趁夜色掩护，秦军包围了商密。然后他们把自己的一批士兵捆绑起来，冒充刚刚俘虏的析人，迷惑城内鄀人。入夜，秦军燃起火把，让人伪装成申公斗克、息公屈御寇的模样，按照结盟的程序挖坑、杀牛、歃血，宣读盟书，演出了一场双方结盟的大戏。城中鄀国人见此情景，惊慌起来，一传十，十传百，都以为被楚国出卖了，未进行任何反抗便献城投降了。前来救援的申公斗克和息公屈御寇率楚军到达商密，没有料到鄀国人已经投降，未加防范，刚到商密，秦师即大举进攻。斗克和屈御寇等楚军一下子就变成了俘虏。

秦军使诈赚得了鄀国都城。楚令尹子玉闻讯，立即发兵救援。秦人怕楚军围攻，押着斗克和屈御寇就回了秦国。楚国大军追击，结果没有追上。后来，秦国与晋国断交与楚国结盟，斗克和屈御寇才被放回楚国。

晋文公黄河投璧盟誓

春秋时期的晋文公重耳，是个传奇人物。公元前 656 年，受骊姬之乱逃亡国外，漂泊流浪了近 20 年，历尽磨难。因不满晋惠公父子的出尔反尔和欺骗，秦穆公就想改变晋国的政治生态，公元前636年春天，他把重耳送到了晋国，并帮助重耳去争夺君位。

重耳与秦穆公告别于黄河岸边。跟随重耳一起逃难的狐偃、狐毛、赵衰、颠劼、魏犨、胥臣等都是他的铁杆心腹，赵衰能言善辩，狐偃耿直能干。当初他们一行人逃到狄人那里的时候，狄人把美人季隗许给了重耳，把叔隗许给了赵衰。狐偃是重耳母亲狐姬的弟弟，重耳的舅舅，一路护佑着重耳，不辞劳苦，鞍前马后地为重耳奔波，忍辱负重，兢兢业业，艰难地推动着重耳的复国大业。重耳在路过卫国、郑国时都没有得到以礼相待，在曹国还受到曹共公的羞辱，重耳郁闷，感到前程渺茫，时常发脾气，狐偃认为重耳不给面子，不够尊重自己这个长辈。晋怀公还因为他们兄弟跟随重耳而杀死了他们的父亲狐突。

黄河大峡谷是秦晋的分界线。重耳一行人在黄河岸边即将登船进入晋国之时，狐偃把重耳给他的玉璧还给了重耳，说："臣负羁绁从君巡于天下，臣之罪甚多矣。"就是说我们朝夕相处，我自己清楚冒犯您的地方非常多。您马上就要做晋国的国君了，我不想被您嫌弃，请求离开。重耳没有想到会出现这一幕，复国大业还没有实现，如果答应狐偃离开，就有卸磨杀驴之嫌了，也会让其他几人寒心，其他的人可能也会离开。重耳灵机一动，指着波涛翻滚的黄河说："今后，如果我对舅父有二心，定遭报应，有河神做证。"说完，他就把玉璧扔到了黄河里。"河神"是每年都要祭祀的，重耳不敢打诳语。这一招果然管用，狐偃不再提离开的事了。

重耳等一行人渡过黄河，在秦军的帮助下，杀晋怀公，重耳被拥为新国君，即晋文公。晋文公即位后，遵守诺言，赏赐重用曾跟随他一起出亡的人，让他们掌管三军和政务，众人一心，实现了称霸大业，但因此，晋国也慢慢形成了六卿世袭执政的格局。

和事佬赔了夫人又折兵

周朝实行分封制，周天子把自己的亲戚和功臣分封到所管辖领土的各地，要他们效忠周天子，替周天子分担管理国家、抵御外敌的任务。可是，随着时间的推移，一些被分封的诸侯逐渐发展壮大起来，周天子的分量就缩水了！

周惠王晚年的时候，想废掉太子姬郑，改立宠爱的儿子姬带。在齐桓公的干涉下，没有成功。周惠王郁闷而死，姬郑成为周襄王。没有当上天子的姬带，联合翟国与北戎造反，攻打都城成周。齐桓公带领诸侯军队打败了戎人，姬带逃亡到了齐国。据《左传·僖公二十二年》记载，面对越来越多的诸侯不尊王的行为，周大夫富辰对周天子说："我们兄弟们都不和睦，怎么能要求诸侯拥戴王室呢？"于是，周天子让姬带回到了成周。

小诸侯国滑国是郑国的属国，公元前 640 年，滑国背叛郑国顺服于卫国。郑国派公子士、泄堵俞弥率军攻打滑国。滑国人立即服软表示一定继续跟随郑国。郑军撤回后，滑国人又亲附卫国。郑国的公子士、泄堵俞弥又带兵进攻滑国。

周襄王想当和事佬，派大臣伯服、游孙伯到郑国求情。郑文公借题发挥，怨恨周惠王对自己不厚道，现在天子又偏袒卫、滑两国，不但没有理睬周襄王的命令，反而逮捕了伯服和游孙伯。周襄王发怒，准备请求狄人进攻郑国。富辰劝谏："天子要用德行安抚百姓，亲近同宗亲属。兄弟之间虽然有小冲突，也不能因此迁怒其他友好的亲属。抵御外来的侵犯，还要用亲属作为周王室的屏障。"周襄王不听，派遣大臣颓叔、桃子前去请狄人出兵。当年夏天，狄军进攻郑国，占领了栎地。

周襄王感谢狄人替天子立了威，还准备聘娶狄君的女儿隗氏为王后。富辰劝阻说："狄人本性贪婪，不可过分亲近。如果立狄女为后，必成隐患。"周襄王听不进去。

狄后隗氏和王子姬带产生了私情，周天子废了狄后。颓叔、桃子说：“天子立狄后是我们操办的，现在狄后被废了，狄人可能会怨恨我们。”于是，二人转而支持王子带率狄军攻打周天子，天子的军队大败。周襄王离开成周去了郑国。姬带和隗氏一同住在温地。

后来，晋文公护送周天子，在温地杀了王子带，帮助襄王恢复了王位。周襄王招待晋文公。晋文公提出，希望死后按照天子的礼仪来安葬，请周天子恩准。襄王拒绝了，却不得不把樊、温、原、攒茅等地赐给晋文公。

周襄王请狄国人出兵攻郑，无非是为了一个面子。周襄王和郑文公本来应该是相互支持的依存关系，因为一点小事“怒发冲冠”，拒绝听取大臣的意见，发展到兵戎相见，自断后路，实在不是明智之举。

天子能救吗？

进入春秋时期后，周天子的地位就开始一路下滑。公元前 707 年，周天子与郑庄公发生矛盾，周桓王发兵讨伐郑国，结果在繻葛打了败仗，周天子还被弓箭射中了肩膀，周桓王从此以后就再也没有振作起来。齐桓公称霸时期，扛起了“尊王攘夷”的旗帜，周天子作为一个被利用的傀儡，其名号的权威性又持续了一段时间。可是，随后的周王室内部却仍然不平静，为了王位频发争端。

周襄王即位后，把与自己争王位的王子带又请回了成周。不料王子带与王后有私情，周天子废了狄后。狄人攻打成周，赶跑了周襄王，周襄王四处求救。据《左传・僖公二十五年》记载，秦穆公派军队准备送周襄王回成周。晋国大臣狐偃对晋文公说：“让诸侯信服，没有比为周天子尽力办事更有效的了。晋国要称霸，现在是最佳机会！”晋文公让卜偃占筮是否可行，占卦的结果是《大有》卦变《睽》卦，吉利。《大有》卦是上离（火）下乾（天），外卦“离卦”不变，内卦九三爻动，乾（天）变为兑（泽），成为《睽》卦。断语为“公用享于天子，小人弗克”,《睽》卦六三爻辞为“见舆曳，其牛掣。其人天且劓，无初有终”，说明周天子处境艰难，最终可以扭转局势。天（乾）变成泽（兑）来承受太阳（离）的照耀，象征天子自己降格来迎接。《大有》变成《睽》而又回到《大有》，表示天子回到他的处所。意思是君子以坦荡之心去做这件事，能够非常顺利，最后得到周天子青睐。

于是，晋文公请求秦穆公，自己愿意亲自带兵护送周天子。秦穆公同意，由此，晋文公在诸侯中赢得了好名声。

幕后英雄

社会是一个复杂的舞台。有人站前台，有人在幕后。人们多赞美成功者，也有人认为幕后英雄更值得尊重。那么，幕后英雄真的能得到尊重吗？

晋国有个人叫头须，是重耳在晋国时的小侍臣，专门负责管理库藏财物。重耳逃亡在国外的时候，头须用重耳的库藏财物上下打点，设法让重耳回国。公元前636年，重耳在秦国的帮助下回国当上了国君。头须求见，重耳推说正在洗头，不见他。头须对仆人说：“洗头的时候头朝下，心就倒过来了。心倒了原来的想法就反过来了，难怪我不被接见。跟随他在外逃难的是鞍前马后的仆人，留在国内的是国家的守卫者，为什么要怪罪留在国内的人？身为国君而仇视曾经跟随他的老人，以后谁还愿意死心塌地地帮助他呢！”仆人把这些话告诉了晋文公，晋文公立即召见了他。

幕后英雄的付出同样值得被看见、被尊重、被铭记。

你所不知道的城濮之战

晋献公死后，晋国内乱，奚齐、卓子被杀。夷吾（晋惠公）回国继位后，害怕哥哥重耳夺权，便想方设法阻止他回国。

重耳自受骊姬陷害开始，便逃亡在外。他带着一群属下先到了戎国狄人那里，在那里住了十二年。后来他准备寻求齐桓公的帮助，途经卫国，到了齐国，得到热情款待。之后，他们又去楚国，经过了曹国、宋国和郑国。楚成王把他们送到秦国，最后得到秦穆公的帮助，回到晋国夺取了国君的位子。

重耳流亡路过曹国时，曹国的国君曹共公听说重耳骈肋，即肋骨相连在一起。曹共公感到很不可思议，肋骨连在一起，如何呼吸？曹共公就想亲眼看一看，重耳认为这是对他的侮辱，没有答应。重耳越不让看，曹共公越好奇。于是就趁着重耳洗澡，走到他身边偷看了重耳的裸体。在卫国，重耳想过卫都城遭拒，同样没有得到尊重。

公元前 636 年，重耳回到晋国继位，就是晋文公。公元前 633 年，楚国攻打宋国。重耳流亡期间，曾得到宋国和楚国的厚待和帮助。宋国向晋文公求援，晋国却不方便救援。有着称霸雄心的晋文公，心里非常想借此机会打败楚国，于是，他为报之前曹共公和卫国羞辱自己之仇，开始出兵攻打曹国、卫国。曹国、卫国是楚国的盟友，这样一来，楚国就必须出兵保护曹国和卫国。晋国也就达到了分散楚军救宋国的目的。

公元前 632 年，晋国军队攻占卫国城邑，又攻破曹国都城，活捉了曹共公，并把曹国、卫国的部分土地给了宋国。楚国要求晋国释放曹共公，归还占领的两国土地。晋国从曹国、卫国撤军，还归还了土地，但私下里却要求两国与楚国断交。两国最终同意了。

出力不讨好的楚成王大怒，出兵攻打晋军，城濮大战因此爆发。

“河神”“索贿”

黄河是一条神奇的大河，自古以来，人们尊重黄河、畏惧黄河、祭祀黄河、治理黄河。屈原在《九歌·河伯》中欲与黄河之“神”同游：“与女游兮九河，冲风起兮横波。乘水车兮荷盖，驾两龙兮骖螭。”汉武帝《瓠子歌》与黄河之“神”交流：“河汤汤兮激潺湲，北渡回兮汛流难。搴长茭兮湛美玉，河伯许兮薪不属。”《太平广记》也有“黄河之神，欲毁我城，以端河路”的记载。清乾隆年间，官府在河南中牟建“河神”祠，乾隆皇帝亲自书写《河神祠碑记》。

我们经常讲黄河是中华民族的根和魂。魂来自哪里？《庄子》中有关于河伯的记载，那是一种假托虚构的写法。史书上有没有关于黄河“河神”的记载呢？

《左传》中有关于黄河“河神”形象的记载，此事发生在著名的城濮之战前夕，记载中称“河神”向楚国的令尹子玉“索贿”。

子玉做了一套用美玉装饰的马冠和马鞅，一直没有舍得用。城濮之战前，子玉梦见“河神”对着自己说：“把它们送给我！我让你打胜仗，把宋国孟诸的沼泽地送给你。”子玉不肯把宝贝送给“河神”，子玉的儿子大心和楚国大夫子西让大夫荣黄去劝说子玉。荣黄拜见子玉，说：“只要对国家有利，就是赴汤蹈火也是应该的！你的宝贝，不过是粪土一样的东西，如果可以借此打胜仗，你还有什么舍不得的呢？”子玉不听。荣黄很失望地说：“不是河神要让我们打败仗，而是令尹他不肯为百姓着想。”

城濮之战是春秋时期晋国和楚国争夺霸权的一场关键之战，楚成王本来不想与晋国作战，子玉一意孤行，楚成王生气，只给了他小部分军队和战车，最终楚军被晋军打败。楚军战败后，楚成王非常愤怒，就让子玉以死谢罪，子玉自杀。

俗话说：日有所思，夜有所梦。所谓“梦”，不过是一种心理暗示而已，恐怕连做“梦”的人也未必把“梦”当回事。但在有神灵崇拜的古代，神灵是至高无上的，不依从“河神”就成了失败的借口。楚国在城濮之战中之所以战败，关键还是令尹子玉太贪财逞能！其次是楚成王轻敌任性，让子玉出战而不给人马。

难道掌管黄河之域的“河神”，还需要向人索贿不成？

三罪而民服

公元前633年冬，楚成王召集陈、蔡、郑、许等国军队围攻宋国，宋成公派公孙固到晋国求援。志在图霸的晋文公决定出兵攻打曹、卫两国，以解宋国之围。

曹共公是个很轻浮的人，当年晋文公重耳逃亡到曹国时，曹共公听说他骈肋，就想趁重耳裸露身体的时候看看。大夫僖负羁劝谏他，曹共公不听。于是趁重耳洗澡时，他偷看了重耳的胸部，令重耳非常恼怒。僖负羁听从夫人的话，私下给重耳送去了食物，在食物里边还藏有一块玉璧。重耳因此大为感动，接受了食物，退回了玉璧。

次年春天，晋文公发兵围攻曹国，经过死战攻进了曹国都城。晋文公训斥曹共公当年的轻浮和不任用贤臣僖负羁，下令士兵不许进入僖负羁的家里，同时赦免他的族人，以报答当年馈赠食物和玉璧之恩。大将魏犨、颠颉心生不满，认为晋文公不考虑奖赏作战立功的人，只想着报答小恩小惠，于是就亲自放火烧了僖负羁的家。晋文公震怒，杀颠颉示众，让舟之侨代替他成为车右。颠颉是曾跟随重耳逃难多年的人，颠沛流离十余年。晋文公既想杀魏犨，又爱惜他的才能，魏犨因为受伤免于一死。

晋国离间曹、卫与楚国的关系，又激化秦、齐与楚国的矛盾，战前扣留楚国使者，结果引发了晋、楚城濮之战。晋军退避三舍，大败楚军。

在城濮之战中，晋军的中军在沼泽地遇到大风，丢弃了前军左边的大旗。大臣祁瞒违犯军令，晋文公让司马杀了祁瞒示众，派茅筏代替他。战后军队渡黄河回国，舟之侨擅自提前撤军回国，让士会代理车右。晋文公在太庙饮酒犒赏，召集诸侯会盟，杀舟之侨示众。《左传》认为晋文公能够严明刑罚，“三罪而民服”，即杀了颠颉、祁瞒和舟之侨三个不听从指挥的人，使百姓顺服。《左传》引用《诗经》说：“‘惠此中国，以绥四方。’不失赏刑之谓也。”说的就是不失去公正的赏赐和刑罚，才能威服四方。

在一个团队里，对于领头人来讲，经常与自己意见相左的人其实并不是最难管理的，最难管理的往往是与自己长期相处的一批“左膀右臂”。居功自傲、自作主张的常常就是这些人。比如诸葛亮“挥泪斩马谡”，有人会说他不近人情，但诸葛亮若不严格处理，规矩就会慢慢坏起来。晋文公三罪而民服，铁腕治军，为称霸奠定了基础。

卑鄙的卫成公

经过几年的逃亡流浪，晋国的公子重耳终于回到晋国，夺得了国君之位。公元前 633 年，楚国北进中原，攻打宋国。宋国的宋襄公曾帮助过重耳，于是他们便向晋国求救。

晋文公重耳虽然年纪已经很大了，但晋国的实力在那里，而且经过几年的漂泊流浪，重耳对当时各国的情况比较了解，他想学习齐桓公称霸。晋国称霸最大的障碍就是楚国。楚国曾帮助过重耳，不救援宋国，对不起死去的宋襄公；答应救援宋国，就要和楚国开战，对不起楚成王。重耳不愿直接与楚国开战，落下个不义的名声，于是便出兵攻打曾经对自己不敬的卫国和曹国。

卫成公派人游说晋文公，想与晋文公和好，晋文公不答应。卫成公投靠楚国，结果卫国的军队不同意，就把卫成公赶出了都城。卫国和曹国都向楚国求救，晋国和楚国最终爆发了城濮之战，楚国战败。卫成公害怕，就逃到了楚国，后又去了陈国。

国内不能一日无主。卫成公安排大臣元咺辅佐弟弟叔武摄政，并要他们到周天子那里参加诸侯会盟。不久，有人告诉卫成公，说元咺已经拥立叔武为国君，并得到了周天子的认可。卫成公非常生气，认为元咺和叔武趁火打劫，篡了自己的位。他立即杀了跟随自己的元咺的儿子，又让人向晋国行贿、求情，请求让他回国。晋文公同意卫成公回国。

卫成公急不可耐地就回了国。他的弟弟叔武听说卫成公回国，便高兴地出城迎接，结果被卫成公杀了。元咺逃到晋国，报告给了晋文公。晋文公又让人把卫成公抓了起来，让元咺回国，立公子瑕为国君。晋文公让人给卫成公下毒想把他毒死。卫成公贿赂下药的人，又保住了性命。后来卫成公请鲁僖公说情，并给周天子和晋文公送去美玉，才被允许回卫国。老奸巨猾的卫成公派人给卫国大臣送去重礼，并给予许诺，鼓动这些大臣杀死了元咺和公子瑕，卫成公回国复位。晋文公晚年的时候，卫成公不再向晋国朝贡，反而进攻晋国的盟国郑国，结果遭到了晋军的进攻。

在《左传》中，像卫成公这样被刻画成用尽各种卑鄙手段的势利之人也是不多的。

曹国失而复得

曹国是西周初期分封的诸侯国。曹国的第一任国君姬振铎是周武王的弟弟，勤政爱民，比较受曹国民众的爱戴。后来的几任国君，既没有富国强兵的本领，又没有扩张领土的愿望，都比较平庸。在齐桓公称霸时期，曹国经常参加军事行动，出钱出人，狐假虎威，国家平安无事。齐桓公之后，宋襄公妄想称霸，也逼迫曹国屈服。在晋、楚争霸时期，曹国夹在两个大国中间，时而归附晋国，时而归附楚国，两头不讨好，国家很不安宁。

晋国重耳逃亡的时候，曾到过曹国。曹国的曹共公要窥视他的骈肋，重耳认为这是对他的羞辱。重耳（晋文公）即位以后，为逼迫楚国放弃攻打宋国，出兵围攻曹国，并最终占领了曹国。为了联合多国共同对抗楚国，晋文公答应把曹国的土地归还给曹共公，让他复国，诱使曹国签订了悖楚附晋的盟约。晋、楚由此发生了城濮之战。城濮之战以后，获胜的晋国迟迟不兑现让曹国复国的承诺，曹国的人都非常焦急。

有一次，晋文公得了病。跟随曹共公的一个叫侯獳的年轻人，就找到了晋国负责卜筮的人，让卜筮之人告诉晋文公之所以得病是因为他灭了同姓的曹国，使得曹国的先祖无人祭祀。让曹国复国，晋文公的病就好了。得到贿赂的卜筮人，有一次，在卜卦之后就对晋文公说：“大王之病来自霸业，会盟诸侯而灭掉兄弟国家不合礼法，答应曹国复国却不让其复国是不讲信用。晋国要威服称霸天下，必须讲礼法和信用啊。”晋文公听了，非常高兴地把曹国交给了曹共公。

新“鬼”大，旧“鬼”小

公元前627年冬季，鲁僖公到齐国朝见拜访，回国后便去世了。《春秋》记载：“公薨于小寝。”《左传》认为鲁僖公死于安乐，再直白点说，就是因荒淫过度而死。当年安葬他时，就没有给他制作神主牌位。根据《周礼》：凡国君死去，安葬十天后，就要把死者的神主附祭于祖庙，附祭要制作神主牌位单独祭祀，烝祭、尝祭、禘祭在祖庙中连同其他祖先一起祭祀。直到鲁文公继位第二年的二月二十日，鲁国才为他制作了神主牌位。

鲁文公二年（公元前625年）八月十三日，鲁国在太庙祭祀祖先，竟把鲁僖公的神位放在了前任国君鲁闵公之上，这是违背正常祭祀理法的。当时夏父弗忌担任宗伯，他尊崇僖公，是曾经的受益者。他这样做，是需要给大家一个解释的，他说：“我做梦见到新鬼（僖公）大，旧鬼（闵公）小，先大后小，这是顺序。使大者升位，这是合于礼的。”

《左传》认为，不合顺序的不是礼。祭祀是国家大事，不按顺序，能说合于礼吗？即使儿子聪明圣哲，也不能在父亲之前享受祭品，这个礼节由来已久。所以禹不能在鲧之前，汤不能在契之前，文王、武王不能在不窋之前。宋国以帝乙为祖宗，郑国以厉王为祖宗，都是对祖宗的尊崇。所以《鲁颂》说：“一年四季的祭祀不懈怠，没有差错，致祭于上帝，又致祭于伟大的祖先后稷。”说的是后稷虽然亲近，然而却要先称上帝。《诗经》说：“问候我的姑母们，再问候我的姐姐。”说的是姐姐虽然亲近，但要先问候姑姑，这样做才合于礼。

孔子说：“臧文仲有三件事情做得不仁爱，有三件事情做得不聪明。使展禽屈居于自己之下，压制人才；设立六个关口收税，增加百姓负担；让小妾织席贩卖与民争利，这三件事情不仁爱。盖房子蓄养大蔡之龟用于为自己卜卦，纵容夏父弗忌不合顺序的祭祀，祭祀海鸟爰居，这三件事情做得不够聪明。”其中就把“纵逆祀”即纵容夏父弗忌“跻僖公”的祭祀，作为不聪明、不智慧中的一条。臧文仲是鲁国司寇，博学广知，受到庄公、闵公、僖公、文公四代鲁君的信任，其言论对后世影响很大。孔子不赞成臧文仲的做法，所以，他就借批评夏父弗忌“新鬼大，故鬼小”的做法，批评臧文仲疏于监督，认为这不够明智。

且不论世上是否有鬼，单就夏父弗忌以权谋私的做法，就不能得到认可。

兄弟为争妻反目

鲁国的公孙敖又称穆伯，是庆父的儿子，继承其父的爵位成为鲁国“三桓”之一的孟孙氏“掌门人”。

公孙敖的夫人是莒国人，名叫戴己，生了文伯；戴己的妹妹声己随嫁，生了惠叔。戴己病死，公孙敖又到莒国行聘，希望再娶位夫人，莒国人则希望他将声己扶正，没有答应他的要求，他只好拿着聘礼替襄仲行聘。襄仲是公子遂，鲁庄公之子，公孙敖的堂弟。

鲁文公七年（公元前620年）冬，徐国攻打莒国，莒国人到鲁国请求结盟以求得救援。公孙敖受命到莒国参加盟会，同时打算顺便为襄仲迎接莒女己氏。到莒国后他见到了己氏，己氏非常美丽，他动了心思就想自己娶她。公孙敖带着己氏回国后，弟弟襄仲气愤不已，说好的给自己娶的夫人被他抢去了，他请求鲁文公出兵讨伐公孙敖，攻打孟孙氏。叔仲惠伯是另一“三桓”“掌门人”，怕引起内乱外患，就劝和襄仲和公孙敖：兄弟不能因为一个女人伤了和气。让公孙敖把己氏送回莒国，襄仲也不再娶她。兄弟二人和解了。

公元前619年，周天子去世。鲁国派公孙敖去成周吊丧，没有想到公孙敖还一直思念着莒女己氏，竟然没有到成周去，半路上自己带着礼物去了莒国找己氏。

公孙敖不再回鲁国，鲁人便立了文伯为孟孙氏继承人。公孙敖和己氏在莒国共同生活生了两个儿子，财富慢慢地消耗完了，只好请儿子文伯代他求情，又回到了鲁国。但襄仲不让他参与政事，三年后，不得意的公孙敖再次去了莒国。后来，文伯生重病去世，公孙敖另一个儿子惠叔执掌孟孙氏家族，他再次要求回国，得到允许，结果在路途中死于齐国。齐人向鲁国报丧，请归葬于鲁，没有得到允许。后来，齐人把他的棺材放置在齐鲁两国的边界，鲁国才安葬了他。

公孙敖贪恋美色，最终落得有家难回。

秦晋之好是怎样转为秦晋交恶的？

东周初年，郑国是周王室赖以依靠的诸侯国。可是，随着郑、宋和郑、卫不断发生战争，特别是齐国、晋国、秦国、楚国的壮大崛起，郑国慢慢地就沦落成了二流小国。南面的楚国非常蛮横不讲理，时常侵扰攻打郑国边城，郑国只好与楚国和好，这令北方大国晋国不能容忍。公元前630年，晋国与秦国联合，发兵进攻郑国。联军围困郑国都城，在存亡之际，郑国大夫烛之武凭三寸不烂之舌，瓦解了秦、晋联盟，秦、郑两国订立和好盟约，秦国退兵。秦穆公还派杞子等率兵帮助郑国戍守。

晋国认为自己被秦国出卖了，攻城又攻不下，只好退兵。然而也由此与秦国结下了仇怨。

本来秦国和晋国有着秦晋之好。秦穆公为了与晋国交好，全力往西扩充势力，他聘娶了晋献公的女儿伯姬。伯姬很贤惠，秦晋两个国家在一段时间内建立起了稳固的友好关系，两国国君希望永世和睦。晋国继任者晋献公的儿子夷吾还得到了秦穆公的帮助，才成为了晋国国君。可是夷吾不讲仁义，与秦国失和，发生战争，终遭惨败，被迫让儿子公子圉到秦国为人质，两国的关系又得以修好。秦穆公为了笼络公子圉，把自己的女儿怀嬴嫁给了他。后来公子圉也失信逃走，秦穆公再将怀嬴嫁给了夷吾的弟弟重耳，重耳就是历史上著名的晋文公。

杞子等秦兵在郑国很受郑国国君器重。但他们却时时刻刻都想着灭掉郑国，建功立业。公元前 628 年冬，郑国国君让杞子掌管郑国都城的北大门，杞子认为这是消灭郑国的好机会，便秘密派人向秦国国君报告，希望秦军前来偷袭，夺取郑国都城。

秦、郑两国不接壤，秦军偷袭郑国，需借道他国，且路途遥远，不确定因素较多。秦穆公征询大夫蹇叔的意见，蹇叔认为劳师远征不可取。秦军出征郑国，中间有一段晋国守护的要地——崤山。秦、晋两国虽有秦晋之好，但后来的晋国国君非常不讲信义，几次欺骗秦国。秦军驻守郑国都城，也是因为秦、晋联合攻郑，秦国欺骗晋国造成的。秦军孤军深入，晋国势必要报仇。秦军途经崤山险地，有被晋军伏击的危险。秦穆公不听劝告，派大将孟明、西乞、白乙三人率师远征。秦军到达滑国，被郑国的贩牛商人弦高发现。弦高让人迅速回郑国报告敌情，他还赶着牛群到秦军军营拜见，对孟明说："郑国国君听说将军将领兵到郑国，特派我前来犒劳贵国将士。"他还给秦军送去了四张牛皮和十二头牛。孟明观察到弦高说话诚恳，知道军机已泄露，哪里还能偷袭？若再去郑国已没有意义，于是趁机灭掉滑国就撤军往回返。秦军返回路过崤山时，果真中了晋军的埋伏。崤山本来地势就险要，晋军占据有利地形，将秦军团团围住，秦军进退两难，在晋军的攻击下死的死，伤的伤，降的降，全军覆没，孟明、西乞、白乙三人被俘。文嬴也就是晋襄公的母亲，为了维护两国的友好关系，让人把三人放回了秦国。此后，秦国多次出兵征伐晋国，秦、晋两国结下仇恨。

为名声赴死的勇士

战争产生英雄，大的战争产生大英雄。

崤山之战是春秋时期发生在秦、晋两国军队之间的一场大战役，此战涌现了一批勇士。

秦、晋两军在崤山作战的时候，晋国的梁弘为晋襄公驾驭战车，莱驹为车右。晋军伏击秦军，战场非常惨烈。作战的第二天，晋襄公把俘虏的秦国士兵捆绑起来，派莱驹用戈去杀死他们，俘虏大声喊叫、反抗，莱驹害怕了，戈掉在了地上。大将狼瞫迅速拿起戈砍了俘虏的脑袋，抓起惊慌失措的莱驹，追上了晋襄公的战车。晋襄公立即就让狼瞫做了车右。

后来箕地一战中，中军帅先轸以续简伯做车右代替狼瞫，狼瞫非常生气。他的朋友说："为什么不拼死一搏？"狼瞫说："我还没有找到死的地方。"他的朋友说："我帮你去杀死先轸。"狼瞫说："《周志》上讲：'勇猛但如果杀了位居在上的人，死后不能进入庙堂。'死而不合于道义，这不是勇猛。为报效国家而死才叫作勇猛。我当初因为勇敢而升任为车右，如今因为不勇敢而被废黜，也是理所应当。我是否合适这个位置，您就等着瞧吧！"

《左传》记载，鲁文公二年（公元前 625 年）春，秦国大将孟明率军攻打晋国，以报崤山之战之仇。二月七日，两军在彭衙摆开阵势开战。狼瞫率领部下冲进秦军的队伍，战死在阵中。晋军随后冲上去，大败秦军。《左传》认为：狼瞫发怒不去作乱，却上前线去打仗，战死沙场，算得上是君子了。按照中华传统道德标准，狼瞫这样的人才是真正的勇士！

秦穆公烧船霸西戎

秦朝末年，项羽带领楚军渡过漳河，让将士们饱餐一顿，每人带三天干粮，接着下令把渡河的船只都凿穿沉入河里，把做饭用的锅也砸碎。全军到巨鹿与秦军主力作战，解救赵国。巨鹿之战，楚军奋勇当先，一举大败秦军，这就是成语“破釜沉舟”的由来。其实，早在春秋初期，秦穆公就曾经使用过这一招，《左传》称之为“济河焚舟”，秦军大胜，秦穆公实现了称霸西戎的愿望。

《左传》载，鲁文公三年（公元前 624 年），“秦伯伐晋，济河焚舟，取王官，及郊。晋人不出，遂自茅津济，封殽尸而还。遂霸西戎”。这段话在讲秦国为报崤山之战之仇攻打晋国，秦军渡过黄河后，焚烧渡船，让将士以死士的必胜决心，全力进攻，不留退路，最终获得胜利。

在春秋初期，秦国和晋国都属于比较有实力的国家，对周天子来讲起到以藩屏周的作用。秦穆公时，两国还结下了秦晋之好。当时秦国对晋国还是比较讲信义的，反倒是晋国不太讲规矩。晋献公之后，三任晋国国君：晋惠公、晋怀公、晋文公都是在秦穆公的帮助下继位的。晋惠公回国继承君位的时候，秦穆公之妻子、晋惠公的妹妹曾把嫂子贾君托付给他，而且要他把公子们都接回国内。晋惠公答应了，但他回国后和贾君有了私情，又不接纳公子们回国。晋惠公曾经答应给秦穆公黄河以西和以南的五座城，后来都没有兑现。晋国有饥荒，秦国给它运送粟米；秦国有饥荒，晋国却拒绝秦国买粮。晋怀公太子圉是晋惠公的儿子，在秦国为人质，得知惠公去世，抛弃了妻子，即后来又嫁给重耳的文嬴，连夜从秦国逃回晋国。

晋文公去世，秦军前去郑国偷袭，不料事情败露，返回时，晋军竟然在崤山设伏，全歼秦军，还俘虏了孟明等主将。多亏晋文公夫人文嬴相救，才被放回。秦穆公自揽罪责，继续任用孟明。公元前 625 年，秦国以孟明为主将，出兵攻打晋国，结果又大败而归。秦穆公仍然让他掌管政事，一年后，憋了一肚子气的秦军再次渡过黄河，“济河焚舟”，攻占了晋国的城镇王官及郊地，晋军不敢出战。秦军从茅津渡黄河，在崤山祭葬了阵亡将士后回国。秦穆公解除了晋国的威胁后，全力在黄河以西辟疆扩土，称霸于西方少数民族诸国。

《孙子兵法》讲：置之死地而后生。秦穆公之所以能够称霸西戎，不仅仅是因为渡河烧船把自己逼到死地，更重要的是秦穆公知人善任，善于用人，平时的教训和经验，使得秦军都怀有深仇必报、视死如归的决心和气势。所以《左传》评价说“君子是以知秦穆公之为君也，举人之周也，与人之壹也”。

立太子的事问不得

在我国历史上，君王立太子是件大事。唐朝的李勣在唐太宗询问立太子之事时，以这是君王家事为由，拒不参与，没有陷入皇家子弟的权力争夺中。纵观历史，凡是参与立太子的大臣，往往都会惨遭杀身之祸。

楚成王想把儿子商臣立为太子，心里面还有些犹豫。于是，他就找来令尹子上，征询他的意见。子上回答：“第一，楚成王还年轻，妻妾众多，自然儿子多，不能太早立太子；第二，一旦立商臣为太子，就不宜再更换，如果对商臣不满意更换的话，会产生祸乱；第三，商臣残忍，不宜立为太子。”楚成王没有采纳子上的意见，就轻率地把商臣立为太子。《周易》讲：“君不密则失臣，臣不密则失身，几事不密则害成。”子上的话被太子商臣知道了，商臣对子上怀恨在心。

公元前 627 年，晋国、陈国和郑国联合攻打楚国的附属国许国，楚成王派子上出兵救援。楚军联合蔡国攻打陈国，陈国与楚国讲和。晋国回头又出师攻打蔡国，与楚军隔河对峙。双方都没有获胜的把握，于是，谈判后双双撤军回国。

楚成王派子上出兵救许，本来是计划与晋国交战的，结果子上和晋军没有交战便撤回了。太子商臣便借机在楚成王面前诬告子上，说子上接受了贿赂，逃避与晋国作战。楚成王信以为真，便杀了子上。

不久，楚成王发觉商臣的确不适合做太子，想废黜他。商臣听到风声，又不能确定，便找到老师潘崇寻求计策。潘崇让商臣宴请楚成王的心腹，也是楚成王的妹妹江芈，要千方百计地冒犯、不尊重她，从她那里探听消息，商臣依计而行。江芈是商臣的姑姑，本想着侄子宴请自己对自己很尊重，没料到侄子对自己非常无礼，勃然大怒，她用楚成王要废黜并想杀商臣的话斥责商臣。商臣获取消息后，马上发兵包围了楚王宫，逼死了楚成王，自立为王，即楚穆王。

阳处父之死

《左传》中，记载了这样一位耿直之人——晋国权臣太傅阳处父。

阳处父原是晋国大夫赵衰的下属。赵衰曾跟随晋公子重耳（晋文公）在外逃亡多年，与重耳可以说是同甘苦，共患难。而且他们在狄国还分别娶了狄人姐妹，属于亲上加亲。重耳即位后，赵衰得到重用。晋文公、赵衰等人去世后，阳处父等人崛起。阳处父是个耿直、恩怨分明的人，他跟随赵衰步步高升，自然偏向赵氏后人。

有时候，耿直的人有耿直的好处。公元前 627 年，阳处父率部攻打蔡国，蔡国向近邻楚国求救。楚国为与晋国争夺霸权，就出兵前去救援，晋军与楚军隔河对峙。阳处父不愿耗费时间，就派人对楚人讲："要打仗就尽快开战，要么我后退三十里，你们渡河进攻；要么你们后退三十里，我们渡河进攻！"楚军怕中了晋人之计，不敢进攻，就后退了三十里，列阵等待晋军渡河进攻。晋军也不愿冒险渡河，阳处父告诉众将："楚军已望风而逃，我们班师回国！"楚国大将因无故后撤回国后就被杀了。

公元前 622 年，阳处父到卫国访问，回国时路过宁地，当地的一个青年才俊宁嬴认为阳处父有本事，就跟随他走了。到达温地宁嬴又回来了，他妻子问他为何又回来，宁嬴说：“阳处父这个人太刚直了。《商书》上说：‘沈渐刚克，高明柔克。’即性格温柔的人需要刚强，性格刚强的人需要柔弱，这是阴阳平衡。阳处父只懂得刚强和豪爽，恐怕难以善终！上天纯阳本属于刚强，尚且不触犯寒暑四时运行的次序，何况人呢？太过刚强会触犯别人，华而不实会招来怨恨。触犯别人、聚集怨恨，难保自身。我害怕跟随他不能得到好处反遭祸害，所以离开他。”可见，阳处父刚强的个性是非常外露的。

公元前 621 年春，晋襄公恢复三军之制，任命狐射姑为中军主将，赵盾担任中军佐（副将），狐射姑的父辈也是跟随重耳逃亡多年的功臣。阳处父为了报答赵衰提携之恩，建议晋襄公改任赵盾为中军将，狐射姑为中军佐。晋襄公采纳了这个建议，自此赵盾开始执掌晋国的国政。这年八月，晋襄公去世。由于太子年幼，晋国大臣都认为应该拥立年长一些的公子担任国君。赵盾想立晋襄公的弟弟公子雍，狐射姑则想拥立公子乐。为了根除不必要的麻烦，赵盾率先动手，派人刺杀了公子乐。狐射姑为了报复赵盾，派人杀了阳处父。阳处父最终为自己硬刚的个性付出了生命的代价！

刚与柔、曲与直，在自然界中是相互对立的状态。在人类社会里，它们之间还有一种转化关系，即所谓否极泰来。如果不懂得这个道理，“撞到南墙不回头”，注定要头破血流。所以，《周易》“乾”卦有：亢龙有悔。《文言传》解释说：“亢之为言也，知进而不知退，知存而不知亡，知得而不知丧。”懂得进退、得失，是古人的智慧。

言而无信的代价

人无信不立。特别是身居高位者，不讲信用往往会给社会带来大灾祸。

“赵氏孤儿”是中国历史上非常有影响力的一个悲剧故事。故事发生在春秋时期的晋国，权倾朝野的赵氏一家，因为家族内部发生苟苟营之事，出现了矛盾，被政敌利用，结果满门被杀，只有赵家的夫人——晋国君的妹妹赵庄姬幸免于难，也为赵氏保留了一个血脉。其实，在赵氏兴盛之时，隐患就已经埋下了。

《左传》记载，夷皋为晋襄公老年得子，后被立为太子。晋襄公把他托付给了执政大臣赵盾。赵盾当时集军政大权于一身，是个事业心和责任感特别强的人，晋国在他的治理下，牢牢地占据霸主地位。看似太子将来称君应该没有问题了，然而事情的走势让人意想不到。公元前 621 年，晋襄公死了。太子夷皋年幼，不能处理国事。赵盾从治理国家的角度考虑，想拥立年长的公子雍为国君。公子雍乃晋襄公的弟弟，在秦国做人质。大臣贾季（狐射姑）认为如果改换太子立新君，就应该立公子乐。公子乐是秦穆公的外甥，辰嬴所生，曾经受到晋襄公的信赖。赵盾说："公子乐的母亲辰嬴低贱，先嫁给了晋怀公后改嫁给叔叔晋文公，受到两位国君的宠爱，这是不贞。公子乐在陈国做人质，陈国是小国且距晋国远，给国家安定提供不了帮助，这是鄙陋。而公子雍心地善良，很受晋襄公信赖，且公子雍在秦国做人质，秦国大而且近，有事可以提供帮助，有利于晋国稳定。公子雍的母亲杜祁有母仪之态，立公子雍更好。"于是，赵盾派大臣先蔑、士会到秦国迎接公子雍。大臣荀林父劝阻先蔑说："夫人和太子还在，反而到外边去求国君，这行不通。你不要去。"先蔑没有听从劝告。贾季那边也派人到陈国去接公子乐，赵盾知道后派人杀了公子乐。

当初，贾季为晋国中军，赵盾年轻为副手。权臣阳处父豪爽而刚硬，不喜欢变通。他曾是赵盾的父亲赵衰的部下，故而偏袒赵盾。他认为赵盾才能比贾季强，为了国家利益就应该能者居上位，他便调换了二人职位，赵盾为晋国中军将，贾季成了副手。贾季很不满，故而与赵盾处处作对。后来，贾季为发泄怨愤，派续鞫居刺杀了阳处父。赵盾知道后杀了续鞫居，贾季逃亡国外。

晋襄公的夫人穆嬴抱着太子夷皋每天到朝廷上啼哭，说："你们废弃诺言，抛弃太子不立，反而到外边去找国君，你们对得起死去的国君吗？"她又抱着太子到赵盾家，向赵盾叩头，说："先君把太子托付给您，您怎能丢弃他！"赵盾和大夫们都害怕了，就又放弃了公子雍，而拥立太子夷皋为晋灵公。公元前 620 年，秦康公护送公子雍到晋国，晋国不接受，还出兵抵御秦国军队，打败了秦军。先蔑和士会逃亡到了秦国。

还有，邾文公的原配齐姜生了儿子貜且；次妃晋姬生了儿子捷菑。邾文公去世后，邾国人立貜且为国君（邾定公），捷菑逃亡到晋国。捷菑的母亲是晋国人，赵盾率领诸侯联军把捷菑送回邾国，欲强行将捷菑立为国君。邾国人辞谢说：“貜且年长。”赵盾认为邾国人说得有道理，就领兵回国了。

赵盾在晋国专权二十余年，他虽然忠心耿耿，但在几件大事的处理上没有主见，得罪了国君。晋灵公长大后丧失为君之道，赵盾屡次规劝，引起晋灵公反感，便派人刺杀赵盾，赵盾本家的旁系子弟赵穿怒而杀了晋灵公。晋国太史董狐认为是赵盾害死了国君。孔子评价说：“赵盾是古代的好大夫，是史官让他蒙受了弑君的恶名。”赵盾死后，其儿媳与弟弟有了私情，引发家族内乱，晋成公直接诛杀了赵氏一门，引发了“赵氏孤儿”案。

不讲仁义的宋昭公

公元前 620 年，宋成公死了。继位的宋昭公准备把近支的公子们都杀死，以绝后患。宋国司马乐豫说：“不行。公族犹如公室的枝叶，如果去掉它们，公室就失去了庇护，就像树干树根没有枝叶一样。葛藟还知道保护它的躯干和根，君王应该用好他们，而不能削去他们。如果用德行去亲近他们，他们就可能都是您的助手，谁敢有二心？为什么要杀他们呢？”宋昭公没有听从他的意见，开始了杀戮。结果，宋穆公、襄公的族人叛乱，率领国人攻打宋昭公，在宫里杀了公孙固和公孙郑。六卿出面调解，乐豫主动把司马之位让给了昭公的弟弟公子卬，内乱才停止。

宋国亲近晋国，公元前 617 年冬天，楚穆王召集陈共公、郑穆公和蔡庄公会盟，准备出兵攻打宋国。宋昭公亲自去会盟地拜会楚穆王，主动顺服楚国，听候他的命令。楚穆王在孟诸打猎时，主动提出带路的宋昭公没有执行命令，楚国左司马文之无畏借机鞭打宋昭公的仆人，并在全军示众，以此羞辱他。宋昭公欲让担任萧地守将的高哀做卿士，高哀认为宋昭公不讲道义，竟弃官逃亡去了鲁国。司城荡去世，他的儿子公孙寿拒不袭任，也认为宋昭公无道，害怕被他加害。他对别人讲："君无道，吾官近，惧及焉。"

宋襄夫人是周襄王的姐姐，为宋昭公爷爷的夫人。她年龄不大，也不是宋昭公的亲祖母，宋昭公对她很不礼貌。宋襄夫人发动自己的势力杀了大司马公子印等宋昭公的党羽。宋昭公的庶弟公子鲍英俊而且艳丽，很会笼络国人之心。宋襄夫人很喜欢他，竟想和他相好，公子鲍不肯，但襄公夫人心甘情愿地帮助他。《左传》载"昭公无道，国人奉公子鲍以因夫人"，造成国内上下都拥护公子鲍而反对宋昭公，襄公夫人也伺机杀掉宋昭公。公元前611年，宋昭公到孟诸打猎，带了很多珍宝，有人劝他逃亡国外。宋昭公说："我连自己的亲人和大臣的信任都得不到，又有哪个国家肯接纳我呢？而且我作为一国之君主，却到别国做别人的臣下，还不如死了好。"昭公把他的珍宝全部赐给左右随行人员，结果在孟诸打猎时被杀。《春秋》记载为"宋人弑其君杵臼"，《左传》专门解释为"君无道也"，不得民心。

宋国武氏怂恿宋昭公的儿子和宋文公（公子鲍）的弟弟公子须造反，兵败被杀。宋文公组织攻打武氏，把武公、穆公的族人全部驱赶到国外。从此之后，宋国国内才安定下来。可见，不讲仁义的宋昭公产生的影响是非常大的。

"河神"不佑秦康公

黄河经过亘古不息的流淌，孕育出了世界上唯一不曾中断的古老文明，这种文明到周朝时得到大发展并被传承。《诗经》作为我国最早的诗歌总集，直接提到黄河的有十五篇，与黄河相关的篇章则达三十篇之多，这些诗歌生动翔实地记载了我们的祖先在大河之畔劳作生活的情景。

在古人眼里，黄河宽广博大，汹涌壮阔，多情而又慷慨，赐予人们宝贵的生活资源和精神财富。春秋时期，人们非常尊崇黄河，秦康公尤其崇拜黄河。

秦康公一共在位十余年，秦国与晋国多次发生战争，《左传》中记载他向黄河盟誓的情节就有两处，但黄河好像给秦康公开了个大玩笑，没有保佑他。两次盟誓，他都被骗了。

第一次是在公元前615年冬季，秦康公发兵攻打晋国，攻占了羁马这个地方。晋国派赵盾为主将率领军队在河曲迎战秦军。上军佐臾骈认为秦军劳师远征不能持久，建议固守待敌，赵盾听从了他的意见。秦康公这边也向士会询问对策，士会是从晋国投奔秦国来的，熟悉晋国的国情，他预判到此主意必是臾骈所出，建议避开赵盾，攻打赵穿的队伍。赵穿是晋国国君的女婿，年少轻狂而且受宠，不懂得作战之法，勇猛有余而智谋不足，还看不起臾骈这个上军佐。

秦康公非常郑重地把玉璧投到汹涌的黄河里，向“河神”祈求战争胜利。然后，他亲自率领大军袭击晋军，赵穿果然没有听从赵盾的命令，率部出战。其他晋军坚守不出战，赵穿发怒说：“你们这些人‘裹粮坐甲，固敌是求，敌至不击，将何俟焉？’你们不出来打仗，我自己去。”于是就带领他的士兵杀敌去了。

赵盾害怕赵穿被秦军俘虏，只好率全军出战。

这场大战秦军竟然没有打赢，连夜悄悄渡过黄河退兵了。如果不是晋军中赵穿无谋，又阻止晋军追击，秦军的损失会很大。

第二次发生在公元前614年。晋国人认为士会是个人才，“能贱而有耻，柔而不犯，其知足使也”，就是他能伸能屈，知耻明义，足智多谋，可以重用。既如此，便不能让他为秦国所重用，要把他召回晋国为国效力。怎么办呢？晋国决定派大将魏寿余诈称叛晋降秦，用蒙骗手段让士会回归晋国。《左传》记载，文公十三年（公元前614年），晋国魏寿余率领魏地的人叛乱，晋国把魏寿余的妻子儿女抓了起来。魏寿余逃到秦国，请求把魏地献给秦国。魏寿余在朝廷上私下示意士会后，又请秦穆公派一位东边（当时秦军在黄河之西，魏地在黄河之东）的，而且能与魏地官员沟通的人先行去往魏地。秦康公果然派遣士会前去沟通。士会辞谢说：“我是从晋国叛逃过来的，晋国人如果反悔，他们就会杀死我。如果我被扣留回不来，我的妻子儿女在秦国也会被杀，我前去晋国于公于私都没有好处，请大王三思。”秦康公说：“如果晋国食言不让你回来，我保证把你的妻子儿女送过去，请河神做证！”

士会渡过黄河以后，魏地人欢呼着就把他迎接回了晋国。秦康公虽然知道上当了，但也只能如约把他的妻子儿女送回晋国。

兰草之魂

俗话说：万物皆有灵。在《聊斋志异》和《西游记》中，草木也可以成精。早在春秋时期，郑国的郑穆公就自诩为兰草之魂。

在秦军偷袭郑国这一年（公元前628年），郑文公去世，他的儿子兰继位，就是郑穆公。

兰是个非常有故事的国君。他的母亲是郑文公一个地位很低的姬妾，名叫燕姞。一天晚上，燕姞梦见天使送给她一支兰花，说：“我是伯儵，是你的祖先，你要把兰草作为你的儿子好好对待。因为兰花在全国是最香的，你携带着它，人们就会像爱它一样爱你。”不久，郑文公见到燕姞，给她一支兰花并且让她侍寝。燕姞告诉郑文公说：“我的地位低贱，如果侥幸怀上了您的孩子，别人也不相信，您能否把兰花作为信物？”郑文公说：“可以。”后来燕姞果然生了儿子，取名叫兰，就是郑穆公。

历史记载，郑文公奸污了叔叔的妃子陈妫，生了子华、子臧。子臧犯了罪而逃离郑国，郑文公将子华诱骗到南里杀死，又派人杀死了子臧。他又在江国娶妻，生了公子士。公子士到楚国朝见，郑文公让楚国人给他喝毒酒，毒死了公子士。文公又在苏地娶妻，生了子瑕和俞弥，俞弥早死。郑文公讨厌子瑕，所以没有立他为太子，子瑕逃往楚国。郑文公把儿子们全部都赶走了，公子兰逃亡到了晋国，很得晋文公的喜欢。

郑国大臣石癸说：“我听说，如果姬、姞两姓结为夫妻，他们的子孙必定昌盛。姞姓吉祥，后稷的嫡妻就是姞姓。如今公子兰是姞氏的外甥，上天也许要帮助他让他成为国君，他的后代也必然繁荣昌盛。如果把他接回来立为国君，我们就立下大功了。”于是，石癸就和孔将钼、侯宣多把公子兰接回郑国，立为太子。公子兰又得到晋国的支持，成了郑国国君。

郑穆公在位时，先后与楚国、晋国结盟，并帮助楚国讨伐宋国，大败宋军，也算得上是一位中规中矩的国君。郑穆公生病，他说：“兰花死了，我或许也要死了。我是靠着它生存的。”公元前606年冬季，有人割掉了兰草，郑穆公就去世了，郑灵公继位。郑灵公后来因为戏弄公子宋被杀。

作死的晋灵公

晋灵公是春秋五霸之一的晋文公的孙子，他幼年就登基做了国君。晋灵公长大后不行君道，大量征收赋税来满足他奢侈的生活。他从高台上用弹弓射行人，观看这些人被打中和躲避弹丸的样子。凡此种种，权臣赵盾多次劝谏，晋灵公表面答应改过，实际上并没有行动，反而变本加厉。

在晋灵公继位之前，赵盾为了晋国的安定，曾与大臣们商定要立年龄稍大些的公子雍为国君。当时，公子雍在秦国做人质，他们还派人到秦国去迎接。公子雍是死去的晋襄公的弟弟，晋灵公的叔叔。晋襄公夫人穆嬴得到消息后，每天抱着太子（晋灵公）在朝廷上哭闹，还到赵盾家里纠缠，赵盾被迫改变主意，这样年幼的太子夷皋成了晋灵公。说起来赵盾也属于外戚，赵盾的父亲赵衰跟随晋文公逃亡在外十九年，是晋国中兴的功臣。他们逃到狄人之国时，重耳娶了狄人季隗为妻，季隗的姐姐叔隗则嫁给了赵衰，赵盾就是叔隗所生。重耳回国即位后，又把自己的女儿（赵姬）嫁给了赵衰。赵衰作为晋国重臣曾长期执政，赵衰死后，赵盾接着在晋国执政，他们对晋国可谓是忠心耿耿。

但穆嬴通过这种手段得来的国君之位，晋灵公并不知道珍惜。有一次，厨师没有把熊掌炖烂，晋灵公就把厨师杀了，把尸体放在筐里，让宫女们用车载着公然经过朝廷。赵盾看见了露出的死人手，便询问厨师被杀的原因。赵盾诚恳地规劝晋灵公，令晋灵公感到厌烦。赵盾为晋灵公的无道而忧虑，后来，他又多次劝谏晋灵公办理正事，晋灵公不但置之不理，还派刺客钼麑去刺杀赵盾。钼麑一大早就去了赵盾的家，只见赵家大门开着，赵盾已穿戴好朝服准备上朝。因时间还早，他就坐在客厅里闭目养神。钼麑退了出来，感叹说："时刻不忘记恭敬国君，真是国之栋梁啊。杀害国家的栋梁，是不忠；背弃国君的命令，是失信。不忠不信哪一样我也不能做，倒不如死了更好！"于是，钼麑一头撞在槐树上死了。

公元前607年秋，晋灵公请赵盾赴宴，事先埋伏好武士，准备杀掉赵盾。赵盾的护卫提弥明发现了这个阴谋，快步走上殿堂，说："臣下陪君王宴饮，酒过三巡还不告退，就不合礼仪了。"于是他扶起赵盾走下殿堂。晋灵公唤出了猛犬来咬赵盾，提弥明徒手上前搏斗，打死了猛犬。晋灵公的甲士灵辄是个忠义之人，他敬重赵盾的为人，保护着赵盾逃出了宫廷。不久，晋灵公被杀。

羊肉重要还是你的命重要！

在春秋时期，宋国宋戴公的孙子华督没有能够继承国君的位子，但是凭借着贵族身份，其势力逐渐强大起来。为了得到孔父嘉的妻子，他杀死孔父嘉后还杀了宋国国君宋殇公。到宋文公时期，华督的子孙华元不但是有名的战将，还位居大夫之职。但华元这个人，过于高傲，与下属不亲近。

公元前607年，郑国派军队攻打宋国，宋国出精兵迎战，双方军队在大棘这个地方对峙。郑国和宋国是邻居，两国之间的战争一直不断，战争的结果也是互有胜负。当时，晋、楚两国争霸多年，双方疲于征战。郑国、宋国本来都是与晋国结盟的国家，但晋国国内内乱不止，国君又横征暴敛、奢侈无度，郑国认为没有得到尊重，于是就脱离晋国投靠楚国。郑国之所以侵略宋国，就是楚国安排的。

开战前夕，为了鼓舞士气，华元让人送一群羊到军营，杀羊犒劳将士。给华元驾车的人叫羊斟。在古代，给主将驾驭战车的人一般身份都很高，而且必须是战将。羊斟也想吃羊肉，华元没有让他吃，还训斥了他。别人的士气需要鼓舞，难道驾驭战车的战将的士气就不需要提升一下吗？羊斟认为自己受到了污辱，非常生气。

第二天，郑国和宋国双方军队摆开阵势，准备开战，宋军的士气高昂。这个时候，心怀怨气的羊斟对华元说："昨天的羊你做主，今天的马我做主。"还没等到击鼓进攻，他就驾着战车冲向了郑国的阵地。华元彻底愣住了，战马不听他的使唤。华元独闯敌营，成了孤胆英雄。郑国人一开始也蒙了，后来发现宋军主帅单车独骑冲过来了，高兴坏了。他们没有费太大的代价就抓获了华元，并下令进攻宋军。宋军失去了指挥，乱作一团，立马就被击败了。

大获全胜的郑军没有立即杀华元。宋国请求用战车和骏马去赎华元，没有想到的是，郑国人看管得松，战车和骏马才送去了一半，华元自己逃回来了。

华元回到军营，见到了羊斟，问："那天是战马不听指挥吧？""不是马的原因，是羊的问题。"羊斟说完就逃走了。

可见，一个看似无关紧要的小事，只要牵涉到利益，如果处理不好，也有可能酿成大祸。

勿因小失大

君子爱财，取之有道。有时候不义之财容易得，但往往会惹来灾难性的后果。

《左传》记载，莒国的国君莒纪公欲废黜太子仆而立次子季佗。太子仆抢先下手杀死了纪公，携带珠宝逃亡去了鲁国，把珠宝献给了鲁宣公。鲁宣公非常高兴，决定收留他，并下令给他一座城邑。

当时鲁国"三桓"之一的季氏"掌门人"季文子掌管朝政，他非但没有按照鲁宣公的安排给太子仆赏地，还让司寇把太子仆赶出了鲁国。这属于欺君，鲁宣公很生气，询问缘故。季文子没有出面，他让太史克对鲁宣公说：“臣子要忠君爱国，我们都牢记在心。先大夫臧文仲说过：‘见到对国君有礼的，事奉他，如同孝子奉养父母一样；见到对国君无礼的，诛戮他，如同鹰鹯追逐鸟雀一样。’但《周礼》讲：‘礼仪用来观察德行，德行用来处置事情，事情用来衡量功劳，功劳用来养育百姓。’《誓命》还讲：‘毁弃礼仪就是贼，窝藏贼人就是赃；偷窃财物就是盗，偷盗宝器就是奸。有窝赃的名声，享用奸人的宝器，是大凶，对此应该严刑罚而不能赦免。’如今，太子仆杀害了国君，同时也是杀害了父亲，他偷窃了珠宝，背叛了国家。如果接受并奖赏他，就是窝赃匿贼养奸。以此来教育百姓，百姓就会迷惑、无所适从。所以必须把他赶走。”

季文子在鲁国历史上是个比较有影响力的人物，他克俭持家，执掌鲁国朝政三十多年，实行初税亩制度，促进鲁国的发展。当时鲁国“三桓”势力日渐强大，鲁宣公其实就是想借莒国的逃难太子，展示一下影响力。被孔子认为办事过于小心的季文子，在处理莒国的太子仆这件事上，却一反常态，坚决拒绝，理由是勿因小失大!

申叔时谏楚王

夏姬是春秋时期一位非常有魅力的美女。《左传》记载，公元前 598 年，楚庄王听说夏姬寡居多年，是一位天下少有的美女。于是，他便以平息陈国内乱为名，召集诸侯国出兵攻打陈国，杀死了夏徵舒，把夏姬掠回了楚国，并把陈国变成了楚国的一个县。当时楚国是天下实力最强大的国家之一，各个诸侯和大臣纷纷向楚王表示祝贺。

楚国的大臣申叔时出使齐国归来，向楚庄王复命后没有表示祝贺就退下去了。楚庄王责问他为什么不向自己表示祝贺。申叔时说：“因为别人牵着牛践踏了自己的田地，就把别人的牛给抢走了。牵牛践踏田地的人，肯定是不对的；

但因此夺走他的牛，惩罚未免太重了。各国诸侯跟从大王攻打陈国，目的是讨伐有罪的人。现在夏徵舒被杀死了，大王却贪图陈国的美人和土地，纳夏姬入宫，把陈国设置为楚国的一个县。打着正义的旗帜号令诸侯，却不顾诸侯的讥笑强占私利，这恐怕不能服众！”

楚庄王是位有着雄才大略的君王，他认为申叔时所谏正确。于是，楚庄王放弃了夏姬，并重新封立了陈国。

《左传》之荀首问卦

晋、楚两国之间爆发的邲之战，是春秋时期的一场重要战役。晋国称霸由此而终止，历史进入了晋、楚争霸时期。

晋国在城濮之战大败楚军，晋文公成了新的霸主。晋文公死后不久，晋国和秦国就发生了崤山之战。秦军在崤山之战被打败后，不断地出兵复仇，两国陷入了长期作战状态。到晋灵公时，国君不守为君之道，致使晋国国力下降。而这一时期的楚国，不断扩疆辟土，“饮马黄河”，观兵于周疆，问鼎中原，已经成了足以抗衡晋国的国家。

郑国是拱卫周王室的诸侯国，处在晋楚中间，是南北要冲之地。在春秋之初也曾威风八面，后来衰落了。据《左传》记载，楚庄王时，楚国武力征服郑国，郑国被迫与楚国在辰陵会盟，归顺楚国。晋国不想郑国归顺楚国，出兵救援，郑国随后又投靠了晋国。公元前 597 年春，楚军围攻郑国，三个月攻克郑国都城，郑襄公战败求和，并派公子良到楚国做人质。直到夏天，晋军才出兵前去救援，大军到达黄河岸边，得到郑国都城已失守并已与楚军讲和的消息，中军主帅荀林父想班师回国，副将先縠不同意撤军，并私自率领他所统领的军队渡过黄河，继续向郑国挺进。荀林父进退不定，担任晋军下军大夫的荀首为此起卦。卦象是上坤（地）下坎（水）《师》卦，内卦坎的初爻动，变为《兑》，成了上坤下兑的《临》卦。《师》卦初六爻辞为“师出以律，否臧，凶”。荀首认为，先縠不听从主帅指挥，此行凶险，与楚军交战必败。即使侥幸不死于战场，也免不了灾祸。行军司马韩厥对荀林父说："先縠率领的军队是中军的一部分，您作为主帅，副帅不听命令，陷于敌军，丢掉军队，您的罪过就大了。不如干脆进军，大家共同承担责任！"《临》卦的初九爻爻辞为"咸临，贞吉"，对于荀林父来讲，只要忠心为国，他最终不会有责难。于是，他率领全部晋军渡过黄河，向楚军发起进攻。

在随后爆发的邲之战中，晋军大败。晋景公追究邲之战战败的责任，杀了先縠和他的族人。荀林父请求处罚，晋景公赦免了他。所以，古人云："不谋全局者，不足谋一域""先谋而后动，则无不胜"。不按谋划行事，不做全面谋划，莽撞行事，事情就不会成功！

邲之战是谁引起的？

公元前 605 年，郑灵公因为戏弄公子宋，被杀。郑国人要立公子去疾（子良）为国君，去疾辞谢，推荐年长的公子坚。于是郑人立公子坚为国君，就是郑襄公。郑襄公害怕国君位置不稳，准备把他的兄弟们都清理掉，只留下去疾一人。去疾不同意他这样做，说："作为穆公的后代，我的愿望是他们都留下来，生活得好。如果要他们都离开郑国，就不要单独留下我了。"郑襄公同意把这些弟兄们都留下来，让他们做大夫管理国家事务。

公元前 605 年冬天，楚庄王出兵攻打郑国，在楚国的压迫下，郑国求和，楚国退兵。晋国也出兵，郑国又与晋国和好，并参加了晋国组织的会盟。公元前 600 年，楚庄王再次出兵攻打郑国。晋国派郤缺率兵救援郑国，郑襄公领兵在柳棼打败了楚军。次年，楚庄王又发兵进攻郑国。晋国派士会领兵救郑国，在颍水北边赶走了楚军。公元前 598 年春，楚庄王继续发兵进攻郑国，郑国与楚国讲和停战，并在辰陵与楚国会盟，转而又与晋国结盟。楚庄王出兵攻打郑国，楚军围攻郑国国都十七天，也没攻下。郑国人渐渐抵抗不住了，占卜以求和，结果不吉利；占卜死战到底，吉利。守城将士和市民都很悲愤，决心死战到底。楚庄王见此情景，下令退兵，希望郑国人投降。不料郑国人借机修筑城墙，再次部署抵抗。楚军又进攻，经过长时间鏖战，终于攻克了郑国国都。郑襄公袒胸牵羊出城投降，楚庄王见其卑恭，退兵三十里，同意了郑国的请求，让公子去疾到楚国做人质，接着同郑国讲和。

楚、郑酣战，直到六月份，晋国才出动军队去救郑国。晋国的荀林父率领中军，先縠辅助他；士会率领上军，郤克辅助他；赵朔率领下军，栾书辅助他。赵括、赵婴齐担任中军大夫，巩朔、韩穿担任上军大夫，荀首、赵同担任下军大夫，韩厥担任司马。大军到达黄河岸边，得到了郑国已经和楚国讲和的消息，荀林父想撤军回国，士会表示同意，先縠却不同意，他竟然带领所属军队私自渡过了黄河。荀首认为先縠这支军队危险了。军中司马韩厥对荀林父说："先縠率领的是中军，如果被消灭，您肯定有罪过。您作为最高统帅，部下不听命令，这是领导之责。如果此行失去属国，丢掉军队，罪过就大了，不如干脆进军。即使战败，失败之责大家分担！"荀林父只好发布命令，晋军渡过了黄河。

楚庄王本来想率军北上，饮马黄河以后就撤军回国。他的宠臣伍参认为，晋国的主帅荀林父是个新人，在军中没有威望。他的副手先縠刚愎自用，不肯听从命令。其他将帅想专权而不能，互不合作，令行不畅，晋军必定失败。楚军刚打了胜仗，士气正盛，不必退让！他主张与晋国作战，打败晋军。楚庄王同意了，让大军驻扎下来等待晋军。

晋军驻扎在敖、鄗两山之间。郑国的皇戌到晋军中慰问，说："郑国跟从楚国，是为了保卫国家，对晋国并没有二心。楚军屡次得胜而自傲，他们出兵在外已经很久了，又不设防，请攻击他们，郑国的军队将作为后继，一定能大败楚军。"栾书认为楚国和郑国关系密切，郑国派人来劝晋军作战，是有目的的。如果晋军胜，他们就归服晋国；如果楚军胜，他们就归服楚国。他们是在下赌注，不能听郑国人的话。赵朔、荀首都同意栾书的看法。先縠、赵括、赵同都主张与楚军一战。双方在邲地大战，晋军惨败，溃不成军，夜里渡河逃窜。晋国军队回国，晋景公赦免荀林父，而杀了先縠。

这次战役，《左传》记载是郑国的石制企图分裂郑国，欲立公子鱼臣为国君，把楚国军队引进来的。

小人的疯狂

当一个国家面对强敌逼迫，国人本应该同仇敌忾，共同御敌。可有些小人为私利而出卖国家利益。

公元前 597 年春季，楚军攻打郑国，郑襄公最终屈服，郑国与楚国结盟，脱离晋国。

直到夏季，北方霸主晋国才派军队去救郑国。晋军到达黄河岸边，得知郑国已经和楚国讲和了。晋军中军主帅荀林父想撤军回国，说：“救郑国已晚，与楚军开战风险大，不值得！等楚军撤走以后我们再找机会出兵攻打郑国。”上军主帅士会也认为在这种情况下不能与楚军开战。中军副帅先縠认为，晋国之所以能称霸诸侯，就是由于他们的军队勇敢、臣下尽力。如果遇到敌人不敢出击，就会被人骂作懦夫，将会失去诸侯的支持，丢掉霸主的地位。晋国劳师动众而来就是为了作战，听到敌人强大就退却，不是大丈夫所为。他也不管主帅同意不同意，就带领自己管辖的军队渡过了黄河。晋国的军队就这样被先縠挟持着渡过了黄河，准备与楚军作战。楚庄王本来没有打算与晋军开战，准备下令军队撤军。听到晋国军队渡过了黄河的消息，楚庄王遂命令大军向北迎击晋军。

两军在邲地对峙。楚军在城濮之战中被晋军打败过，心有余悸，楚庄王便派使者向晋国求和，试探晋国人。荀林父答应了，并约定了结盟和谈的日期。

晋军中有人心怀不满，想趁机实施报复，出卖国家利益。

第一个是魏锜。他曾请求做晋国的公族大夫，没有如愿，心有怨气。他请求前去楚营挑战，没有得到允许。他又请求出使楚营议和，被允许了。

第二个是赵旃。他曾请求做卿没有达到目的，颇有怨言。他请求领兵前去挑战楚军，没有得到允许。又请求召请楚国人前来结盟，被允许了。

赵旃和魏锜都受命前往楚营。晋国人害怕这两个人激怒楚军，就派了一辆兵车前来接他们。楚国人以为晋军发动进攻了，就出兵迎战。楚令尹孙叔敖下令快速向晋军发起进攻，战车奔驰、士卒奔跑，晋军中军、下军没有防备，争相逃命。荀林父不知所措，只得在军中击鼓说："先过河的有赏。"中军、下军互相争夺船只，争先恐后，先上船的人用刀砍断后来者攀着船舷的手指，船中砍断的指头多得可以用手捧起来。面对攻势如潮的楚军，晋军上军也不敢回救。

到黄昏时，楚军占领邲地。晋国剩余的士兵溃不成军，整个晚上都有士兵在渡河逃命。

楚庄王在黄河边上祭祀了"河神"，修建了先王的神庙，就回国了。从此，春秋霸主易主。

晋军灭赤狄之国

潞国是北方赤狄之国，杜预解释为"潞，赤狄之别种"。西周时期，赤狄是北方一个彪悍的少数民族。西周王朝为了安抚这支强悍的部族，特册封其为子爵建国，又称潞子国。潞国与晋国是邻居。到东周时，晋国为稳定边防，加强双方的联系，经常与潞国联姻。

周定王时期，晋景公的姐姐做了国君潞子婴儿的夫人。当时的潞国由酆舒执政，他独揽大权，竟杀了晋景公的姐姐，又伤了潞子婴儿的眼睛。晋景公得到消息，准备借机进攻潞国，大夫们都认为不可行。说酆舒有三项显著的才能，不好对付，不如等待以后再说。酆舒到底有哪三项显著的才能，《左传》没有说详细。大臣伯宗说："酆舒有五条罪状，即使他有突出的才能和众多的军队，也一定要消灭他。这五条罪状，一是不祭祀祖先；二是嗜酒过度；三是废弃贤人仲章而侵占黎氏的土地；四是杀害我们的伯姬，即晋景公的姐姐；五是伤害了他的国君潞子。他恃才而不行善修德，这就更增加了他的罪过。现在不及时消灭他，将来他的继任者或许会推行德政，讲求仁义，侍奉神明，安抚百姓，巩固政权，到时候就更难对付了。不即时讨伐有罪的人，等待以后的机会，非常不可取！他自满而肆意妄为，这是亡国之道，商纣就是这样子的，所以灭亡了。天违反时令就是灾难，地违反物性就是妖异，百姓违反道德就是祸乱，有了祸乱就有妖异和灾祸发生。反映在文字上，‘正’字反过来就是‘乏’字。这些反常的事在狄人那里都出现了，可以消灭他了。”于是，晋景公派大将荀林父出征，在曲梁打败赤狄，灭了潞国。酆舒逃亡到卫国，卫国人把他押送到晋国，晋国人杀了他。

俗话说：天狂有雨，人狂有灾。潞国的酆舒以井底蛙之见，妄想挑战大国，在大国林立的东周乱世，注定是以悲剧收场。

清丘会盟因何没有诸侯参加？

《春秋》记载，公元前 597 年冬天，晋人、宋人、卫人、曹人同盟于清丘。清丘，在山东省菏泽市高新区马岭岗镇西偏南寺西村东，现为一处土堌堆遗址，山东省文物保护单位。当年，以晋国为首的诸侯国为什么在这里会盟呢？

城濮之战后，卫国、许国、陈国、蔡国和郑国都脱离了楚国，与晋国结盟。公元前 627 年，晋文公去世，秦、晋两国爆发战争，且持续不断，齐、晋两国也征战不断，楚国再次北上攻打郑、卫、蔡、陈等国，欲逼迫他们脱离晋国。特别是靠近楚国的郑国，在晋、楚两大国的争夺战争中，不停地与他们结盟、背盟，在战争中饱受煎熬。公元前 602 年，晋、郑两国和好，晋国、鲁国、宋国、卫国、郑国、曹国会盟于黑壤。公元前 597 年，楚国再次攻打郑国，郑国向晋国求救，晋国出兵救援。晋国和楚国在邲地爆发战争，楚国大胜，问鼎中原，欲称霸诸侯。当时的形势对晋国极为不利，为了安抚盟友，在这一年冬天，晋国组织了清丘会盟。

会盟活动为什么选择在清丘，主要原因是这里地处曹、卫两国交界处，距离晋、宋两国都不太远，交通方便。其他临近清丘的国家，如郑国在邲之战时，已经投降楚国，不在被邀请之列。而齐、鲁此时交好，正忙于征伐东部小国，如莒国、邾国等，对于晋国和楚国争霸之战，有躲避的意思。所以，齐国、鲁国也没有参加。

参加清丘会盟的都是国之大夫,《左传》记载:“晋原縠、宋华椒、卫孔达、曹人同盟于清丘。”曹国的参加者甚至连名字都没有留下来，四国的国君也没有参加，这在春秋会盟史上是第一次。其实，春秋中期以后，不但周天子没有了实际的权力，各个诸侯国都经过了多代国君的更迭、多年的内乱和外战，再加上国君的不断赏赐和分封，国君的权力萎缩，而那些卿士大夫的封地和财富越来越多，后来就把控了朝政。这些有土有民的卿士大夫相对于诸侯国君无异于一个个相对独立的国中之国。如晋国的栾氏、范氏、中行氏、赵氏、魏氏、韩氏，宋国的向氏、华氏，鲁国的季孙氏、叔孙氏、孟孙氏，卫国的孔氏、孙氏、宁氏等，他们代表国家纷纷走上了历史舞台。从当时的形势看，虽然各国的卿士大夫实际上掌握了各国的政权，但是诸侯国君作为本国的宗主和共主的地位没有改变，这些士大夫在会盟时仍然要代表国君的利益。如清丘会盟就提出“恤病、讨贰”。“恤病、讨贰”，即有困难时要相救，背叛盟约的要讨伐。这种无国君参加的会盟，其约束力明显不足。就在清丘会盟之后的当年，宋国讨伐楚国的盟友陈国，卫国没有援助宋国，反而帮助陈国防御，清丘会盟的成果一下子就被抹掉了。这对于重视会盟的中原各个诸侯国来说，道义的力量变得更加脆弱了。

《左传》谈尧舜用人

自古事业成败的关键在于用人。掌权者知人善任，就能成就事业，否则将荒废事业。诸葛亮在《出师表》中就有“亲贤臣，远小人，此先汉所以兴隆也；亲小人，远贤臣，此后汉所以倾颓也”的感叹！

尧、舜是我国上古时期的贤者，是儒家树立的圣人。孔子曾称赞“（尧）其仁如天，其智如神。就之如日，望之如云。富而不骄，贵而能降”，称赞“（舜）宽裕而温良，敦敏而知时，畏天而爱民，恤远而亲近”。尧、舜成就大业，被后人敬仰，理论上讲他们应该非常善于用人。但是，历史上关于尧用人的记载，却以负面书写居多。例如：尧用鲧治理洪水，结果失败。到舜时杀鲧而用大禹治水，才改正了错误。

《左传》记载，莒国国君莒纪公很残暴、没人情味，办事不合礼制，国内怨言很大。莒纪公喜爱小儿子季佗，想废黜太子仆而改立季佗。太子仆为避免被废杀，率先动手杀了莒纪公，然后携带莒国的财宝逃亡鲁国，并把财宝送给了鲁宣公。鲁宣公即位的过程也不是一帆风顺的，他的母亲敬嬴想废掉太子恶，没有成功。她私下里就与执政大臣襄仲勾结，由襄仲借齐国的力量杀了太子恶，鲁宣公才成为国君。鲁宣公下令给太子仆一个城邑，并说今天一定得安排好。鲁国执政大臣季文子不但不同意给太子仆城邑，反而让司寇把太子仆赶出鲁国。鲁宣公问为什么这样做，季文子让太史克答复鲁宣公说：“这是根据先大夫臧文仲事奉国君的礼仪办理的，不敢违背。”臧文仲是鲁国的圣人，曾服侍鲁庄公、闵公、僖公、文公四位国君，世袭司寇，执礼维护公室，在鲁国公室有很高的威望。

太史克给鲁宣公讲了尧舜用人的典故：“从前高阳氏有八个有才能的儿子，他们公正、博学、宽宏、深远、明智、守信、厚道、诚实，被天下百姓称为‘八恺’。高辛氏也有八个有才能的儿子，他们忠诚、恭敬、勤谨、端美、周密、慈祥、仁爱、宽和，被天下百姓称为‘八元’。这十六个家族，世世代代传承他们先人的美德，声名远播，一直到尧的时代。但是尧没有能重用他们，到舜治理天下的时候，才重用‘八恺’，让他们负责管理土地，处理各种事务，都很顺利，地上无事，天上平安。后来舜又重用‘八元’，让他们到各地宣扬教化，国内国外都平安无事。从前帝鸿氏有一个混账的儿子，不讲道义、包庇奸贼、作恶多端，与不忠无信之徒狼狈为奸，被百姓称为‘浑敦’。少皞氏有一个混账的儿子，背弃信义、废弃忠诚、花言巧语、惯听谗言、任用奸邪、造谣忠贤，包庇坏人欺凌好人，被百姓称为‘穷奇’。颛顼氏也有一个混账的儿子，不知好歹，管教他他不听，违背伦理纲常，刁恶奸诈，鄙视美德，被百姓称为‘梼杌’。这三个家族，世代奸邪，坏名声与日俱增，到了尧的时代，尧没有除掉他们。缙云氏也有一个混账的儿子，只知吃喝，贪图财货，穷奢极欲，私欲不能满足，聚财积谷没有限度，不管穷人死活，被称为‘饕餮’。到舜的时候，把浑敦、穷奇、梼杌、饕餮四个凶恶的家族流放到荒蛮的地方，让他们去抵御妖怪，天下迎来太平。”太史克告诫鲁宣公：“天下人同心拥戴舜做天子，原因就是舜重用了‘八恺’‘八元’而驱逐了‘四凶’。所以《虞书》记载了舜的功业，说他没有错误的教导，没有荒废的事务，没有招来坏人。太子仆不忠、不孝，鲁国不能收留和保护这样的人！”鲁宣公只好收回成命。《左传》对于尧舜的描述并不多，这一处是写得比较详细的，肯定了舜的功绩，尧却成了背景板，让人意想不到。

让父亲的妃子改嫁

古代的贵族，妻妾等级森严，妻、妾各自遵循严格的礼仪与规矩，有着特定的地位、权力和职责，小妾可能一时受宠，但她和子女的地位是没有保障的。这不仅彰显了家庭秩序，也体现了当时的伦理道德观念。所以，史书上常有小妾被迫陪葬的记载。

公元前 594 年，秦桓公率军进攻晋国，军队驻扎在辅氏。当时，晋景公在稷地检阅军队，趁机夺取了狄人的土地，立了狄君以后，接着向秦军发起进攻。大将魏颗进攻辅氏，击败秦军，俘获了秦国的大力士杜回。

《左传》记载，魏颗能够俘获杜回，与他让父亲的妃子改嫁有关。

魏颗是晋国大夫魏犨的儿子。魏犨就是当初晋文公攻进曹国都城后，放火烧了僖负羁的家，险些被晋文公杀掉的那位将军。他有一个爱妾，爱妾没有儿子。魏犨生病，吩咐魏颗说："等我死去以后，一定要让她改嫁。"魏犨病危时，又对魏颗说："一定要让她给我殉葬！"魏犨死后，魏颗就让她改嫁了，说："我父亲病重的时候，神志不清，我是按照他清醒时候的话去办的。"在辅氏作战的时候，魏颗看到一个老人把草打成绳结来回阻拦杜回。杜回被绊倒在地，所以才成了魏颗的俘虏。魏颗也感到很奇怪，不知道这是怎么回事。魏颗夜里做梦，梦见老人对他说："我是你让她改嫁的女人的父亲。你放了我女儿一条生路，我以此来报答你。"

从这件事的记载来看，《左传》明显有着儒家的报恩思想。

郑子家的告赵宣子书

《左传·文公十七年》记载，因为宋国发生弑君和内乱事件，晋灵公会合诸侯到扈地问罪。郑穆公想讨好晋国，就去参加了会盟大会。晋灵公认为郑国脚踏两只船，同时与晋国和楚国建立联系，便不与他会面。郑穆公害怕了，为加强沟通，郑国的执政大臣子家派人给赵宣子（赵盾）送去一封信，述说了郑国的困境和立场。

信中说："寡君（郑穆公）即位三年，就召请蔡侯一同去拜见贵国襄公。九月，蔡侯取道我国前往晋国。因我国发生了侯宣多之乱，寡君未能一同前往。十一月，侯宣多之乱稍稍平息，寡君就于蔡侯之后前去朝晋。十二年六月，我辅佐太子夷，请命于楚而许陈侯朝晋。十四年七月，寡君又亲往朝拜，促成了陈侯朝晋一事。十五年五月，新陈侯刚即位，就从敝国前往朝见晋君。去年正月，烛之武辅佐太子夷前往贵国朝见。八月，寡君又前往朝见。以陈、蔡两国距楚国之近，不敢对晋有二心，都是敝国之功。敝国这样忠心不二事奉贵国，为何仍然不能免于罪咎呢？自寡君即位以来，曾前往朝见襄公一次，两次朝见灵公。太子夷与我等大臣也不断地往来于绛城。作为一个小国，如此事奉大国，我们已经尽心尽力了，现在你们还不满意。如果还不行，那我们只有亡国这一条路了。古人有句话说：‘瞻前顾后，畏首畏尾，一身还剩几何?’又说：‘鹿濒临死的时候，不能选择庇荫之所。’小国事奉大国，大国如施与恩惠，以德相待，小国就会以人的身份相待；大国如不施与恩惠，小国就如同不择庇荫之鹿，狂奔乱跑铤而走险，哪里还有道路可选？既然贵国的要求苛刻，没有穷尽，我们也自知事晋、叛晋都要亡国，就干脆征集举国之力，在边境待命了，何去何从，我们听从您的命令！敝邑之先君文公即位二年，曾到齐国朝见齐桓公。四年，随齐国讨伐蔡国，又与楚国订立了和约。居于大国之间，而服从于大国之强令，难道是小国的罪过吗？贵国若不体恤郑国，我们只能陈兵待命，别无出路。”

这篇书信语言精炼、逻辑清晰、情感真挚，被选入《古文观止》，题目为《郑子家告赵宣子》。郑子家在信中向赵盾详细列举了郑君对晋的朝见记录，表明郑国对晋国的忠诚和顺从。然而，晋国并不满足，甚至提出了更多苛刻的要求。郑子家的信中暗示，如果晋国继续如此压迫，郑国将不得不考虑投靠楚国，并与晋国决一死战。这篇书信反映了当时处于晋国和楚国这两个大国之间，郑国不得不左右周旋，尽力维持自身的独立和安全的无奈和抗争，全篇展现了作者高超的写作技巧和深邃的思想内涵。

赵盾是当时晋国的执政卿，他看完信后，认为子家讲得有理有据，就安排人与郑国讲和了。

鞌之战：善谋者胜！

在齐、鲁长勺之战中，曹刿对战场的把握十分精准到位，“一鼓作气，再而衰，三而竭”，关键时候鲁军发起进攻，打败了齐军。同样是齐国参与的战争——鞌之战，齐国被追击，仍然大败，并被迫签订屈辱盟约。鞌之战可以印证我国古代的一句名言：谋划决定战局，勇者决定成败。

公元前589年春，齐顷公率领军队进攻鲁国，占领龙地，向南入侵到巢丘。卫穆公派遣孙良夫、石稷等人率兵救援，攻打齐国，结果战败。孙良夫和鲁国的臧宣叔都到晋国请求出兵，两人都找到郤克希望他劝说晋景公，而郤克早就想讨伐齐国。公元前592年，郤克曾到齐国请齐顷公参加会盟，结果在宫廷里被齐顷公母亲耻笑。郤克回国后就多次请求出兵攻打齐国，没被允许，这次终于有了借口。在郤克的要求下，晋景公同意出兵，由郤克率领中军，士燮辅佐上军，栾书率领下军，韩厥做司马，发战车八百乘，前去救援鲁国和卫国。

鲁成公二年（公元前589年）六月，晋、鲁、卫三国联军在莘地追上齐军。在达靡笄山下，齐顷公派人与郤克相约：第二天决战。次日一大早，齐、晋两军在鞌地摆开阵势。齐军这边，邴夏为齐顷公驾车，逢丑父为车右。晋国这里，解张为郤克驾车，郑丘缓作为车右。齐顷公非常轻松地说："等我消灭了晋军再吃早饭！"战马也不披甲，他就乘车冲向晋军。作战中，郤克受了箭伤，鲜血流到鞋子上，仍不停地擂鼓助威，他对解张、郑丘缓二人说："我受伤了！"解张说："从一开始交战，我的手和肘就被箭射穿了，我折断箭杆还在驾车，左边的车轮都染成黑红色了，我都不敢说受伤。您忍着点吧！"郑丘缓说："从一开始交战，遇到险阻，我必定下车推车，您哪里知道？"解张又说："我手中的旗子和战鼓声是军队的耳目，前进后退都要听它的。这辆车子只要有一个人守着，就要举好旗子，擂好鼓，鼓舞士气，怎么能为了一点痛苦而坏大事呢？身披盔甲，手执武器，就要抱定必死的决心。伤不致死，就尽力坚持吧！"于是他左手握着马缰，右手拿着鼓槌击鼓。战马奔驰在疆场，士兵也跟着冲了上去。齐军士气受损，大败而溃，晋军绕着华不注山追了齐军三圈。

韩厥在前一天晚上梦见他父亲对他说："明天不要站在战车左右两侧。"因此韩厥就在中间亲自驾战车，追赶齐顷公。为齐顷公驾车的邴夏说："射那位驾车人，他是君子。"齐顷公说："既然认为他是君子还射他，这不合于礼。"他们便射车左，车左死在车下；射车右，车右死在车中。晋国大夫綦毋张丢失了战车，他搭乘了韩厥的战车。韩厥让他站在身后，他便有了机会弯下身子，扶正车右的尸体。逢丑父的小臂不久前被蛇咬伤，他隐瞒了这件事。逢丑父不能用力，只好做最坏的打算，和齐顷公乘机互换了位置。在他们将要到达华泉时，骖马被树木绊住不能前行了。逢丑父不能用力推车前进，就这样被韩厥追上了。韩厥下车，拿着马缰走到马前，以迎接国君之礼跪下叩头，捧着酒杯，献上玉璧，说："寡君派我们替鲁、卫两国做主，令我们不要让军队进入齐国的土地。我作为一名战士，不得不履行职责，请您跟我走。"逢丑父故意要齐顷公下车取水，让他趁机逃跑。韩厥不认识齐顷公，齐顷公就被救走了。韩厥献上假齐顷公，郤克发现被骗，要杀死逢丑父。逢丑父喊叫："杀死我，从今以后再也没有代替国君受难的人了！"郤克也是性情中人，说："一个人不怕死，为了使国君免于祸患甘愿放弃自己的生命，值得尊敬！杀了这样的人不吉利。"于是就赦免了逢丑父。

齐顷公被救以后，为营救逢丑父，在晋军中三进三出，卫军也不伤害他。于是，齐顷公就一路畅通地从徐关进入齐国。晋军一路追赶，从丘舆进入齐国，一直进攻到马陉。

齐顷公派遣宾媚人把纪甗、玉磬和土地送给晋军，以求和。并安排说："如果他们不同意讲和，就随他们怎么办吧。"宾媚人送去财礼，果然晋国人不同意，一定要让耻笑郤克的萧同叔子成为人质，同时让齐国境内的田垄全部改为东西向。宾媚人回答说："萧同叔子是齐顷公的母亲，如果从对等地位来说，那也就是晋国国君的母亲。您如果在诸侯中发布命令说，一定要让他们的母亲成为人质才能取信于晋国，会怎么样呢？这是要天下诸侯做不孝之事啊。《诗》曰：'孝子不匮，永锡尔类。'如果要用他们的不孝号令诸侯，这恐怕不是道德的准则吧！《诗》还说：'先王定疆界、分地理，因地制宜，以求取土地最有利。'现在您不顾地势是否适宜，只管自己兵车进出便利，却让齐国'田垄全部东西向'，这恐怕不是先王的政令吧！违反先王的遗命就是不合道义，你们又怎么能做天下盟主？'四王'能统一天下，是靠树立德行而满足诸侯的共同愿望实现的；'五伯'能领导诸侯，是靠自己勤劳实现的，使大家服从天子的命令。现在您是要会合诸侯来满足没有止境的欲望，寡君让我告诉您：'您带领贵国军队光临敝邑，我军战败。您若肯赐福齐国，不灭亡我们的国家，让齐、晋两国继续友好，那么先君留下的器物和土地任您挑选。您如果不允许，我们只好收集残兵败将，在城下再与您决最后一战。’”

鲁、卫两国认为，晋国得到齐国的顺服，自己得到失地，已经可以了，他们也劝晋国人同意齐国的条件。七月，晋、齐和谈结盟。纵观春秋史，这一时期的晋国是实力最强的时候，晋国接着又打败了秦国、楚国。但晋国从上到下的道义观严重扭曲，所以，晋景公派人到成周进献战胜齐国的战利品，周定王没有接见。

被鼋索命的郑灵公

春秋是强国的大舞台，弱小的诸侯国只能是出钱出力的龙套角色。春秋中期，夹在楚国和晋国中间的郑国，不得不左右逢源、连年征战，导致国不安宁、民不聊生。后来，楚国在邲之战中打败晋国，称霸中原，郑国只得依附于楚国，两个国家的关系逐渐稳固起来。

有一天，一个在郑国生活的楚国人捉住了一只大鼋，为了求得封赏，就把它献给了郑灵公。郑灵公感觉养着它也没什么意思，就想品尝一下大鼋的味道。可是这么大的一个活物，他吃不了，他便让大臣陪着他吃。于是，他安排人杀掉这只大鼋，通知几个身边的大臣，前来分享盛宴。大臣公子宋和子家接到通知，就去拜见郑灵公。在路上，公子宋感到自己的手指不停地抖动，就对子家说："我的手指一向很灵验，只要一抖动，必定有口福。"子家不信，二人为此下了赌注。

二人进了郑国的王宫，就看到厨师正在杀那只大鼋，二人忍不住大笑起来。郑灵公看到二人兴高采烈的样子，不解地问为了何事。子家便把公子宋手指抖动和打赌的事情告诉了郑灵公，郑灵公若有所思地点了点头。

等到把大鼋煮好，郑灵公就让人把大鼋分给大家品尝。可是郑灵公偏偏不让人分给公子宋，弄得公子宋很没有面子。公子宋非常愤怒，他把手指伸到煮大鼋的鼎里蘸了蘸，尝了一下大鼋的味道便扬长而去。郑灵公也很恼火，下令要杀公子宋，结果被劝住了。

感觉被戏耍了的公子宋，越想越生气，事后便找到子家，说国君昏庸，要另立新君，提出要杀郑灵公。子家认为除掉郑灵公另立新君，新君未必就比郑灵公好，不愿弑君。公子宋便在郑灵公面前诋毁子家，子家害怕了，被迫同意与公子宋同盟，最后合伙杀了郑灵公。

因为一只大鼋，让君臣失去和气，酿成血案，这是只有在春秋乱世才会出现的事。

虎子容不下狼孩

我国古代戏曲中有母老虎哺育婴儿的情节。前些年，关于狼孩的新闻也经常出现在报道中。在人类和自然界的斗争、融合过程中，人和这些凶猛的野兽真的能和谐相处吗？《左传》中就有关于虎子、狼孩的详细著录。

楚国的若敖是楚王室的一支。当初，若敖在郧国娶妻，生了斗伯比。若敖死后，斗伯比跟着他的母亲在郧国生活，结果和郧国国君郧子的女儿有了私情，还生下了儿子子文，郧夫人让人把子文丢在云梦泽里。郧子到云梦泽打猎，看到老虎给婴儿喂奶，吓得逃了回来。夫人把女儿和斗伯比私生子的事情告诉了郧子，郧子让人抱回了子文，并把女儿嫁给了斗伯比。楚国人把奶叫作“穀”，把老虎叫作“於菟”，所以子文又叫作“斗穀於菟”。后来子文做了楚国的令尹。

子文的弟弟司马子良生了个儿子，名叫子越椒。这个孩子生来就有熊虎的形态，豺狼的声音。子文说：“这孩子是一条狼，不能养，杀死他吧！不然我们整个家族都会因他而亡。”子良不同意。子文就一直把子越椒当成灾祸防范，他临死的时候，还召集他的族人说：“子越椒一旦执政，你们就逃走，不要因他遭祸。”子文死后，他的儿子斗般接任令尹，子越椒后来也担任了司马。工正芳贾为了讨好子越椒，在楚王面前诬陷斗般并把他杀了，子越椒接替了令尹，芳贾做了司马。子越椒造反，杀了芳贾，并围攻楚庄王。子越椒用箭射楚庄王，结果两箭都射中了楚庄王的战车，楚庄王的士兵害怕，开始撤退。楚庄王派人大喊：“我们的先王在息国得到三支箭，子越椒偷去两支，已经全射完了。不用怕了！”楚王下令击鼓进军，结果就消灭了若敖氏家族。

子越椒造反时，子文的孙子克黄出使齐国，没有参与。克黄出使回来主动请罪，楚庄王认为子文治理楚国有贡献，就放过了他。斗姓也因此而延续下来。

虎子、狼孩是否为真，争议不断。但《左传》把这段历史写得如此有趣，彰显了我国古代史学的无穷魅力。

多情的不老女神

在《左传》中，夏姬是当之无愧的不老女神。出场时就已经是中年妇女的她，十多年里，她的美貌让多个王公大臣为之倾倒，几个国家为她而发生战争。

夏姬本是郑穆公的女儿，陈国大夫夏御叔的妻子。御叔死后，夏姬不甘寂寞，《左传》记载鲁宣公九年（公元前 600 年），夏姬分别与陈灵公、孔宁、仪行父三人有私情。三人不以为耻，反而都穿着夏姬的里衣，在宫廷上相互取乐、相互交流，完全没有了君臣之礼。大臣泄冶劝谏陈灵公：“这样淫乱朝堂，会败坏社会风气。”陈灵公一边答应改正，一边把这事告诉了孔宁和仪行父，结果孔宁和仪行父杀掉了泄冶。此后的一天，陈灵公、孔宁、仪行父三人又到夏姬家里饮酒作乐。酒酣之时，陈灵公说夏姬的儿子徵舒长得像仪行父。仪行父也不示弱，说徵舒长得像陈灵公。三人轻浮的言语，激怒了夏姬的儿子徵舒。结果，受到侮辱的夏徵舒，在大门外射杀了陈灵公。

楚庄王得知夏姬有风韵，为了得到夏姬，公元前 598 年冬天，他亲率大军讨伐陈国，杀死徵舒，将夏姬带回楚国。楚庄王发现夏姬真的是美得摄人心魄，就想把她纳入后宫。大臣申公巫臣劝楚庄王霸业为重，不要娶夏姬，以免落个好色淫乱的名声。庄王心不甘情不愿地放弃了。楚庄王的弟弟子反得知楚王不纳夏姬了，他就想娶夏姬。申公巫臣说："夏姬克夫，她的丈夫、儿子，还有陈灵公都因她而死，陈国因她而灭亡，这样的女人不能娶。你如果娶她，估计也很难善终。"子反也被申公巫臣吓得改变了主意。后来，楚庄王把夏姬许配给了大臣连尹襄老，结果襄老在邲之战中战死。不久，夏姬又与襄老的儿子黑要有了私情。

早已垂涎夏姬美貌的申公巫臣认为机会来了，他让人告诉夏姬，你回到郑国去，我正大光明地娶你。他又到郑国游说，让夏姬回归自己的母国郑国。夏姬回到郑国后，申公巫臣便聘娶了夏姬。随后，二人逃到了晋国。楚国的子反这时才发现，自己娶不到夏姬，原来都是申公巫臣设的局。愤怒之下，就把申公巫臣的族人都杀了，还瓜分了他的家产。

逃到晋国的申公巫臣咬牙切齿地要报复楚国。于是他向晋国国君提出出使吴国，帮助吴国发展军事，劝说吴国攻打楚国，结果引发了晋、楚、吴、越之间更大的战争。

楚国叛臣借晋兴吴

晋、楚邲之战以后，楚国的势力和影响迅速扩大。公元前 595 年，楚庄王派使者申舟出使齐国，申舟过境宋国而不打招呼，惹怒宋国，宋人就杀了他。楚庄王出兵攻打宋国，大获全胜，宋国被迫求和。楚军得胜回国，左尹子重请求将申邑、吕邑两地赏赐给自己，楚庄王答应了。

大夫申公巫臣说："不行啊。申、吕两地之所以成为城邑，是因为地理位置重要，这里是不能封赐的国家重地。这里可以征发兵赋，抵御他国的入侵。如果把它赏给私人占有，就等于丧失了这两个城邑。这样，北边的晋国和郑国就必然会扩张到汉水一带。”楚庄王认为申公巫臣说的有道理，就不再给子重这两处城邑了。子重因此怨恨巫臣。

当年，夏姬被楚庄王掳到楚国后，子反想娶她，申公巫臣找各种理由阻拦，子反没有成功。不料后来申公巫臣自己反而弃官娶夏姬并逃跑去了晋国，子反因此也痛恨申公巫臣。到楚共王继位后，子重、子反借申公巫臣叛国一事杀了巫臣的族人，并且瓜分了他们的家产。申公巫臣得到消息，就写信给子反、子重两个人，说：“你们太贪婪了，心怀邪恶，靠谗言事奉国君，杀了很多无辜之人，我一定要报复你们，让你们不得安宁，早晚耗死你们。”

申公巫臣请求出使到吴国去，帮助吴国，牵制楚国，晋景公同意了。吴王寿梦非常赏识巫臣的才干，就和晋国建立了友好关系。申公巫臣去吴国时带了三十辆兵车，其中十五辆兵车留给吴国，并教吴国人如何使用，还教他们排兵布战阵，鼓动他们背叛楚国；除了送给吴国射手和御者十五辆兵车，申公巫臣还把自己的儿子狐庸留在那里，让他在吴国做外交使者。吴国因此军力得到大幅度提升，开始进攻楚国、巢国和徐国。这时的楚国不但要抵御吴国的进攻，还要救援巢国和徐国这些国家，子重、子反奉命带兵四处出征。史书记载，子重、子反一年之中七次奉命出兵抵御吴军。以前附属于楚国的“蛮夷”，也都被吴国夺走了。吴国因此开始强大起来，并开始和中原诸国往来。

死在粪坑里的大国国君

一个有志于称霸的大国国君，应该是有着无限风光，一呼百应的人物。然而，翻开《左传》，你会发现，如楚文王、齐桓公、宋闵公，许多强势的大国国君结局并不好，还有一个晋景公，竟然为吃新麦死在了粪坑里。

公元前 600 年，晋成公在扈地组织会盟时去世，他的儿子晋景公继位。晋景公在位期间，晋国曾多次取得对外战争的胜利，国土面积也日益增大。晋景公时期的晋军在柳棼之战和颖北之战先后击败楚军，但在邲之战战败，失去了霸主地位。此后，晋国灭赤狄，平定周王室之乱，又在晋、齐鞌之战中击败齐军。公元前 583 年，晋景公派兵伐蔡、侵楚、攻沈，结束楚国霸业。之后晋景公又诛灭赵氏家族势力。他算得上是一位既有军事才能又有政治智慧的君主。

晋国和楚国激烈争霸，郑国夹在中间，是不折不扣的炮灰。郑国人认为晋国、楚国都不讲仁义道德，决定采取灵活不定的国策，谁来找麻烦就顺从谁。公元前 582 年，郑成公到晋国告知晋国君臣郑国与楚国结盟的原因，晋景公扣留了他，还出动大军进攻郑国。郑国派大臣伯蠲去求和，晋国人又杀了伯蠲。另一方面，晋景公放回楚国俘虏乐人钟仪，让他回国去替晋国求和，最终晋、楚和好。而郑国摆出舍弃郑成公的态度，晋国只好放回了郑成公。

《左传》记载，鲁成公十年（公元前 581 年），晋景公患病。他夜里梦见一个厉鬼，头发披散到地上，捶胸跳跃着对他说："你杀了我的子孙，不讲道义。我要为子孙复仇！"说完厉鬼便毁掉宫门和寝门走了进来。晋景公躲进内室，厉鬼又毁掉内室的门。晋景公惊醒，就召见巫师。巫师占卜说的和晋景公梦见的情况一样，晋景公问这是什么征兆。巫师说："君王怕是吃不到新收的麦子了！"果然晋景公的病从此后越来越重，派人到秦国求医。秦桓公派医缓到晋国给晋景公治疗。医缓还没有到达，晋景公又做一梦，梦见他的病变成两个小孩，一个说："医缓是个好医生，恐怕会伤害我们，往哪儿逃好呢？"另一个说："我们待在肓的上边，膏的下边，他能拿我们怎么样？"医缓给晋景公诊断之后，说："病不能治了。病在肓之上，膏之下，灸不能用，针达不到，药物的力量也起不了作用了。"晋景公馈送给医缓丰厚的礼物便让他回去了。六月六日，晋景公忽然想吃新麦子，就安排人火速献麦，让厨师马上用新麦做好食物。晋景公让人把巫师招来，把做好的新麦食物给他看，然后以欺君之罪杀了他。景公将要食用，突然感到肚子发胀，匆忙就去了厕所，不小心跌进粪坑里，死了。有一个宦官早晨梦见他背着晋景公上了天庭，等到中午，果然是他把晋景公从厕所里背出来的，于是大臣们就决定让他为晋景公殉葬。

晋景公跌落在粪坑里而死，《左传》详细记载了他的梦，旨在说明他在世时杀人太多，遭到了报应！

不拿我当国君，后果很严重！

明朝正统年间，明英宗朱祁镇统兵亲征蒙古，与瓦剌军大战，不料大军战败，英宗被俘，史称“土木堡之变”。兵部尚书于谦等人果断立朱祁钰为新皇帝，誓死抗击瓦剌军，使瓦剌借英宗要挟明廷的阴谋破产，只好将英宗送归明朝。后来明英宗发动夺门之变复位，逮捕了于谦并将其处死。

其实，早在春秋时的郑国，就发生过这样的事情。

公元前 582 年，楚国人送给郑国贵重的礼物，请求和好，郑国自然非常同意。于是，郑成公和楚国公子成在邓地举行了会盟。秋季，郑成公又去晋国去说明情况，晋国人认为郑成公是两面派，就把他囚禁起来，并派大将栾书率兵攻打郑国。郑国大夫伯蠲被派去晋国求和，也被杀了。

大夫公孙申献计：“既然晋国不原谅我们，我们干脆不再派使者去晋国，同时出兵攻打许国，给晋国一个我们要另立国君的假象。我们表现出无所谓的样子，晋国必然会放我们国君回来。”这年冬天，郑国的公子班按照公孙申的计策，出兵攻打许国，并于次年三月，立公子繻为国君。一个月后，郑国人杀了公子繻，又立太子髡顽为君，公子班逃亡到许国。

晋国的大臣栾书说：“郑国人新立了国君，我们抓的就是一个废人，有什么用处？不如进攻郑国，把他们的国君送回去，签订协议，以此求和。”晋国带领诸侯国军队进攻郑国。郑国人害怕了，给晋国送礼，并与晋国结盟，答应了晋国的条件。晋国人送郑成公回国。

郑成公回国后，开始清算那些谋划新立国君的人，杀了公孙申等人。后来，公子班回国也被杀。

《左传》说：“忠诚是人的美德，如果所忠的人不合适也不行，何况他本人就缺乏美德呢？”虽然说的是郑国的国君和他的大臣们，但也给另立新君的大臣们提了一个醒，不拿“我”当国君，这种情况有危险。

龌龊事不能声张！

齐灵公时期，大臣庆克和齐灵公的母亲声孟子有私情。声孟子曾经与鲁国投奔来的叔孙侨如有私情，叔孙侨如就是因为在鲁国和太后穆姜有私情，被赶出来的。所以，叔孙侨如这次害怕再惹麻烦，就逃去了卫国。庆克想背靠声孟子这棵大树，自然不愿意离开声孟子。有一次，庆克穿着女人衣服，蒙上头，和女人一起坐辇进宫。在宫门夹道，还是被大臣鲍牵看到了。鲍牵把这件事报告给了大夫国佐。国佐很刚直，后人选编的《古文观止》里就有《齐国佐不辱命》一文。国佐认为这件事传出去很不好，就把庆克召来训斥了一顿。庆克又怕又羞，躲在家里很久不出门。后来庆克向声孟子告状："鲍牵多嘴，国佐训斥我了，今后我再也不能见你了。"声孟子听后非常生气。

公元前 574 年，国佐作为齐灵公的助手参加会盟，安排高无咎、鲍牵在都城留守。等到会盟结束回国，将要到达都城了，齐灵公看到城门大门关闭，士兵在逐个检查行人。声孟子借此诬陷高无咎、鲍牵，说："高、鲍两人打算不让国君进城，要立公子角为新君，国佐也参与了这件事。"齐灵公发怒，不久便砍了鲍牵的双脚，把高无咎驱逐出国。高无咎逃亡去了莒国，高无咎的儿子高弱率领高氏封地卢地的人发动叛乱。

齐灵公任命崔杼做大夫，派庆克辅佐他，统领大军围攻卢地。当时，国佐正受命率军跟从诸侯攻打郑国，听到此事后，请求回国。随后就到卢地杀了庆克，并占据了谷地。齐灵公无奈，只好与国佐订立盟约，并恢复他的官位。年底，卢地投降。第二年正月，齐灵公安排武士在宫廷杀死了国佐。

《春秋》记载"齐杀其大夫国佐"，《左传》认为这是国佐私自改变与诸侯共同伐郑的君命，专权杀死庆克，据有谷地而叛变的缘故。国佐为何提前回国？他又因何而杀庆克？追溯历史，鲍牵的双脚被砍、国佐被杀，都是因为他们把不能声张的龌龊事给说出来了。

互不信任的隔河结盟

历史上，结盟和好，都是建立在相互信任、双方自愿的基础上的。如果彼此不信任，只是表面文章，注定不会有好结局。

春秋中后期，晋楚争霸，连年战争，中原各个诸侯国都受到牵连，疲于应付。宋国的大夫华元、向戌先后在晋、楚之间奔走游说，促成了晋、楚之间的息兵和平，史称弭兵运动。秦国和晋国是近邻，时常发生战争，也经常为了共同利益而暂时和好，两国可以说是恩怨不断。秦、晋两国曾共同出兵攻打与楚国结好的郑国，结果秦国被策反，私自和郑国结盟，晋国非常愤怒。后来就发生了崤山之战、河曲之战等。为共同对付晋国，秦国和楚国结成了盟友。刚刚继位的晋厉公也希望与秦国和好。《左传》记载鲁成公十一年（公元前580年），秦、晋两国在黄河岸边举行了一次别开生面的隔河结盟。预定的结盟地在晋国的令狐，晋厉公先到达等候。秦桓公住在秦地王城，不肯渡过黄河前往，派遣大夫史颗和晋厉公在河东会盟。晋厉公则派遣大夫郤犨过河和秦桓公结盟。晋国大夫范文子说："这样的结盟有什么用？斋戒盟誓本来是表示信用的，约定会见地点是信用的开始。从一开始就不讲信用，还会有诚意吗？"果真，秦桓公回去后就背弃了盟约，联络狄人和楚国一起攻打晋国，结果引发了秦晋麻隧之战。晋国率领诸侯联军打败了秦军。

晋厉公收权

晋厉公在位时间不长，但对晋国影响很大。他即位后不久，晋、楚就达成了和议，在麻隧大败秦军，后来又在鄢陵之战大败楚军。

晋厉公很有个性，会享受，身边自然就有很多投机钻营的人。当时，栾氏、郤氏、范氏、中行氏都是六卿之一。鄢陵之战后，卿大夫范文子就认为晋厉公“骄侈而克敌，是天益其疾也”。他诅咒自己早点死去，以免殃及家人。此时的晋厉公志得意满，想要换掉所有不合意的大臣，而立他左右宠信的人，也就是要权力回收。

各种迹象表明，郤氏将成为第一个被收权的大家族。胥克患蛊疾被郤缺罢免，其子胥童因此怨恨郤缺。胥童为厉公宠臣。郤锜夺走了夷阳五的土地，夷阳五也为厉公所宠信。郤犨和长鱼矫争夺田地，他把长鱼矫囚禁起来，并把他的父母妻小绑在一根车辕上示众，长鱼矫不久也受到厉公的宠信。在鄢陵之战中，郤至不听从栾书的指挥，抢功，栾书由此怨恨郤至，想要除掉他。栾书直接面见楚国的公子茷，让他告诉晋厉公：“这次交战，是郤至招引我们来的。他说东边的诸侯军队没有到达，晋军统帅没有完全出动，这一战晋国必败。晋军败，他就拥立孙周，往后听从楚王的命令。”这是要孙周取代自己啊！晋厉公很生气，就向栾书求证公子茷所说话的真假。栾书说：“应该是真的。否则的话，郤至会不顾生死而接见敌方的使者吗？君王何不派他出使周王室而考察他呢？”郤至受命到周王室聘问，栾书让孙周与他会面。晋厉公派人窥探，证实了二人会面的事。晋厉公有次与大臣一起去打猎，他和女人一起先射猎，然后喝酒，再让大夫射猎。郤至奉上野猪，宦官孟张抢了他的野猪，郤至直接射死了孟张。厉公说：“郤至欺负我！”

晋厉公发动群臣讨伐郤至，胥童说：“郤氏家族大，招致的怨恨多。铲除郤氏一族，国君不再受逼迫，而且讨伐大家都怨恨的人容易成功。一定要杀死郤氏三人。”晋厉公同意了。郤氏一族听到了消息，郤锜想要抢先攻打晋厉公。郤至不同意，他说：“一个人在朝中想要立得住，全靠信用、明智和勇敢。讲信用就不能背叛国君，明智就不能残害百姓，勇敢则不能发动叛乱。失去这三样，还有谁和我们结交？国君要杀臣下，你能把国君怎么样？我们领受俸禄，才能蓄养家兵。靠自家的家兵而和国君相争，能不失败吗？”

晋厉公安排长鱼矫和清沸魋故意在郤锜、郤犨和郤至面前装成打架的样子，引三人去调停，他们趁机杀死了郤锜、郤犨和郤至，并把他们的尸体摆放在朝堂上。胥童、夷阳五率领甲士，劫持了栾书、中行偃（荀偃）。长鱼矫说："不杀这两个人，国君必然会大祸临头。"晋厉公说："一天之中已杀了三位卿士，我不忍心再开杀戒了。"晋厉公竟下令释放了栾书和中行偃。

晋厉公收权半途而废，贻误除恶必尽的良机，结果引来了杀身之祸。明白了晋厉公意图的栾书、中行偃，找机会抓住并杀死了晋厉公。《左传》记载，晋厉公下葬时仅用了一辆车子。

《吕相绝秦》的前因后果

千古奇文《吕相绝秦》是晋国大夫吕相受晋厉公之命到秦国宣布与秦国绝交的文书，其中历数了秦穆公、秦康公、秦桓公三代君主屡次背盟、挑起战争的罪状，非常郑重地提出与秦国绝交的诉求。

秦、晋两国的恩怨，错综复杂，既有"秦晋之好"，又有兵戎相见。公元前 580 年，秦晋两国在令狐结盟却互不信任。随后秦军背弃盟约，与楚国、白狄一起攻打晋国。公元前 578 年，晋国派吕相到秦国断交。吕相确确实实是位雄辩者，他站在道德高地，极尽褒贬之能，把晋国粉饰成道德模范，将秦国说成反复无常的"小人"。吕相虽然强词夺理、颠倒黑白、无中生有，但这一纸檄文，字字铿锵，言辞犀利，结构严谨，条理清晰，堪称后代檄文之祖。

吕相的文辞非常讲究条理，他先象征性地对秦国之于晋国的帮助表示感谢，然后述说晋国对于秦国之德，怒斥秦国之不义。

他讲，晋献公时期，秦晋两国一直友好，并以婚姻加强关系。后来晋国发生内乱，秦穆公帮助晋惠公即位，却没能持续友好下去，发动了韩原之战。战后秦穆公后悔，又帮晋文公即位。这些就是秦国之于晋国的帮助。此后，晋文公亲自征讨东方诸国，让虞、夏、商、周的后代都到秦国朝见，已经报答了秦国的恩德。

他接着讲，郑国侵扰秦国的边疆，晋文公率诸侯和秦国一起去攻打郑国，秦国竟然擅自同郑国订立盟约。诸侯对秦国的做法十分气愤，文公说服了诸侯，他们才没有攻打秦国军队，这就是晋国对秦国的恩德。晋文公去世，秦穆公不怀好意，蔑视晋国新君，不来吊唁，攻打晋国的城池，离间晋国与盟邦国家的关系，企图颠覆晋国政权。晋国为了捍卫主权，发动了崤之战。晋国希望向穆公解释，穆公不同意，却勾结楚国来攻打晋国，但阴谋没有得逞。秦康公是晋文公的外甥。秦康公干涉晋国内政，让在秦国做人质的公子雍回国争位，引发了令狐之战。后来秦国又入侵河曲，攻打涑川，又有了河曲之战。秦晋断绝友好关系，责任全在秦国。

吕相还说，晋景公即位后，希望同秦国结盟，秦国却乘狄人侵袭晋国之机，入侵晋国，才发生了辅氏之战。秦桓公也后悔两国战争蔓延，向献公和穆公之灵祈求保佑，派遣伯车来对我们景公说要抛弃怨恨、同修旧好，两国便有了令狐之盟。白狄是晋国的姻亲之国，秦国要攻打白狄，让晋国出兵，后来又改变主意对狄人表示友好，还对狄人说晋国将要攻打狄人。狄人表面上应付秦国，心里却憎恨这样的做法，因此就将此事告诉了晋国。楚国人同样憎恨秦国的反复无常，也告诉晋国秦国背叛了令狐的盟约向楚国结盟一事，并把这事公之于众。现在各个国家都知道秦国出尔反尔，因此都感到失望。现在晋厉公率诸侯大军前来，目的是谋求友好。如果秦国不改正错误，晋国只好开战，希望秦国权衡利弊。

其实，吕相的说辞很多都与史实有出入。如韩原之战，是因为晋惠公忘恩负义而发生的一次大战，晋国战败，晋惠公被俘，秦穆公念及两国友好，主动放回了晋惠公。吕相却说这是秦国发动的战争，战后秦穆公后悔，又帮助晋文公即位，其实并不存在秦穆公后悔一说。吕相说的晋文公亲自征讨东方诸国，让虞、夏、商、周的后代都来秦国朝见，历史资料上没有记载。

关于郑国侵扰秦国的边疆，晋文公率诸侯攻打郑国，秦国擅自同郑国结盟一事，历史事实是郑国人曾对逃亡的重耳（即后来的晋文公）无礼，之后晋文公联合秦国攻打郑国。郑国派烛之武游说秦穆公，秦国撤军。晋国因此恼恨秦国。吕相抓住秦国私自撤军这件事，编造事实，大书特书。崤之战是晋军设伏袭击秦军的一次重大战役，秦军损失惨重，引发后来两国连续不断的战争。吕相反说是秦穆公不怀好意，蔑视晋国国君，断绝两国之好，才发生的崤之战。

吕相说秦康公干涉晋国内政，让公子雍回国争位，引发了令狐之战。《左传》记载，让公子雍回国即位，是晋国大臣赵盾的主张，并且也是赵盾派人到秦国去迎接公子雍。后来晋国反悔，拒绝公子雍入境，还出兵在令狐打败了秦军，秦军为报仇才有了河曲之战。当时，在宋国华元的撮合下，晋、楚两个争霸多年的大国坐下来和谈。作为楚国的友邦，秦国与晋国也开始和解，两国国君都不愿渡河到对面去和谈，和谈变成了一个形式。所以，才有了秦军背弃盟约，与楚国、白狄一起攻打晋国的事情。

当年五月初，晋国率领诸侯大军在麻隧和秦军大战，秦军大败。两年后，晋楚便爆发了著名的鄢陵之战。

被孔子称为“古之遗直”的晋国大臣叔向有句名言：“辞之不可以已也如是夫！”用今天的话来讲就是：外交辞令是真的重要啊，不能忽视它的作用。

子臧让国，高尚者的选择

春秋时期，是中国历史上文化最为繁盛，也是战争、会盟以及各个诸侯国内部争权夺位较为频繁的时期。所以，司马迁在《史记·太史公自序》中写道：“《春秋》之中，弑君三十六，亡国五十二，诸侯奔走不得保其社稷者不可胜数。”郑庄公之后，齐桓公称霸；齐桓公辞世后，宋襄公没能完成自己的宏愿；晋文公励精图治，成为新的一代霸主。但当时西方的秦国和南方的楚国对晋国并不认可，晋国为了得到各个诸侯国的支持，发动了一系列征讨战争。

公元前 578 年，晋厉公率领中原各诸侯国军队，攻打秦国，在麻隧与秦军爆发了一场大规模的战争，大败秦军。带领曹国军队出征的曹宣公死于这次交战。

曹宣公死后，曹国大臣们让曹宣公的儿子公子臧前去迎接宣公的灵柩，让公子负刍留守国内。当年秋天，觊觎君位已久的负刍杀死太子（即继位的曹君），自立为国君，就是后来的曹成公。负刍的弑君行为，引起各诸侯国君和曹国人的愤怒。他们都认为负刍大逆不道，请求晋厉公出兵讨伐负刍。晋厉公就安抚他们说：等一等，让他安葬好曹宣公，看他的悔过表现吧。当年冬天，曹国安葬好曹宣公以后，公子臧为避开事端，准备逃亡国外，曹国的百姓知道后都希望跟随他一起逃亡，抛弃曹国。曹成公害怕了，他追上公子臧，诚恳地向他承认错误，请求他不要出走。为了国家的安定，公子臧不得不返回，并把自己的封邑送给了曹成公。

公元前 576 年春天，晋厉公召集鲁、卫、齐、郑、宋、郲、曹等八个诸侯国在戚地举行会盟大会，在盟会上抓捕了曹成公，把他送到了京城等候处理。各诸侯国一致要求公子臧去京城朝见周天子，接受周天子册封，希望他被立为曹国国君。公子臧不愿意过问曹国事务，推辞说："圣人能上能下，进退自如，坚守节操，这叫'圣达节'；其次是消极对待，保守节操，这叫'次守节'；最下等的是图名求利，失去节操，这叫'下失节'。做一国国君，失去自我，不符合我的人格。我虽然成不了圣人，但也不想失去节操。"公子臧坚持不做曹国国君，逃到宋国隐居去了。

曹成公被抓走后，曹国国内就没有了国君。群龙无首，国家陷入混乱。公子臧远走他乡，大臣们被迫请求晋厉公放回曹成公。晋厉公答应了，让人找来公子臧，对他说："曹国是你的家，曹国的百姓都需要你安抚。你回曹国去，我就把曹国国君送回。否则的话，曹国将亡。"公子臧于是回到了曹国，曹成公这才重新坐上了国君的位子。公子臧把自己的封地和卿位全部还给了曹成公，从此归隐不再过问国家大事。

道德高尚之人历来受人尊敬。但有高尚的品格，未必就一定要执掌权力。

射中了月亮他却掉落到泥坑里

公元前 597 年，楚国在邲之战复仇，打败了晋军。《左传》记载鲁成公十六年（公元前 575 年），楚共王以割让汝水以南田地的代价向郑国求和。结果郑国背叛晋国，与楚国结盟。郑国随后与晋国的盟国宋国、卫国发生战争，晋国遂出兵攻打郑国，楚共王又发兵救援郑国。楚国大臣申叔时认为，楚国国内不安定，外部没有友好的国家，楚王说话不讲信用，违反时令发动战争，楚军会失败。

晋军渡过黄河，直逼郑国，楚军也进入郑国。晋、楚两国军队在鄢陵相遇。

鄢陵之战即将开始，晋厉公和楚共王双方瞭望布阵。晋厉公让史官占筮，得到《复》卦。《左传》给出的断辞是“南国蹙，射其元王中厥目”，意思是晋国会打败楚国，并将射中楚王的眼睛。现行《周易》卦爻辞没有这句话，来源不可考。以现行本《周易》来看，《复》卦第六爻爻辞为“上六，迷复，凶，有灾眚。用行师，终有大败；以其国君凶。至于十年不克征”。这符合晋国史官的说法。所占筮卦象应该是《复》卦，第六爻为动爻，成为《颐》卦。《颐》卦上九爻爻辞为：“由颐，厉，吉。利涉大川。”意思是比较适宜于渡河而前行。

在双方开战的前一天，晋国大将吕锜梦见自己用弓箭射中了月亮，自己却掉进了泥坑里。等到作战时，吕锜果真射中了楚共王的眼睛。楚王召来大将养由基，给他两支箭，让他射杀吕锜，吕锜被射死。

鄢陵之战楚军大败，此后，以晋国为首的诸侯联盟不断进攻郑国。公元前 571 年，郑成公生病，有大臣建议脱离楚国投靠晋国。郑成公说：“楚王因为郑国被箭射中眼睛，如果背弃楚国，就失去信义了。”此后，郑国与楚国保持了多年的友好关系。

“桃花运”有风险

鲁国的鲁庄公是鲁桓公的儿子，他传位于儿子般，优待他的三个弟弟及其后代，后来就形成了三大势力，俗称孟孙氏、叔孙氏和季孙氏。三家长期把持鲁国的朝政，有“三桓”之称。叔孙侨如主持国家大事的时候，野心膨胀，妄想削弱其他两家的势力，独揽大权，结果引发了国内内乱。

叔孙侨如有计谋和魅力，很讨女人的欢心，鲁宣公夫人（即鲁成公的母亲）穆姜就曾是他的情人。叔孙侨如想要除掉一起执政的季文子、孟献子两人，独揽大权，于是便说服穆姜，让她给鲁成公施加压力。鲁成公十六年（公元前 575 年），晋、楚鄢陵之战，晋国要鲁成公带兵一起前去与楚军作战。晋国是北方霸主，鲁国是其盟国，得罪不起。鲁成公将要出行，向穆姜告别，穆姜竟然要鲁成公立即驱逐季文子、孟献子两人。用兵是国之大事，鲁成公劝她等等再说。穆姜不退让，她竟然威胁鲁成公:“你若不同意，你走之后，你的弟弟公子偃、公子钼说不定就取代你了！”鲁成公很担心政变，马上布置防护宫室、加强戒备，确保万无一失之后才率军队出行，结果鄢陵之战未能按时到达指定地点。叔孙侨如借此又向晋厉公告状，说鲁成公不愿意出征，所以故意迟缓出行以观察战况。结果鲁君得罪了晋国。当年七月，鲁成公将和诸侯一起进攻郑国，穆姜又像以前一样威胁鲁成公，鲁成公又在宫中设了防备以后才出行。叔孙侨如还散布谣言，欲让晋人杀季文子、孟献子两人，晋国了解了他们的情况，其阴谋没有得逞。

这年冬季，鲁国人驱逐叔孙侨如。侨如逃亡去了齐国。

齐灵公的母亲声孟子，与大臣庆克有私情，后来庆克被杀，她又喜欢上了叔孙侨如，和他有了私情，答应让侨如位居上卿。齐灵公是个昏聩的国君，侨如害怕引火上身，便丢弃声孟子逃亡去了卫国。可见，“桃花运”未必会带来快乐，即使在古代，也是有生命危险的。

不仁不义的施孝叔

鲁宣公的哥哥叔肸没有行聘礼便娶回了妻子，生下了儿子公孙婴齐。鲁宣公夫人穆姜看不起公孙婴齐母子，不认她做妯娌，说：“我不能认一个妾做嫂子。”公孙婴齐出生之后，她便被赶出了家门。后来，她又嫁给了齐国的大臣管于奚，生下一男一女两个孩子。管于奚死后，她又守寡了。公孙婴齐做了鲁国卿大夫，把她和后来生的两个孩子一起接到了鲁国。公孙婴齐让异父弟弟做了鲁国大夫，把后来的异父妹妹（管于奚的女儿）嫁给了鲁国大夫施孝叔，后来才发现施孝叔这个人品行不怎么样！

晋国的大臣郤犨到鲁国访问，请公孙婴齐帮忙找个妻子，公孙婴齐就把这个异父妹妹又许配给了郤犨。公孙婴齐的异父妹妹不敢抗命，就对施孝叔说：“鸟兽都不愿失去配偶，你舍得让别人把我娶走吗？”施孝叔说：“我不愿意因你而被你哥哥处死或者逃亡在外！”听到这种话，公孙婴齐的异父妹妹非常伤心，心有怨恨地跟着郤犨去了晋国，后来和郤犨生了两个孩子。

公元前 574 年（鲁成公十七年），郤犨家族被灭，晋国人又把公孙婴齐的异父妹妹送回鲁国，再次成为施孝叔的夫人。施孝叔在黄河岸边迎接她，正当她心怀感激之时，施孝叔却把她的两个孩子当场投入了黄河，给淹死了。公孙婴齐的异父妹妹气愤地说：“你既不能保护自己的妻子，又不能保护别人的孤儿，你残忍地将他们杀死，你会遭报应的！”她发誓不会再做施孝叔的妻子。

看来，施孝叔确实不仁不义，当初公孙婴齐拆散妹妹跟施孝叔是正确的。

表面的爱其实是慢性毒药？

俗话说结盟和好的未必同心，看似有隔阂矛盾的未必真的成仇。鲁国桓公的后代分割政权，“三桓”势力相互勾连又互相排挤。平日里，他们既要处理与其他诸侯国的关系，又要处理与家臣的关系，这种家族关系充分体现了古代上层贵族之间的利益和矛盾，是那一时期各个诸侯国内外关系的写照。

季武子是鲁襄公时期的执政正卿，他没有嫡子，儿子公弥更为年长，但季武子更喜欢小儿子悼子，想立悼子为继承人。可是，这与古代“以嫡以长不以贤”的原则不符。于是他就征求家臣申丰的意见：“公弥和悼子都是我的儿子，我想选择有才能的立为继承人，可否？”申丰听后没表态，急忙退出。他知道季武子打算要废长立幼了，于是回到家就做好了带领全家离开的准备。过了几天，季武子又问申丰这个问题。申丰回答：“您要这么做，必定会引发家族内乱，我只好离开您了。”季武子就不再问他了。

季武子又去问臧纥。臧纥是鲁国的司寇，他也是以小儿子的身份继承臧氏家业。臧纥说：“您只需招待一场酒席，我就把您的事情办好。”季武子于是摆酒宴，招待鲁国大夫们喝酒，把臧纥敬为上宾。臧纥安排在北面铺上两层席子，换上洗净的新酒杯，让悼子进来敬酒。臧纥还走下台阶迎接悼子，大夫们都跟着站起来，以示接纳。等到宴席快要结束了，才让公弥进来，让他和客人按年龄大小排列座位。

公弥丢掉了继承权，心中窝火，很不痛快。季武子让他担任马正，他不愿意。有人劝公弥说：“您千万不要这样。俗话说祸福无门，事情的结局在于自己的努力。您只管孝敬父亲，不要考虑地位，到时候富贵自然会来。”公弥认为此话有理，就开始对父亲言听计从，并认真仔细地做事。季武子很高兴，就让他做了鲁公的左宰。

季武子信任臧纥，但鲁国的另一个大夫孟庄子却讨厌他。孟庄子立孺子秩为继承人，他的车马官丰点想拉拢其小儿子羯，多次对羯说：“只要按照我说的去做，我就一定让你成为孟氏家族的继承人。”羯顺从了他。孟庄子生病了，丰点对公弥说：“臧纥让您丢掉了继承人的位子，如果您要报复臧纥，就废孺子秩而立羯为孟氏接班人。”

不久，孟庄子去世，公弥抢先强行立羯为继承人。孺子秩逃亡去了邾国。

臧纥前去吊唁，哭得很伤心。他的手下问：“孟庄子不喜欢您，您还如此伤心。季武子如此喜欢您，他如果死了，您怎么办？”臧纥说：“季武子喜欢我，在表面，是给我的慢性毒药。孟庄子不喜欢我，也在表面，是给我治病的良药。表面的好处，往往使人在不知不觉中失去提防；不留情面直接面对，才能使人保持警惕。孟庄子死了，我也不会安宁了。”

果然，孟家人不发丧，告诉季武子说臧氏阻止孟庄子安葬。臧纥听到后开始戒备，季武子也不相信。孟家又请臧氏出人帮忙挖掘墓道，臧纥派人前去干活并亲自前往查看。孟氏又告诉季武子说臧纥要造反，季武子于是下令进攻臧氏。臧纥砍断城门门栓逃亡到了邾国。后来，季武子还召集国内士大夫结盟，以“干国之计，犯门斩关”的罪名讨伐臧纥。臧纥由此在鲁国失去了立足之地。

《左传》中虽然没有讲羯掌管孟氏后为什么要诬陷臧纥造反，让季武子攻打他，但根据事情的发展走势，可以知晓公弥和丰点必定在中间发挥了至关重要的作用。

你让我抓盗贼？休想！

鲁国和邾国是邻邦，鲁国强盛，邾国弱小。鲁国把邾国当成附庸国对待，邾国不服气，两国经常发生战争。鲁襄公时期，邾国的大臣庶其背叛国家，带领着漆地和闾丘两个地方的官员一起投奔鲁国。鲁国的权臣季武子把他们当作英雄对待，并做媒把鲁襄公的姑姑嫁给庶其做妻子，分封给他土地，还对跟随他归顺鲁国的人各有赏赐。

当时，鲁国的政权基本上已被季、叔、孟几家大夫给分割了，他们各自扩充实力，搜刮财富，致使鲁国的盗贼很多，官民都没有安全感。季武子问司寇臧武仲：“盗贼这么猖獗，你怎么不治理呢？”臧武仲说：“盗贼太多，不好对付！”季武子说：“你作为司寇不去治理，怎么知道对付不了呢？”臧武仲说：

“你作为正卿，庶其从邾国偷来两座城邑，你不但接受了赃物，还给他奖赏。对于国内的盗贼，却要我去打击。都是盗贼，有的奖赏，有的打击，这样的标准，你让我怎么能做得到呢！”季武子被说得哑口无言。

《庄子》云：“窃钩者诛，窃国者为诸侯。”说的就是这个道理。

知错能改的君王

公元前 570 年，楚国的子辛为令尹，他要使用武力征服周边的小诸侯国，以显示和巩固楚国的大国地位。陈国国君陈成公派大臣袁侨到晋国，请求与晋国建立同盟关系。晋悼公同意秋季在鸡泽会盟，与陈国缔结友好关系。

在这次会盟前，晋悼公的弟弟扬干在鸡泽附近的曲梁，占据道路，扰乱前往参加会盟的诸侯军队行进。晋国司马魏绛杀了扬干的驾车人。古代刑不上大夫，魏绛以此来表示对扬干的惩罚。晋悼公听说后，非常恼火，他对中军尉羊舌赤说：“我兴师动众会合诸侯，是以此来彰显国力、威慑诸侯的。不料却因扬干的事在此受辱！一定要杀掉魏绛。”羊舌赤认为魏绛忠心耿耿，他这样做一定是有道理的，他劝晋悼公三思。

魏绛知道得罪了晋悼公，他要自杀以谢罪，被人拦住。魏绛写了遗书，请求赐死。晋悼公得到了魏绛的遗书，遗书说：“感恩大王让我担任司马的职务。大王会盟诸侯，我岂敢不执行军纪军法？军队以服从命令为武，军中之事以宁死不犯军纪为敬。在诸侯国面前，大王的军队不武，办事的人不敬，让人耻笑，没有比这再大的罪过了。我害怕损坏大王的名声，及时惩处了扬干的车夫。我没能够事先做好预案，以致出现了纰漏，连累了扬干，杀了他的车夫，激怒了大王，请求赐我一死。”晋悼公明白了魏绛的良苦用心，急忙光着脚从朝堂走出来，对魏绛说：“我出于对兄弟的亲情，护短于扬干，误解了您。您按军纪军法杀了杨干的车夫，没有错。我知道是我的过错了。”于是晋公设宴招待魏绛，提升他为新军副帅。

晋悼公及时觉醒，让人们看到了正义，由此晋国风清气顺，不久又赢得了霸主之位。

墙头草的无奈

在宋国的斡旋下，公元前 579 年，晋、楚两个争霸多年的国家同意和平息兵，中原各国实现了第一次弭兵。但好景不长，大家发现，楚、晋两国都不想失去具有特权的霸主地位，不久，晋国便与楚国的盟国秦国发生了麻隧之战，秦国大败。之后，楚军也开始北侵进攻郑国，并恩威兼施用土地贿赂郑国，原本属于晋国阵营的郑国与楚国结盟。郑国随后攻打宋国、卫国，忍无可忍的晋国出兵，讨伐郑国，楚共王发兵救郑，晋、楚双方最终发生了历史上非常有名的鄢陵大战。战争伊始，双方势均力敌，然而在夜间休息时，楚军中军主帅子反竟然喝醉了酒，无法指挥军事行动。楚共王只好连夜遁逃，还被晋军射中了眼睛，楚军大败。公元前 574 年，晋、鲁、宋、齐、曹等国再次出兵讨伐郑国，楚国又出兵救援，联军撤回。随后，晋、鲁等国联军再次进攻郑国。郑国成了晋、楚两个势力争夺的焦点。

郑国投靠晋、楚哪一方都不安全！公元前 571 年，郑成公病重，郑国正卿子驷请求与晋国结盟，减轻军事压力。郑成公认为楚共王为了救援郑国，眼睛都被晋军的暗箭射伤了，如果背弃楚王，背弃楚国，违背自己的誓言，将来就不会再有国家与郑国亲近。所以，他不同意弃楚投晋。郑成公去世后，晋军又侵略郑国，郑国的大夫们都主张投靠晋国，子驷按照郑成公生前的遗愿没有同意。晋国及各国联军在郑国边境虎牢筑起一座城，意思是要在此长期驻军，以此高压逼迫郑国。郑国人承受不了，只好与晋国讲和。

公元前 565 年，郑军入侵蔡国，楚国救蔡而出兵伐郑。郑国内部在投靠晋还是投靠楚的问题上发生分歧。子驷等人要顺从楚国，子驷说：“目前大敌当前，万分危急，我们姑且投降楚国，以缓解国家的灾难。晋国军队到来时，我们再顺从他们。以牺牲财物换得强敌不残害百姓，使百姓免于疲惫作战，恭敬地备好财礼迎接强国，才是小国的生存之道。”子展等人想与楚国耗着，等待晋国救援。他们认为：“小国更需要信用，没有了信用，战争随时都会降临，亡国也就不远了。郑国与晋国已五次订立盟约，不能背弃！郑国需要坚守信用，耐心等待晋军救援。”子驷坚持己见，并愿意为此承担责任，其他人不敢再反对。这样，郑国就又和楚国讲和。子驷同时派王子伯骈向晋国报告：“我们奉命讨伐蔡国，招致楚国军队前来进攻，我们国家将要灭亡，人人忧愁悲痛，只好接受楚国的盟约。”晋国对此非常生气。

次年，晋国带领诸侯联军进攻郑国，一直打到郑国都城。郑国人害怕，派人求和。晋国不愿就此与郑国讲和，想借机击败前来救援的楚军。不料各诸侯国军队都不想再打仗，于是就在戏地结盟，郑国顺服。

晋国与郑国结盟后，楚共王也借口郑国和晋国结盟进攻郑国。于是郑国就又和楚国讲和。公元前 562 年，晋国联军再次攻打郑国，楚国为挽留盟国而救援郑国。

郑国感到了生存危机：靠一方不行，中立也不行。晋强楚弱，不顺从晋国，国家将会灭亡。楚军攻郑，晋军如出兵相救，楚军就退，但晋国往往不急于出兵救援。郑国大夫们希望晋军能够为郑国而打败楚军，郑国才能坚决依附晋国。子展说：“我们干脆向宋国发起挑衅，寻机进攻宋国，诸侯必然来救宋国而兴师于郑国，我们就借机与他们结盟。楚军来攻打我们，我们再跟楚国结盟，这样晋国就被激怒。晋国如果能不断地出兵前来，楚国终将会抵挡不住，我们与晋国的结盟才能牢固。”大夫们都赞同这个计划。

之后，郑国授意边境的官吏向宋国挑衅。宋国人上当入侵郑国，郑国因此出兵攻打宋国。晋悼公率诸侯联军进攻郑国，郑国人畏惧，就向诸侯求和。楚国请求秦国一同出兵，由楚共王率领一起进攻郑国。郑简公前去迎接表示顺服。之后诸侯再次出动大军进攻郑国，郑国派人到楚国，告诉他们说如果楚军不能保护郑国，郑国准备与晋国和好。楚国人十分愤怒，还囚禁了使者。

郑国于是向晋国送上厚重的大礼，与晋国结盟。

两败俱伤

子驷是郑国郑穆公之子，他执政期间采取对晋、楚不抵抗的依附政策，引起郑僖公的不满。子驷竟派人杀死了郑僖公，立郑僖公年幼的儿子为君。他把持郑国大权，又引起其他大臣的不满，他们欲联合发动政变，子驷先下手为强，疯狂屠杀，才稳定了政局。

公元前 563 年，郑国与前来进攻的楚国结盟，晋国随后率诸侯大军攻打郑国，军队驻扎在牛首。子驷不想与诸侯联军开战，和主战的大夫尉止发生了争执。在出兵抵御诸侯军队的时候，子驷削减了尉止的作战兵车。尉止俘虏了敌人，子驷又和他争功，还说尉止用的战车太多，不合礼制。当初，子驷以疏通田里的水沟为借口，毁坏了司氏、堵氏、侯氏、子师氏的土地。尉止与司氏、堵氏、侯氏、子师氏五个宗族都对子驷不满，他们便召集了其他被子驷欺压的族党，发动政变。他们在朝廷上杀死了子驷、子国等执政卿，劫持郑简公到了北宫。

子驷的儿子子西听说朝廷上发动了叛乱，只身一人到朝廷上收殓他父亲的尸体。此时叛军已进入北宫，子西回去召集甲兵，家臣和妾婢多数已经逃走，家中器物也已大多丢失。子产听说了五宗族政变的消息，安排好防守后，带着兵车到朝堂上，收殓了他父亲的尸体后指挥士兵攻打北宫。他们杀了发起政变的尉止、子师仆等人，堵女父、尉翩、司齐等人逃亡去了宋国。

后来郑国用一百六十匹马和乐师师茷、师慧贿赂宋国，又派公孙黑到宋国当人质，请宋国把堵女父、尉翩、司齐交还郑国。郑国将这三人施以醢刑。

可见利益之争是非常残酷的，一旦矛盾爆发，结果往往是“你死我活”。

黄河岸边逼天子

“尊王”是春秋霸主的一项使命。周天子和周王室出现问题，霸主必须履行职责，帮助处理。其实，这也是一种特权。

公元前568年，周灵王派遣卿士王叔陈生向晋国控告戎人侵凌周王室，晋国人却把王叔陈生抓了起来，派人告诉天子王叔陈生暗中勾结戎人。此后，晋人又把王叔陈生送回，用单靖公取代了他的卿士。公元前563年，王叔陈生和伯舆争权，周天子倾向于伯舆，王叔陈生一怒之下出走了。周天子派人去追，在黄河岸边追上了他，请他回去，并告诉他已经杀了他讨厌的小吏史狡。王叔陈生认为天子没有明确肯定自己，还是不肯回京城，就住在黄河边上，以此来要挟周天子。

晋悼公得到消息，派士匄前去调解王室的争端。王叔陈生和伯舆相互指控对方。士匄让王叔的家臣和伯舆的大夫瑕禽作为代理人，到周天子的朝堂上辩论。王叔的家臣说：“伯舆目无尊长，他是下贱的人，有什么资格敢欺负比他高贵的人。”瑕禽说：“从前平王东迁，伯舆的祖先跟随周天子，天子信赖他，并宰杀红牛盟誓，要他的子孙世世代代承袭卿职。如果伯舆是下贱之人，天子怎么能信赖他呢？自从王叔把持周室政权以来，风气败坏，贿赂成风，把执法大权交给他的宠臣。这样，本分的大臣能不低下吗？如果地位低下的人不能申诉辩白，那还有公正可言吗？”

后来王叔和伯舆相互对证。士匄说晋国国君十分忠诚于周天子，听命于周天子。王叔陈生拿不出任何理由和证据，便携带财物逃亡去了晋国。

我不吃这一套！

晋国和楚国争霸，中间的小诸侯国被迫要以实际行动站队。鄢陵之战之后，各国的负担明显增加，出现了无法承受的局面。宋国一直是晋国坚定的拥护者，宋国的卿士向戌想促成晋、楚和好，晋国也想维系住与向戌的关系，以此来加深与宋国的友好关系。

公元前 563 年，晋国的大夫荀偃、士匄请求进攻偪阳，提出要把它作为向戌的封邑。荀罃说："偪阳城小而坚固，攻下来算不上什么功劳，攻不下反被人讥笑。"荀偃等人坚决要求攻打偪阳。荀罃不想与荀偃等人闹矛盾，便召集诸侯联军，围攻偪阳。大军攻城却久攻不下，这时鲁国孟氏家臣拉来了战车助阵。偪阳人发现了，主动打开了城门。诸侯的军队乘机进入城内。不料这是守军用的一计，联军士兵刚进去一部分，城内的守军就开始放下闸门，要把入城的联军士兵关在城内。鲁国郰邑大夫叔梁纥双手托住闸门，才把进入城里的将士放出来。诸侯的军队在偪阳围了很久的城，对攻城也不积极了。

荀偃、士匄请示荀罃，说："快进入雨季了，时间久了恐怕就不能回去了，请您下令退兵吧。"荀罃非常生气，把弩机朝他们扔过去，弩机从两个人中间飞过，险些伤到二人。荀罃说："你们把攻城和封地这两件事情商量好了再告诉我。我害怕意见不一而伤了友情，扰乱了军令，所以没有反对你们。你们既已说服了国君发动了诸侯的军队，又让我领军到了这里，就应该全力以赴完成任务。现在你们既攻不下城，又想把责任归咎于我，说是我下令退兵的，不然就把城攻下来了。我已经老了，不能再承担这样的罪责。限七天时间，必须攻下偪阳来，不然就取你们的脑袋来见！"荀偃、士匄害怕了，回去后马上组织攻城，他们身先士卒，冒着弓箭和石块攻击的危险，五天的时间就攻下了偪阳，《春秋》记载说"遂灭偪阳"。战后晋悼公把偪阳送给了宋平公。

打仗往后，我们是来遛马的！

晋国在鄢陵之战打败楚国，中原各国再次纷纷归附。楚国为了对抗晋国，与秦国联络，形成了利益同盟，秦楚同盟与晋国不时会发生战争。

《左传》记载鲁襄公十一年（公元前 562 年），秦国的庶长鲍、庶长武率领军队攻打晋国。庶长鲍带领军队先进入晋国领地，晋国人见他们人少而没有把他们当作一回事。庶长武则带领队伍偷偷渡过黄河，与庶长鲍夹攻晋军。秦、晋在栎地交战，晋军大败。

为报栎地失败之仇，公元前 559 年夏季，晋国召集中原各国军队大举进攻秦国。《春秋》记载："夏四月，叔孙豹会晋荀偃、齐人、宋人、卫北宫括、郑公孙虿、曹人、莒人、邾人、滕人、薛人、杞人、小邾人伐秦。"没有料到的是，晋国发起的这次战争，后来竟成了一场闹剧。第一是不够重视。晋悼公带着军队没有走出国境便停下了，他没有出征却让六卿率领各国军队攻打秦国。第二是没有纪律。大军一路到达泾水，各国军队都不肯渡河前进，鲁国与莒国协商后率先渡河。郑国的司马子蟜拜见卫国的大将北宫懿子说："既然顺从晋国却不肯死心塌地，没有比这再令人讨厌的了。今后我们的国家有事情了怎么办？"懿子也赞同他的意见。两个人会见各国军队主帅，劝他们尽快渡河。随后大军才渡过泾水，沿岸驻扎下来。第三是不和谐。秦国人在泾水上游投放毒药，各国军队中有很多人中毒而亡。子蟜率领郑国的军队冲锋在前，其他国家的军队才陆续前行。

大军迫至棫林，秦国仍然没有屈服讲和的意思。晋国中军主帅荀偃命令："鸡鸣而驾，塞井夷灶，唯余马首是瞻！"意思就是大家都跟在我后面就行了。下军主帅栾黡说："晋国的命令从来没有这样下达的。我的马头可是要往东走啊。"于是他就按照自己的意思回国了。他掌管的整个下军都跟随着他回了晋国。大家都认为这次到秦国好像不是来报仇打仗的，倒像是来遛马的。荀偃也认为自己的命令确实不恰当，剩下的人马如果在秦国境内继续前行，必为秦军所败，于是就命令全军撤退。这次出征拖拖拉拉，没有严明的纪律，晋国人自嘲为“迁延之役”。晋国大夫栾鍼认为这次战役是晋国的耻辱，他勇敢地冲入秦军之中，结果战死。

可见，不管多么强大的集体，只要组织松懈、态度不认真，也注定会失败。

魏绛辞乐

魏绛是晋国的一位贤臣。公元前 573 年，魏绛被任命为司马，执掌军法。他不但善于领兵作战，而且执法严厉，在政治上具有远见卓识。魏绛杀死杨干的仆从，为晋悼公所赏识。魏绛向晋悼公提出和戎政策，政策实施后，晋国与戎狄多年来一直和睦相处。

公元前 562 年晋国带领联军攻打郑国，郑国按计划求和，给晋悼公送去师悝、师触、师蠲三位乐师，两架歌钟及配套的镈和磬，还有十六名能歌善舞的美女，以及一众战车、盔甲、武器等。

晋悼公把乐队的一半赐给魏绛，说：“您教寡人同各部落戎狄讲和，从而使中原诸国归附，八年内九次会合诸侯，和他们的关系像演奏的音乐一样和谐融洽，因此请您和我一起享用这些礼物。”魏绛辞谢：“同戎狄讲和，这是国家的福气。九次会合诸侯，诸侯顺从，这是君王的威望，也是诸位大臣的功劳，我并没有特别出力！我希望君王能安于这种快乐，又要做到持之以恒，善始善终。《诗经》讲‘快乐啊君子，镇抚天子的家邦。快乐啊君子，福禄和别人同享。治理好附近的小国，使他们相率服从’。音乐用来展示德行，用道义对待它，用礼仪推行它，用信用保守它，用仁爱勉励它，然后才能做到安定邦国、同享福禄、怀柔远方，这就是所说的快乐。《书》也讲‘居安思危’，考虑到了危险就要有防备，有了防备就没有祸患。”晋悼公说：“您的劝教，岂敢不听！如果没有您，寡人就不能安抚戎狄，也不能渡过黄河征服郑国。论功行赏是国家的典章制度，这个不能废除。您还是接受吧！”魏绛因此接受了金石之乐。

晋悼公的奖赏，证明了这位年轻的君王是一位具有远见卓识的政治家和军事家。魏绛的辞让，则表现了他的谦逊和对国家的忠诚。集体荣誉和国家利益高于个人荣耀。同时，魏绛也希望晋悼公在享受快乐的同时能够思考国家的长远发展，这种居安思危的思想对于国家的发展至关重要。

追梦赴死的将军

古代人对自己做的梦都非常迷信，认为梦是神人在暗中给自己的指点，是将要发生的事情的暗示。所以，解梦就成了那时非常神圣而受人尊敬的职业，做梦的人往往十分虔诚地接受指导。《左传》中就有一位按照自己梦中的暗示赴死的晋国大将军——荀偃。

齐国本来是东方大国，也是春秋时第一个称霸的国家。随着齐桓公霸业的陨落和晋国的崛起，齐国后来被迫向晋国进贡。《左传》就有晋国与诸侯“会于邢丘，以命朝聘之数，使诸侯之大夫听命”的记载。这一时期齐国迎来了名相晏弱、晏婴父子的相继辅政，国事清明，实力大增，齐灵公滋生了争霸的野心。齐国想脱离晋国的束缚，公元前 558 年，齐国出兵攻打鲁国的成地。鲁国也是晋国保护的对象。第二年，晋平公与鲁、宋、卫、郑、郳等诸侯国会盟，大家盟誓要一同讨伐齐国。当年冬天，齐国再次出兵包围鲁国的成地。鲁国便向晋国求援，晋国因为晋悼公去世，没有出兵。公元前 555 年秋，齐国又攻入鲁国北部边境。晋平公不堪受扰，决定发兵攻打齐国。大军将要渡黄河时，荀偃用一根红线系住两对美玉，对着黄河祷告，发誓要打赢此仗，否则不再渡河返还，随后便把玉沉入黄河。原来，荀偃在出发的时候，做了一个梦，梦见和被他谋害的晋厉公争讼，没有胜诉。晋厉公拿着戈追打他，将他的脑袋砍下来，掉在地上。荀偃跪下来把头安在脖子上，两手扶着头逃跑，途中又见到巫皋，随后梦醒。过了几天，荀偃在路上遇见了巫皋，荀偃向他讲起梦中的情景，居然和巫皋做的梦相同。巫皋说：“今年你一定会死，但如果东边发生战争，你是可以有功的。”荀偃认为自己这次在劫难逃。

后来晋平公带领各国军队，在平阴大败齐军，胆怯的齐灵公逃回齐国，龟缩在都城。诸侯的军队攻城没有攻下，一直打到潍水、沂水，方才撤军。

这次出征，荀偃头上生了恶疮，渡过黄河后，病情加重，眼睛都鼓了出来。他死后，眼睛圆睁，嘴唇闭合，需要放进嘴里的含玉也放不进去。大夫栾盈对着荀偃的尸首说：“我对黄河发誓，一定继续征讨齐国！”荀偃这才闭上了眼，并且张开嘴巴让人把含玉放了进去。人们更加坚信是荀偃的梦提前预示了他的命运结局。

俗话说日有所思，夜有所梦。人的梦境是虚幻的东西，是人的大脑潜意识的反映。当人的身体出现大的问题时，这种潜意识就会提前报警，以梦的形式给人以信号。如果把梦当成必然，定会出现问题。不过，在科学知识不足的春秋时期出现追梦赴死的现象，也实属正常。

守护自己的宝物

一个人、一个民族、一个国家，都有属于自己的立身之本。坚守自己的“本”，就拥有了属于自己的宝物。切勿因贪念丢失了自己的宝物。

子罕是宋国的司城，他是个非常正直的人。宋国有人得到一块美玉，把它献给了子罕。子罕不接受。献玉的人说：“我把这块玉拿给玉匠看过了，他断定这是一块宝玉，所以我才敢献给您。”子罕说：“我把不贪作为宝物，你把美玉作为宝物，如果我收了你的这块玉，我们两人就都失去了珍贵的东西，不如各自守护好自己的宝物。”献玉的人叩头回答：“我一介商人来往各地，身藏玉璧，与身份不符，也不安全。把它献给您，我就可以免于被谋财害命了。”

子罕想了想，把美玉拿回自己的家里，请玉工精心雕琢，然后把它卖了出去，将所得钱财交给了献玉的人。这个人一下子变得非常富有，从此过上了幸福的生活。

子罕是春秋中期杰出的政治家，为宋国的稳定做出了很大贡献。宋国的向戌和晋国的上卿赵武、楚国的令尹子木关系都很好。当时，晋楚争霸，连年战争，各国人民苦不堪言。向戌就积极与赵武、子木沟通，在宋国组织了旨在休兵的弭兵会盟。最终双方同意休兵和好。向戌自认为立了大功，请求赏赐。宋平公答应给他六十座城邑。向戌把赏赐的简册给子罕看，子罕说："晋国、楚国作为争霸之国，用武力威慑小国，使小国害怕而跟从他们，进而好好治理自己的国家。没有外部威慑就要发生内乱。圣人因武力而兴起，作乱的人因为武力而遭废弃。兴衰、存亡、昏庸与贤明，都源于武力征服，您企图消除武力，属于自欺欺人。以欺骗的手段蒙蔽诸侯，没有比这再大的罪过了。不受惩罚也就罢了，反而还求取赏赐，真是贪得无厌。"子罕把封赏简册上的文字削去并扔到地上。向戌害怕了，自动撤销了请赏。《左传》认为子罕是敢于说真话、主持正义之人。

中华民族几千年文明史，给人留下的"本"是诚信、友善。《孟子》中讲："诚者，天之道也；思诚者，人之道也。"俗话说，人无信不立，业无信不兴，国无信则衰。

宰相不如一条疯狗！

春秋中后期，各个诸侯国内都形成了多股盘根错节的势力，有些强大的家族势力还凌驾于君主之上。代表各个家族的执政大臣们，既相互配合又彼此争斗，他们也时刻提防着被其他势力取代。所以，有的权臣肆无忌惮、目空一切，有的则谨小慎微、两面三刀。

宋共公死后，司马荡泽欲借机削弱公室势力，遂杀了公子肥，结果引发内乱。执政大臣华元逃离都城后又被请回，重新执政。一众参与者有的被杀，有的逃亡楚国，经历了很长一个时期，这场内外勾结的战乱才平息下来。

宋国向氏和华氏都是执政卿。公元前 556 年，宋国的右师华阅死了，他的弟弟华臣认为华阅的儿子皋比软弱可欺，派刺客去杀他的家臣华吴。派去的杀手用铍把华吴杀死在左师向戌家屋后。向戌非常害怕，说："我没有罪啊。"刺客说："是皋比要我们杀死华吴的，和你没关系。"他们还囚禁了华吴的妻子，威胁她把家里的大玉璧交出来。宋平公知道了这件事，说："华臣不仅对待他的宗室残暴，而且还使宋国的政令大乱，一定要把他赶走。"向戌说："家不和是家族的耻辱，大臣不和是国家的耻辱。华臣是宋国的卿士，这件事如果传出去，影响很不好，不如把这件事掩盖起来算了。"宋平公就不再追究了。向戌因此而讨厌华臣，他还做了一根短马鞭，只要经过华臣的家门口，必定快马加鞭，以防不测。这年十一月二十二日，宋国都城出现了一条疯狗，人们奋力追赶疯狗，疯狗竟然逃到了华臣家里，人们就跟着追了进去。华臣非常害怕，之后便逃亡去了陈国。

作为宋国主政者，在处理华臣这件事上，向戌选择息事宁人，反而被疯狗占了上风。

结党营私要不得

楚康王时期，楚国重用能臣，限制大臣结党营私，人才各得其所，呈现出称霸的势头。

公元前 552 年夏季，楚国的令尹子庚去世。楚康王希望大司马薳子冯做令尹。薳子冯征求申叔豫的意见。申叔豫认为，楚王年轻气盛，国家宠臣多，国家大事不好处理。薳子冯于是托病推辞了。后来《三国演义》中的司马懿装病，感觉就有薳子冯的影子。楚王没办法，只好让子南做了令尹。

观起是令尹子南的属下，很受子南的宠信。观起的俸禄不高，却饲养了大批骏马，多得能驾驭几十辆车子。在那个年代，有骏马就有了发展武装的基础。楚康王听到了消息，就打算重重地处理子南。子南的儿子弃疾为楚康王驾驶马车，深得楚康王信任。楚康王每次见到他就表现出非常难过的样子。弃疾问："大王遇到了伤心的事情吗？"楚康王说："你的父亲管理属下失察，根据规定，我将用重刑处罚他，你还继续跟随我吗？"弃疾回答："父亲被诛杀，做儿子的即使想继续陪伴大王，大王还能信任他吗？泄露机密将给家族带来更大的灾难，我一定严守这个秘密。"随后楚康王便杀了子南，对观起处以车裂之刑并在四方示众。三天后，弃疾安葬完父亲后，就上吊自杀了。

薳子冯后来还是做了令尹。受到薳子冯宠信的有八个人，和观起一样，他们没有很多的俸禄却饲养了很多马匹。有一天，薳子冯上朝，主动和申叔豫说话，申叔豫假装没有听见而退后。薳子冯靠近他，申叔豫马上躲进人群中。薳子冯在后面紧追着他走，不料申叔豫直接辞朝回家了。退朝后，薳子冯到申叔豫家里拜访，问："今天您在朝堂上一而再再而三地不理睬我，让我难堪，我想知道为什么。我有什么过失让您嫌弃我呢？"申叔豫回答："从前子南宠信观起，子南因此而获罪，观起被处以车裂之刑。现如今您宠信的人，与观起相比又如何呢？"薳子冯听后若有所悟，回到家便赶走了这八个人。

人若想利用职位结党营私、发展自己的势力，是隐瞒不住的。一旦东窗事发，结局就是害人害己。

恶母害儿，家破人亡

母子之情是世界上最为真挚的感情。中唐诗人孟郊有《游子吟》诗："慈母手中线，游子身上衣。临行密密缝，意恐迟迟归。"民间还有"狗不嫌家贫，儿不嫌母丑"的谚语。但是，大千世界无奇不有，竟然有恶母为情所困对儿子痛下杀手的。

春秋中期，晋国三军六卿巧取豪夺，把持朝政。范氏为了和栾氏搞好关系，范宣子士匄把女儿嫁给栾黡为妻子，栾祁（栾黡的妻子）生了栾盈。公元前 559 年，士匄的儿子士鞅与栾黡的弟弟栾鍼一起进攻秦军，结果栾鍼冲锋在前战死，而士鞅中途撤退平安归来。栾黡将弟弟的死归因于士鞅，威胁说要杀死士鞅。士鞅只好逃亡到秦国，从此，栾氏、范氏两家交恶。后来士鞅回国和栾盈一起为公族大夫，但彼此都存有隔阂。

《左传》记载，栾黡死后，栾祁和家臣州宾私下相好，州宾借机侵占栾氏家产。栾盈喜好结交朋友，很多士人都归附他，他谋划着要追查这件事。栾祁害怕亲生儿子栾盈惩罚她，于是恶人先告状，向父亲范宣子说："栾盈要发动叛乱，他到处宣扬范氏专权，声称范氏所得全是踏着栾氏的血迹得来的。他和范家不共戴天。"士鞅为了报仇，也为姐姐做证，陷害外甥栾盈。士匄相信了女儿栾祁和儿子的话，把栾盈赶走了。士匄让晋平公知会鲁国、齐国、宋国、卫国、郑国、曹国、莒国、邾国等国国君，请他们拒绝接纳栾盈。栾盈逃亡到了楚国，不久又逃亡到了齐国。士匄再次让晋平公告知各诸侯国国君，不要接纳栾盈。

公元前 550 年，晋国国君要嫁女到吴国，齐庄公陪送一位女子嫁往晋国，齐人借机把栾盈送到了晋国的曲沃。栾盈在曲沃找到同盟，靠着魏氏的帮助，率领甲兵进攻晋国都城绛。后来魏氏反水，栾盈又逃回曲沃，晋国人围困曲沃，把栾氏的亲族全部杀死。《春秋》记载说"晋人杀栾盈"。

卖国之人作秀作恶作死！

在历史上，总有一些人会丧失底线，为了个人的利益，出卖国家和民族的利益，卖国求荣。卖国求荣者往往会"认贼作父"，仇视自己的同胞，做一些"亲者痛仇者快"的事情。古往今来，他们的下场没有能够善终的。

《左传》记载晋平公时，栾盈受母亲和舅舅诬陷，逃离晋国。晋平公会盟诸侯，要求各国都不要收留栾盈。栾盈先到了楚国，后又去了齐国。齐庄公支持栾盈回国，后又进攻晋国。公元前 549 年，晋平公召集鲁、宋、卫、郑、曹、莒等国，讨伐齐国。这年夏季，齐国的大夫乌馀竟然带着廪丘之地投奔了晋国。为了在晋国立足，乌馀偷袭并占领了临近的卫国羊角城，后又攻克并占领了鲁国的高鱼。后来他又攻占了宋国的城邑。

晋国的赵武执政以后，认为乌馀作为一个叛国者给晋国带来了麻烦。就对晋平公说：“晋国作为盟主，必须主持公道、维护正义。乌馀投靠晋国后，四处招惹麻烦，我们不能纵容他。”晋平公同意了赵武所说让胥梁带解决这个问题的建议。公元前 546 年春，胥梁带通知乌馀前来接受封地，又让卫、鲁、宋等国国君秘密带兵前来收回土地。在交接的时候，活捉了乌馀并清除了他身边的势力。

五代十国时期，后唐的河东节度使石敬瑭勾结契丹，认比自己年龄还小的契丹皇帝耶律德光为父，并出卖了幽云十六州。石敬瑭尽其所能卑屈地侍奉契丹王，仍常遭责备，最终忧郁而死。

北宋大臣刘豫卖国求荣、投降金军。刘豫积极为金国卖命，对宋朝人比金军还凶残。他配合金军出兵进攻南宋，还千方百计劝说金人攻打南宋。立“什一税法”等名目繁多的各种杂税，盗掘坟墓以聚敛财物。因作恶多端不得人心，金人将其贬为蜀王，刘豫还哀求：“父子尽心竭力，无负上国，惟元帅哀怜之。”

一个民族的强大，必定有强大的凝聚力。古时诸侯封地为国，大夫食邑为家。人们在国家这个范围内，休养生息，创造文明，形成共同的语言、共同的文化、共同的利益和价值观。这是中华文明传承不衰的重要原因。从古至今，妄图分裂国家的人，都将被钉在历史的耻辱柱上。

疑而卜，卜而疑，找死的崔杼

崔杼是姜太公（吕尚）长子吕伋（齐丁公）的后代，因为拥立太子光（齐庄公）有功，成为齐国的执政大臣。

齐国的大夫棠公娶了一位漂亮妻子，她是吕尚的后人，因嫁于棠公被称为棠姜。棠姜有个弟弟东郭偃，是崔杼的家臣。

棠公早逝，崔杼前去吊唁，见到了棠姜。棠姜美若天仙，崔杼很是心动。他想把她娶过来，于是讨好并去说服东郭偃。东郭偃说："男女婚配要辨别姓氏家族远近。您是齐丁公的后代，我们是齐桓公的后代，都是姜太公的后人，一家人婚配不可行。"然而，崔杼舍不得棠姜，就让人占卜，得到《困》卦变成《大过》卦。主卦为泽水困，水（坎）在泽（兑）下，泽中无水，寓意为穷困之象。之卦为泽（兑）风（巽）大过，上泽（兑）下木（巽），水漫过生命线，属太过分之象。主卦六三爻动，由阴变阳，六三爻变为九三爻。以困卦六三爻爻辞为断辞：困于石，据于蒺藜，入于其宫，不见其妻，凶。意思是告诉崔杼，如果按照你的思路继续下去的话，你将困于乱石之中，非所困而困焉，名必受辱；周围荆棘丛生，非所据而据，身必危险。既辱且危，凶险会接二连三的到来。《困》《大过》皆有泽水，为受女人的诱惑太深之意。卦象出来之后，崔杼让陈文子解卦。陈文子说："丈夫变为风，风吹落妻子，不能娶她。而且它的爻辞说人为石头所困，意味着不能行动。据守在蒺藜中，意味着只要有所动人就会受伤。走进房子，不见家人，凶，这是家破人亡的征兆。"崔杼说："她是寡妇，死去的人已经承担过这份凶兆了。"于是崔杼就娶了棠姜。

齐庄公和棠姜也有私情，棠公之死是不是与此有关不得而知。崔杼把棠姜娶到家之后，齐庄公还经常到崔家与棠姜私会，两人一点也不避讳，齐庄公有一次竟然把崔杼的帽子赏赐给了别人。崔杼由此非常痛恨齐庄公。

公元前 548 年夏天，莒国国君到齐国朝见齐庄公，齐庄公设宴款待。崔杼推说有病没有参加。事后，齐庄公打着看望崔杼的幌子又到崔家与棠姜幽会。齐庄公没想到崔杼已布下陷阱，他到崔家后被埋伏的甲士杀死。

当初崔杼要娶棠姜，不仅仅是被棠姜的美貌所惑，还因为其前妻病故，留下了两个儿子崔成和崔强，家庭需要女主人照管。后来棠姜又和崔杼生了个儿子崔明。棠姜与棠公的儿子棠无咎也随着棠姜住进了崔家，和东郭偃一起辅佐崔杼。崔杼的长子崔成身体患病，崔明就成为继承人。崔杼答应崔成到崔氏的封地生活到老，东郭偃和棠无咎百般阻挠：“崔地是宗庙所在的地方，一定要归于宗主才行。”很明显就是不让崔成得到这块领地。崔成和崔强兄弟二人非常生气，想除掉东郭偃和棠无咎。他们自己又没能力，于是找到了另一个执政大臣庆封，请他帮忙除去这两人。

当时，崔杼专横，独揽齐国大权，庆封心中暗怀嫉妒，想杀崔杼以代之。崔家将要内乱，机会难得。庆封非常爽快地答应崔成和崔强兄弟，愿意帮他们除掉东郭偃和棠无咎。在庆封的支持下，崔成、崔强杀死了东郭偃和棠无咎，并诛杀了跟随他们的崔氏家丁。

崔家内乱，崔杼很恼怒也很害怕。他认为庆封是同朝好友，于是就向庆封哭诉家中发生的变故。庆封佯装不知，惊讶地说：“这两个畜子，怎敢这样目无尊长呢？你若想讨伐，我自当效力。”失去理智的崔杼非常感激地答应了。庆封马上派家臣卢蒲嫳带领甲兵攻打崔氏。崔成、崔明紧闭大门严防死守，庆封的甲兵没有攻下。庆封又打着崔杼的旗号发动其他家族出兵围攻，最终攻入崔家，杀了崔成和崔强全家，瓜分了崔家全部的车马和财货，又焚烧了崔氏房舍。崔杼这时才发现自己已经无家可归，他终于明白崔氏被庆封利用。他悲痛至极，上吊自杀。

庆封借助崔家内乱消灭了崔氏，掌控了齐国政权。

不务正业必有祸

古人云：“业精于勤荒于嬉。”没有严肃认真的态度，什么事情都不可能办好。执政者如果不务正业、荒于政事，灾难必将降临。

齐国的崔杼家族被灭以后，庆封掌握了齐国的大权。庆封常外出打猎、喝酒，他发现属下卢蒲嫳的妻子年轻貌美，就把政务移交给儿子庆舍，然后带着妻妾财物到卢蒲嫳家里居住。后来齐国的官员大都到卢蒲嫳家里来见他。

庆封、卢蒲嫳都是姜姓后裔。在卢蒲嫳的劝说下，庆封下令凡是因崔杼之乱逃亡在外的人，只要能与崔杼划清界限、立功赎罪，就可以回来继续为国效力。卢蒲嫳便让弟弟卢蒲癸回来了。卢蒲癸受到庆舍的宠信，庆舍把女儿嫁给了卢蒲癸。庆舍的家臣问卢蒲癸为什么要娶同族女人为妻，卢蒲癸说："庆舍不避我，我为什么要避开她呢？各取所需，哪里顾得上是不是同宗。"

卢蒲癸和王何都是齐庄公的宠臣。当年，崔杼和庆封合谋杀了齐庄公，卢蒲癸逃到了晋国，王何逃到了莒国。卢蒲癸得到重用后，又把王何请回来，两人都受到了庆舍的宠信。庆舍让他们拿着武器时刻跟随保护自己。庆封父子没有想到卢蒲癸、王何是非常忠于齐国王室之人。卢蒲癸、王何想为庄公报仇而刺杀庆封父子。

《左传》记载，鲁襄公二十八年（公元前 545 年），齐景公在太庙举行祭祀，由庆舍主持。庆封竟然跑到莱地打猎去了。卢蒲癸把栾氏、高氏、陈氏、鲍氏将要谋杀庆舍的计划告诉了妻子即庆舍的女儿。庆舍刚愎自用，让卢蒲癸、王何加强戒备，保护自己，并派他的士兵在太庙戒严。陈氏、鲍氏安排人为祭祀献舞，故意惊吓战马，庆氏的马受到惊吓不好看管，他的士兵就用绳索绊住马腿，并脱下战甲放在一起，开始饮酒看戏。经过装扮的栾氏、高氏、陈氏、鲍氏的士兵迅速缴获了这些士兵的战甲并穿上。卢蒲癸和王何看到信号，马上动手杀死了庆舍和他的随从，并领兵围攻庆氏家族。庆封得到消息，带人回城自救，没有成功，便逃到了鲁国。不久，齐国人到鲁国责问，庆封害怕了，又逃亡到吴国。吴王把富裕的朱方之地给了庆封，庆封聚集族人在此居住。后来，楚国垂涎朱方之地富裕，出兵侵占，抓住庆封把他杀了。

头发短了人性就变了？

头发对人的影响真的很大吗？

公元前 546 年，齐国权臣崔杼前妻的儿子与后妻的儿子争夺继承权。崔杼崇信后妻，前妻的儿子崔成和崔强请求崔杼的政敌庆封给予帮助。庆封询问卢蒲嫳，卢蒲嫳说：“崔杼是国家的敌人。可能这是上天要抛弃他了。他家里出了乱子，你帮助他们内斗，崔家势力将被削弱，庆家就会得到加强。”于是，庆封就怂恿崔成和崔强杀死了崔杼的家臣。崔家乱了，崔杼也寻求庆封帮助。卢蒲嫳便领兵攻打崔成和崔强，最终除掉了崔氏。

庆封掌管了齐国大权后，就把政务交给儿子庆舍处理。他整日忙于打猎喝酒，还带着妻妾财物到卢蒲嫳家里，两人互换妻妾、饮酒作乐。齐国的官员大都到卢蒲嫳的家里拜见庆封，可以说这个阶段齐国的政令都出自卢蒲嫳家。那些原来跟随崔杼的官员们都陆续回到国内，并得到了庆舍的宠信。

当时，齐国卿大夫用餐按例是每天两只鸡，主管伙食的人偷偷换成了比较便宜的两只鸭子。送饭的人发现后，干脆就去掉肉而只将肉汤送上来。公室大臣子雅、子尾等人非常生气，将这个情况告诉了庆封，庆封又告诉了卢蒲嫳。卢蒲嫳说：“我就是要把他们当成禽兽对待，不但要吃他们的肉，还要剥他们的皮，躺在他们皮上睡觉。”原来跟随崔杼的人和其他家族的人听到这个消息后，发动政变，杀死了庆舍。庆封逃亡国外，卢蒲嫳被放逐到齐国北部边境。

公元前 539 年，齐景公到莒地打猎，卢蒲嫳求见。他哭泣着请求说：“您看我的头发这么短了，还能做成什么大事？请让我回去吧。”齐景公同意。齐景公回到国都以后就把卢蒲嫳的意思告诉了子尾和子雅。子尾想要让卢蒲嫳官复原位，子雅不同意，说：“他的头发虽然短了，但他的心计很多，也许他还在想着要扒我的皮，睡在我的皮上呢。”于是又把卢蒲嫳放逐到更为遥远的北燕。

看来，古人也不认为头发与人性有太大的关系！

“老油条”卫献公

中国的奴隶社会和封建社会都属于“家天下”管理体系。“溥天之下，莫非王土。率土之滨，莫非王臣。”对于君王来讲，如何管理国家是门大学问。君王自己该如何做呢？

春秋早中期，卫国还是一个比较有影响力的国家。卫定公的时候，他的儿子衎很受宠爱，结果养成了很多不好的习惯。卫定公在他生病时就立下遗嘱，立衎为太子。卫定公去世，太子衎继位，是为卫献公。卫定公夫人姜氏发现衎德行不好，对死去的父亲没有一点亲情，就诅咒衎，说卫国一定会因他而招致败亡。卫国的大臣们也因此人心惶惶。卫国执政正卿孙林父开始把家产转移到自己的采邑戚地，私下里还和晋国的大夫结好。

公元前 559 年，卫献公因为傲慢无礼，激怒了大臣孙林父、宁惠子。孙林父起兵；卫献公仓皇逃亡到鄄地，向孙林父求和。孙林父不同意，卫献公又逃亡去了齐国。卫国无君，卫国人又立公孙剽为国君，就是卫殇公。公元前 557 年，晋平公在溴梁组织诸侯会盟活动，还邀请了卫献公参加。到公元前 555 年冬，晋平公在鲁国的济水边组织会盟时，就邀请卫殇公参加，而不是卫献公了。

公元前 548 年，卫殇公领兵随晋平公进攻齐国。这一年，晋平公派人迎接卫献公，还让卫国把夷仪给卫献公居住。卫献公到了夷仪后，想夺回国君之位。他派人与大夫宁喜（宁惠子之子）沟通，宁喜同意了。卫献公提出要同母弟弟子鲜操办复位的事。

子鲜对哥哥卫献公没有好感。他认为卫献公不讲信用，不愿参加此事。他的母亲敬姒逼迫他无论如何都要帮助他的哥哥。子鲜不愿违背母意，被迫同意。公元前 547 年，宁喜与孙林父发生矛盾，卫殇公令宁喜攻打孙林父。孙林父逃到晋国，请求晋国废殇公重立献公。卫殇公前往晋国朝见晋平公，被扣留。卫献公在晋国的护送下回到卫都，《春秋》记载说“复归”。卫献公回到都城后，对他逃亡时没有与他沟通报信的大夫进行责备。后来，又杀死了宁喜。

子鲜认为卫献公不能容忍帮助自己的功臣，赏罚无章，实属乖张暴戾，就远离朝堂，终生不为献公所用。

一首歌的威力有多大?

美妙的音乐，让人如痴如醉，是一种精神享受。孔子曾用“三月不知肉味”来形容音乐的独特魅力。

春秋时期，卫献公好音乐，但很不守礼仪。其父卫定公去世，他不哭泣；他的母亲敬姒说他粗暴对待母亲如同奴婢；他对大臣不够尊重；逃亡国外，仍然不思改过。在晋国等诸侯国帮助下，虽然成功复位，但他回国前还把收留他的齐地的粮食拉走了。

据《左传·鲁襄公十四年》记载，有一天，卫献公约请卿士孙文子、宁惠子到宫廷吃饭。这两个人都非常郑重地穿上朝服，早早地就在朝廷上等待。等了多半天，太阳快下山了还没有被召见。二人询问情况，得知卫献公根本没有设宴，他本人一直在苑囿里狩猎射雁。两个人就到苑囿问候。春秋礼制，国君接见臣下，要穿上朝服，以显示庄重。卫献公也不换取衣服，还是忙着射大雁，与他们说话很随意。二人非常生气。孙文子回来后就去了封地戚地，让他的儿子孙蒯代替自己入朝听命。

一次，卫献公约请孙蒯喝酒，让主管乐官唱《巧言》的最后一章。《巧言》是《诗经·小雅》中的一篇，其最后一章内容提到：“蛇蛇硕言，出自口矣。巧言如簧，颜之厚矣。彼何人斯？居河之麋。无拳无勇，职为乱阶。既微且尰，尔勇伊何？为犹将多，尔居徒几何？”此诗隐含孙文子没有才能却飞扬跋扈，对国君心怀不轨，有犯上作乱之心。主管乐官不敢唱，借故推脱。一位名叫师曹的乐官，当初曾被派去教卫献公的宠妾弹琴，这个宠妾不听指挥，很不认真，师曹用教鞭教训了她。这个宠妾就到卫献公那里告状，卫献公非常生气，让人打了师曹三百鞭子。师曹受辱，怀恨在心，一直想报仇，可是没找到机会。这次机会来了，他想激怒孙蒯，报复卫献公。于是，他请求代唱，卫献公同意了。师曹故意在唱完之后又把这段诗朗诵了一遍。孙蒯听到这段既歌又诵的诗，非常害怕，他回家便把此事告诉了父亲孙文子。孙文子说：“国君忌恨我了！如果不先下手，必死于他的手中。”孙文子把家兵都集中到了戚地，随后出兵攻入国都。卫献公仓皇逃离都城。

孙文子决定另立国君，不再事奉卫献公。卫献公派亲信子蟜、子伯、子皮前去与孙文子和谈，孙文子就把子蟜他们全都杀了。卫献公逃到鄄地，又派近臣子行向孙文子请求和解，孙文子又杀了子行。孙文子领兵再追到鄄地，卫献公逃到了齐国。十二年后，卫献公回国复位。

卫献公为人不厚道，得罪了乐人，遭到了报应，一首歌连累四人被杀。

小国的愤怒：郑人强拆晋墙

春秋时期，弱小的国家也有发言权，所以，像郑国这样的弱国也有外交家。

公元前 542 年，郑国的正卿大臣子产陪同郑简公到晋国去拜访霸主。晋平公已经年老多病，不愿接见他们。正巧这个月鲁襄公去世，便借此丧事回绝了郑国君臣。子产很生气，便让人将所住晋国馆舍的围墙全部拆毁，把车马放进了院子里。晋国是霸主国，子产曾经因为晋国索要的贡礼过多、小国不能承受而向晋国大臣士匄写信提过意见，士匄对子产印象很深。士匄责备子产，说：“近年晋国社会风气不好，盗贼猖獗，各国来晋朝聘的官员都住在这里。我们修缮馆舍，加高大门，增厚围墙，确保来客的安全。现在您拆毁了它，虽然您的随从能够自己戒备，别国的宾客怎么办呢？国君让我来了解原因。”

子产回答说：“郑国地方狭小，夹在大国（晋、楚）之间，小心翼翼地尽心伺候，随时来朝会，缴纳贡品。我们携带贡品前来朝供，却不知道什么时候才能见到国君。我们见不到大王不敢献上贡品，也不敢让它日晒夜露有所损毁。晋文公当盟主的时候，宫室矮小，没有可供观览的台榭，而把接待诸侯的宾馆修得又高又大，馆舍好像现在君王的寝宫一样。及时整修道路，按时粉刷墙壁，修缮宾馆内的库房、马厩。宾客来了，仆人巡逻，夜晚点起火把，车马有一定的处所，宾客有专人接待。宾客来到晋国就像在自己家里一样，文公不让宾客耽搁，也没有因为这样而荒废宾主的公事。现在晋国的宫室绵延几里，而诸侯住在像奴隶住的屋子一样，门小进不去车子，如果不拆毁围墙，就没有地方放置贡品，贡品损毁我们承担不起罪责。鲁国的丧事，我们同样也深感痛惜。如果能够奉上财礼，我们愿把围墙修好了再走。”

士匄回去复命，晋平公表示了歉意。晋平公接见郑简公，特别加重了礼仪，赠送的礼品也更为丰厚。时人说：“子产善于辞令，诸侯因他而得利。”子产曾因作田洫、作丘赋、铸刑书，受到非议和攻击。子产参与政事一年，郑人歌唱：“计算我的家产而收财物税，丈量我的耕地而征收田税。谁杀死子产，我就帮助他。”三年后，万民称颂：“我有子弟，子产教导他；我有土地，子产使之增产。万一子产逝世谁来接替他呢？”子产力排众议大胆保留“乡校”，郑国风气大变。孔子赞扬他“足以为国基”，乃“古之遗爱也”。

可见，弱国未必无外交！

娶自己的妻子犯法？

《左传·昭公元年》记载，郑国大夫徐吾犯的妹妹长得特别漂亮，大夫公孙楚和她订婚并下了聘礼。公孙楚的堂兄公孙黑官职更大，也想娶她，就硬是派人送去了聘礼。徐吾犯很为难，就请郑国执政官子产帮忙处理。子产说：“因为国家政事混乱，才导致两个大夫争一位女子。你不必忧虑，让你妹妹自己选择好了。她愿意嫁给谁就嫁给谁。”徐吾犯请求二位大夫让妹妹自己选择佳婿，他们都答应了。

这天，公孙黑穿着非常华丽的衣服来到徐家，把礼物放下就走了。公孙楚则穿着戎装进来，左右开弓射了两箭，一跃登车而去。徐吾犯的妹妹在房内观看，说：“公孙黑确实打扮得体很漂亮，不过公孙楚是个真正的男子汉。丈夫要像丈夫，妻子要像妻子，这才是所谓的人道。”于是，徐女嫁给了公孙楚。

公孙黑非常不服气，也不甘心，不久就内穿皮甲去见公孙楚，想要杀死他而霸占他的妻子。公孙楚知道他的企图，拿着戈追赶他，一直追到大街上，用戈拍打他。公孙黑受伤而回，告诉大夫们说：“我很友好地去拜见公孙楚，不料他以小人之心度君子之腹，打伤了我。”

大夫们都议论这件事。子产说：“双方都有自己的理由，不过比较起来，年轻而地位低的人有罪，罪过在于公孙楚。”于是就抓住公孙楚，列举他的罪状，说：“国家有五条规矩，你都触犯了。惧怕国君的威严，服从君王的命令，尊重地位高的人，侍奉长辈，奉养亲属，这五条是用来治理国家的法则。国君在都城里，你动用武器，这是不惧怕国君的威严；触犯国家的法纪，这是不服从君王的命令；公孙黑是上大夫，你是下大夫，却不肯听从，这是不尊重地位高的人；你年轻却无所顾忌，这是不侍奉长者；用武器对付堂兄，这是不奉养亲属。国君说了不忍心杀你，免你一死，马上离开郑国吧！”

可怜的公孙楚不得不逃离郑国。至此他也不明白，娶自己的妻子也犯法吗?

后来公孙黑准备发动叛乱，没有成功。子产让人历数他的三条罪状，其中就有一条是抢人妻子，公孙黑自缢而亡，死后被暴尸街头。

死有余辜

公元前540年秋季，公孙黑准备发动叛乱，由于旧伤发作没有实现。郑国的大夫们和他的家族驷氏，都想要杀死他。子产正在边境，听说了这件事，深感事情重大，恐赶不到，便乘坐驿车日夜兼程到了郑都。子产派官吏前去历数他的罪状：“在伯有那次动乱时，由于当时正致力于事奉大国，因而国家没有讨伐你。你的祸乱之心没有满足的时候，整个国家对你已经不能容忍了。你专权而攻打伯有，这是你罪状的第一条；兄弟之间争夺妻室，这是你罪状的第二条；薰隧盟会时，你假托君命，竟然与六卿并列，这是你罪状的第三条。这三条都是死罪。三条死罪，谁能够容忍你？即使你现在不去死，死刑也会落到你的头上。”

子产让官吏历数的这三条死罪，第一条发生在公元前543年，当时子产跟随郑简公到晋国访问，回来后又到陈国督促盟约落实情况。伯有与公孙黑争权，执政的伯有酗酒，公孙黑出兵攻打伯有，烧了伯有的家。第二条指的是公孙黑与公孙楚争夺徐吾犯的妹妹，本来公孙楚已和她订婚并下了聘礼，公孙黑非要争夺，逼得公孙楚逃往国外。第三条指的是郑简公召集大臣在公孙段家处理公孙楚的事，之后六卿在薰隧结盟，公孙黑强行参加，还让太史记下他的名字。事实非常清楚，死不足惜。

公孙黑叩头跪拜，推托说：“我伤口发作很快就会死去，请不要再帮着上天来虐待我了。”子产说：“谁能不死？只不过恶人不得善终，这是天命。做了恶事，就是恶人。不帮着上天，难道帮着恶人？”公孙黑请求让其子印担任管理市场的官员。子产说：“如果你的儿子印有才能，国君将会任用他。如果没有才能，早晚还会跟从你去死。你对自己的罪过不忏悔，有什么资格提要求？你如果不自己去死，司寇就要来捉拿你了。”子产走后不久，公孙黑就上吊自杀了。郑国人把他暴尸示众，并把他的罪状写在木牌上，放在他的尸体上。

这也许就是对死有余辜最好的解释！

处变不惊的叔孙豹

外交是一项十分特殊的工作。春秋时期，有很多政治家凭借自己丰富的学识、出色的口才，不辱使命，化险为夷，如齐国的晏婴，郑国的烛之武、子产等。鲁国也有一位出色的外交家——叔孙豹。

《左传》记载，鲁昭公元年（公元前541年）正月，楚、晋、郑、齐、宋、鲁等国的士大夫在郑国的虢地会盟，重温此前在宋国制定的友好协约。楚国的公子围和晋国的赵武参加会盟。会盟正在进行的时候，鲁国的季武子领兵进攻莒国，并占据了郓地。莒国人到盟会控告鲁国不诚信，破坏会盟。当时晋国和楚国是两大盟主国，楚国的公子围很生气，他对赵武说："盟会还没有结束，鲁国就进攻莒国，不履行盟约，请诛杀鲁国的使者。"鲁国参加会盟的代表是叔孙豹，在"三桓"家族中负责外交工作。晋国的乐王鲋是赵武的助手，他借机向叔孙豹索要一条带子，说愿意替他向赵武说情。叔孙豹不给他。叔孙豹的家臣梁其胫说："损失财货保住性命，您还吝惜一条带子吗?"叔孙豹说："诸侯会盟是为了维护各自国家的利益。我若通过贿赂免于一死，鲁国就必然遭到谴责而受到进攻。这是保全个人而给国家带来祸患啊。人们建造墙壁，是用来阻挡坏人的。墙壁出现裂缝，这是谁的过错？我是为国家利益而来，若因此给它带来灾祸，我的罪过就大了。季武子领兵攻打莒国，应该受到惩罚，鲁国有什么罪过呢?"叔孙豹让人给乐王鲋送去了一条帛，说："带子太小，给你一个更好的吧！"

赵武听说此事感叹道："面临死亡的威胁而不忘记国家，这是忠心；宁愿选择危难而不放弃职守，这是至诚至信；为国家而不惜一死，这是坚贞。这三点都具备了，就是道义。怎么能杀一个有道义的人呢！"于是向楚国请求，赦免了叔孙豹。

智者千虑必有一失。精明的叔孙豹后来被儿子竖牛虐待，致使家破人亡，自己也被活活饿死于家中。

打哑谜的老头

晋悼公夫人是晋平公的母亲，其母国是杞国。据考证，杞是非常古老的地名，商汤建国时就存在，是商朝时的封国，后被灭。周武王灭商后，封大禹之后裔于杞，新建杞国。公元前 573 年，杞桓公将其女嫁给新即位的晋悼公。杞女生姬彪，即晋平公。晋平公非常孝顺母亲，成为国君后依然如此。

公元前 544 年，按照母亲的意思，晋平公决定帮助杞国修建都城，让荀盈负责召集各诸侯国一起帮助施工。各国诸侯都认为晋国不关心周王室，反而为杞国筑城，太过分了。不但如此，晋平公还帮助杞国向鲁国讨要土地。当年吴国的公子札出使各国，到晋国时就认为，晋国的政权要落到赵文子、韩宣子、魏献子三家了。

为犒劳帮杞国筑城的人员，新年过后晋悼公夫人请役夫吃饭。有一个绛县人，年纪很大了，因为没有儿子，自己来服役，也去吃饭。有人怀疑他的年龄，让他说出自己的岁数。他说："我不知道自己的年龄。只记得出生的那一年，是正月初一甲子日，如今已经过了 445 个甲子日了，最末一个甲子日到今天正好过了三分之一。"

官吏算不出来，到朝堂上询问，师旷说："他出生的年代是鲁国的叔仲惠伯在承匡会见郤成子的那一年。那一年，狄人进攻鲁国，叔孙庄叔在咸地打败狄人，俘虏了长狄侨如和虺、豹，把他们都用来给他儿子命名了。算来已经 73 岁了。"史赵说："亥字是'二'字头'六'字身，把'二'拿下来当作身子，这就是他在世的天数。"士匄说："那么是 26660 天了。"

我国古代使用天干地支来纪年、纪月、纪日、纪时辰。十天干（甲乙丙丁戊己庚辛壬癸）和十二地支（子丑寅卯辰巳午未申酉戌亥）依次组合相配，组成 60 个基本单位，按固定的顺序排序。阴历每年 354 天，一轮 60 天，每一天都有天干地支，甲子日是每一轮的第 1 天，每年约 6 个甲子日。按此计算，应该就是 73 个年头，所以师旷说他 73 岁了。晋悼公夫人请吃饭的时间是戊午年二月二十二日，史赵同样打了一个哑谜，士匄说他出生 26660 天了。

执政大臣赵武问老人绛县的情况，才知道老人就是他的下属。赵武认为这人有学问，就想让他辅助自己处理政务。老人借口年纪大而辞谢，赵武便送给他一些土地，让他担任绛地县师。

可见，中国古代文化博大精深啊！

为政者朝不谋夕，何其长也？

《左传》载："国之大事，在祀与戎。"意思就是为政者必须着眼于社稷安危，长远考虑问题。赵武是春秋中期晋国赵氏复兴的奠基人，他执政时期，推行"天下共和"的政治主张，力主和睦诸侯、晋楚弭兵，是晋国乃至天下比较平静和谐的时期。但晚年的赵武，受繁杂政务所累，厌弃生活，不思进取，最终在郁闷中死去。

晋平公在赵武的辅佐下，七年内两次会合诸侯，三次会合大夫，平定秦国发动的动乱，齐国、狄人归服。公元前 541 年，在郑国的虢地，赵武及鲁国、齐国、宋国等国的卿士大夫们会盟，重温和平之约。此时正是历史上所说的弭兵时期，晋、楚两国休兵息战，楚国的公子围也参加了会盟。周天子也希望刷刷存在感，派大臣刘定公参加会盟。

《左传》记载，刘定公到郑国以天子的名义慰劳赵武，两人住在洛水岸边。刘定公对赵武说："黄河优美的景色离不开大禹的功绩啊。如果没有当年大禹治理洪水，这里恐怕就不会有人生存了！我们高居朝堂，能代君主行使权力，都是大禹的功劳！作为晋国的正卿，您一定要发扬光大大禹的功业。"赵武回答说："老夫罪戾是惧，焉能恤远？吾侪偷食，朝不谋夕，何其长也？"意思是我已经年老了，力不从心，怎能考虑得到这么长远的事情呢？我们这些人苟且度日，早晨不想晚上之事，考虑那么长远有什么用？刘定公禀告周天子说："赵武作为晋国的正卿，主持诸侯各国大事，却把自己等同于常人，晨不虑夕，这是丢弃了神灵和百姓。神灵发怒，百姓背叛，何以能长久？估计赵武熬不过今年了。"

这一年秦桓公之子后子逃离秦国到了晋国。后子拜见赵武，赵武竟然问后子大约什么时候返回秦国。后子回答说："等到新君即位。"赵武接着问秦国的国君大约能活多久，后子回答说："至少要五年。"赵武看着太阳的影子，说：

"早晨在晚上未必能在，谁能等待五年之久？"后子据此认为，赵武生活态度消极，为自己的寿命焦虑不安，主持国家政务却感叹日月的流逝，他将不久于人世了！果然在当年年底，赵武祭祀完他的先祖，便去世了。

人无远虑必有近忧，古今皆如此！

被识破的娶亲阴谋

在古代，婚姻往往出于政治的需要。春秋初年郑国的公子忽就是因为没有听从大臣祭仲的意见与齐国联姻，导致失国。春秋后期，楚国想借娶亲之名灭掉郑国，结果被郑国识破。

《左传》记载，鲁昭公元年（公元前 541 年）春，楚国的公子围到郑国去聘问，同时要娶郑国贵族公孙段的女儿为妻。公子围带着楚国的军队进入郑国，郑国人感到苗头不对，就阻止他们入都城。郑国大臣子产担心楚国会趁机侵占郑都，就派外交官子羽婉辞拒绝，说："郑国都城狭小，不足以容纳您这么多的随从，请在城外设坛举行婚礼吧。"太子围派大臣回话说："承蒙贵国国君恩赐公子围，许诺公孙段女儿嫁于我为妻子。公子围为此大摆宴席，到祖庙中又祭祀了祖先，诚心前来迎娶。如果在野外迎娶，既是对贵国君主的不尊，也明显是您没有把公子围当作贵客，欺骗了我楚国的先人，恐怕不能回去复命了。请考虑！"子羽说："郑国是小国，不敢有非分之想，如果一心依靠大国而不设防备就是考虑不周全。小国依靠大国安定自己，害怕的是大国包藏祸心打小国的主意！如果我们因此内乱而失去了依靠，其他诸侯国都会畏惧、怨恨大国，不再遵从大国的命令，今后你们的命令就难以施行了，这是我们的担忧。否则，敝国就等于贵国的馆舍，岂敢不请你们入城？"楚国人知道郑国有了防备，就放弃了占领郑国都城的打算。

面对陷阱，扎好篱笆，做好防范工作，才有可能立于不败之地。这是历史给予后人的智慧。

无德之君也会守规矩

楚灵王的“灵”是他死后后人给的谥号，之所以称为“灵”，是因为他在世时过于荒淫，不讲规矩。历史上，楚灵王确实是一位阴险、爱好奢华的国君。但就是这个被冠以“灵”的楚王，《左传》中却特别记录了他坚守规矩的事情。

《左传·昭公七年》记载，楚灵王担任令尹的时候，让人举着楚王用的旌旗去打猎，很是排场、有气势。芋尹无宇认为此举不合适，他割断旌旗的飘带，说：“一个国家怎能出现两个君主？”

楚灵王即位后，建造了章华宫，接纳了很多逃亡的犯人，让他们在此居住。无宇的家奴逃到章华宫里，无宇要进去抓他。管理宫室的官员不让抓，说：“你敢到王宫里抓人，罪大恶极。”还把无宇抓起来交给楚灵王处理。楚灵王正准备饮酒，便让无宇做出解释。无宇说：“天子治理天下，诸侯管理封地，这是自古以来的制度。《诗经》曰：溥天之下，莫非王土。率土之滨，莫非王臣，天有十日，人有十等。所以才有了王管理公，公管理大夫，大夫管理士，士管理皂，皂管理舆，舆管理隶，隶管理僚，僚管理仆，仆管理台的等级制度。养马有马官，放牛有牛官，各负其责。我的职责是管理好我的属下，属下犯法逃到王宫里，我不到王宫里去抓，又到哪里去抓呢？周文王的法令说，有逃亡的，就要大肆搜捕，因此他得了天下。我们的先君楚文王制定法令，规定窝藏赃物和盗贼同罪，所以他的封地一直扩大到汝水。看守宫门之人不让我到王宫里抓犯法之人，我就没有地方去抓获逃亡的罪犯了。如果愿意逃亡的就让他逃亡，以后也就没有奴仆了。这样一来，国家的政策不就有所缺失了吗？从前周武王列举纣王的罪状，通告诸侯说纣王是天下逃犯的窝主，是逃亡者聚集的渊薮，所以人们联合起来讨伐纣王。现在大王要取信于诸侯却又效法纣王，只怕不合适吧！如果以周文王和楚文王的法令来衡量，你窝藏盗贼也和盗贼一样啊。”楚灵王点头赞许，赦免了无宇，说：“带走你的人吧。我这个盗贼你还不能抓。”

俗话说没有规矩不成方圆，制度就是约束人的行为的规矩。对于执政者来讲，更要以身作则，不能破坏规矩。

楚灵王的礼物

楚灵王奸诈而又有野心，为彰显他的威势和影响力，楚国的章华台建成后，他希望中原其他诸侯国君能够参加落成典礼。但又怕无人响应，面有难色。太宰薳启强说：“我能够让鲁侯前来参加。”

《左传》记载薳启强到鲁国请鲁昭公，他对鲁昭公说：“从前贵国的先君鲁成公告诉我们的先大夫婴齐说：‘我决不忘记先君建立的友好关系，准备派衡父前去楚国，帮助楚国安定国家，安抚百姓。’婴齐在蜀地和贵国结盟后，我们楚国严格履行盟约，并把盟约祭告于宗庙。从前我们先君共王常常引颈北望，时刻盼望着贵国使者的到来，年年如此，到今天已经四位君王了，还没有得到贵国的帮助。因我国丧事贵国君襄公来过楚国一趟，我王由于过度悲伤，也没能好好招待，这都是过去的事情了。现在如果君王能屈尊到楚国，重续蜀地之盟，表明君王的恩惠，那么，我王定会感激万分，我国先君的神灵也会赞许这种做法。如果君王不去赐福于楚，我国国君定要捧着财物，出动军队请君王到蜀地去，重温贵国先君成公的教诲。如果到了这种地步，请问君王准备如何出兵抵抗楚军呢？”

鲁昭公害怕了，于是动身前往楚国。

楚灵王在章华台设宴招待鲁昭公，让一个长髯之人担任相礼。宴会上，楚灵王很高兴，送给鲁昭公一把名弓，随即又后悔了。薳启强得知后去拜会鲁昭公，鲁昭公主动跟他说起楚灵王送弓这件事。薳启强下拜表示祝贺，昭公问：“祝贺什么？”薳启强回答说：“这是一张天下闻名的好弓！齐国、晋国和越国都想得到这张弓，楚王没有给他们，而送给了君王您。请小心地保护好这件无价之宝，防备这三个国家的进攻争夺。难道这还不值得祝贺吗？”昭公听了之后十分害怕，急忙把弓还给了楚灵王。

话语权和决策权，自古就是衡量一个国家、一个组织，甚至是一个人地位的标志。一旦国家失去公信力，必定会出现内忧外患，最终走向衰败。

比烂

崔杼之乱后，陈氏开始觊觎齐国政权。而同时期晋国的晋平公好色，导致朝政荒废。公元前 539 年，齐国大臣晏婴受命到晋国处理联姻事宜。晋国大臣叔向陪同晏婴饮宴，两位都是历史上有名的忧国忧民的政治家。孔子称晏婴为“君子”，称赞叔向为“古之遗直”。他们胸怀国家，边饮边谈，讲述了各自国家日趋腐朽的现状，失望之情溢于言表，发人深思。

叔向问晏子：“齐国情况怎么样？”晏婴说：“到了末世了。国君不爱护他的百姓，把老百姓推到了心怀不轨的陈氏一边。陈氏借机笼络人心，政权可能要变更主人了。齐国过去有四种量器，就是豆、区、釜、钟。四升为一豆，四豆为一区，四区为一釜，十釜为一钟。而陈氏的豆、区、釜三种量器，都比国家的统一标准加大四分之一，钟的容量就更大了。他用自家的大量器借粮食给百姓，而用国家的小量器收回。他们把山上的木料运到市场，价格还不高于山上。鱼、盐、蜃、蛤的价格也不比海边贵。齐国的百姓创造的财富，三分之二交给了国君，只有三分之一维持生计。国君聚集的财物腐朽生虫，而贫困的老人却挨冻受饥。因为酷刑被砍断脚的人很多，市场上鞋子便宜而假足昂贵。百姓有疾病，陈氏就安抚资助，百姓如同流水一样归附陈氏。想不得到百姓的拥护，都不可能了。我们只能说，陈氏先祖的神灵已经来到了齐国，开始护佑他们的后代了。”

那么，晋国怎么样呢？叔向说：“现在也是末世了。战马不驾战车，卿不率领军队，公室的战车没有御者和战将，步兵的行列没有长官。百姓困疲不堪，而宫室官吏奢侈无度。道路上饿殍相望，而受宠的人家里财富特别多。百姓听到国君的命令，好像遇到强盗一样唯恐躲避不及。曾经有功于社稷的栾、郤、胥、原、狐、续、庆、伯这八家，都已经降为低贱隶役，政权落入私家之手，百姓无依无靠。面对危机国君毫不放在心上，只知道花天酒地而没有忧患意识。这样糜烂的社会，还能存在几天？《谗鼎》上的铭文说：'你即使黎明即起，声名显赫，你的子孙后代还会懈怠。'何况君王没一点忧患意识，无一丝改悔，还能够长久吗？"

晏子说："您打算怎么办？"叔向说："国家烂掉了，能得到善终就不错了，难道还期盼有前途吗？"

神医医病难医心

晋平公是个有雄才大略的国君。他在位二十余年，重用师旷、祁黄羊等人，使晋国再度恢复霸业。他在执政后期，热衷于大兴土木，贪恋女色，不务政事，致使大权旁落，三家分晋，此为开端。

《左传》记载，晋平公贪恋女色，严重透支身体，病症很严重，他多次求神也不见好转。公元前 541 年，晋平公听说秦国有名医，就到秦国求医。秦景公安排医和为他看病。医和说："贪色导致身体透支过度，病不能治了。这种病好像中了蛊一样，不是因为鬼神，也不是由于饮食不合理，而是被女色迷惑丧失了意志。良臣将要为此死去，上天不能保佑。"晋平公问："女色不可亲近吗？"医和回答说："能亲近，但要节制。例如音乐悦耳，是用来节制百事的，所以有五声的节奏，声音的和谐。五声下降后，就不允许再弹奏了。这时候再弹奏就有了靡靡之音，使人心烦耳乱，想入非非，就会忘记了礼仪。事情也像音乐一样，一旦过度，就应该停止。君子接近妻室，是用礼来节制的，不是用来烦心的。天有六种气象，派生为五种口味，表现为五种颜色，应验为五种声音，过了头就会发生六种疾病。阴没有节制是寒病，阳没有节制是热病，风没有节制是四肢病，雨没有节制是腹病，晦没有节制是迷惑病，明没有节制是心病，对女色没有节制就会发生内热蛊惑的疾病。现在您没有节制不分昼夜，能不生内热蛊惑的疾病吗？”

医和给晋平公看完病后，把结果告诉了赵武。赵武问：“你说良臣将要死去，上天不能保佑，这个良臣是谁？”医和说：“就是您！您辅佐晋国多年，晋国国内没有动乱，诸侯朝服，就是良臣。国君贪色没有节制而得病，到了不能过问国家大事的程度，还有比这更大的灾祸吗？”果真，当年冬天，赵武死于温地。

公元前 540 年，晋平公又迎娶齐女少姜，并很宠爱她。不料当年少姜就死了。丧期未满，齐景公又为晋平公选了一位齐女，是齐国大臣公孙虿的女儿。晋平公十分高兴地接纳了。公元前 532 年，晋平公去世。

君王贪色，大臣就一定要承担责任吗？赵武算得上名臣，为国工作兢兢业业几十年，《左传》认为他因此受惩罚死去，似乎不妥。

晏子毁宅，房贱心贵

晏子是春秋时期齐国著名的政治家、思想家、外交家。他作为上大夫，历齐灵公、庄公、景公三世，辅政长达五十余年。他以卓越的政治远见、外交才能以及朴实的作风闻名于世，被后人尊称为晏子。晏婴的故事多记录在《晏子春秋》和《左传》中。当时，晋、楚争霸，齐国虽为大国，但君王不体恤百姓，陈氏收买人心，内外已是危机四伏。为了安定国家，晏子里里外外为齐国出了很大的力。

晏子身居高位，但居住的房子并不好。住房靠近闹区，潮湿矮小，喧嚣嘈杂多尘。齐景公知道晏子为国尽力，就想为晏子更换高大宽敞的住宅。晏子辞谢说：“我的父辈们受恩赐一直居住在这里，我还没有他们为国家贡献大，能继续住在这里已经很奢侈了。而且这里靠近集市，早晚能了解商品行情，买到所需要的东西，这对我来说很方便，岂敢麻烦大王为我建造新房子？”齐景公笑着问：“您靠近集市，知道集市上东西的贵贱吗？”晏子回答说：“既然经常去集市逛，哪能不知道东西的贵贱呢？”景公说：“集市上什么贵？什么贱？”当时，齐国实行高压管理，刑罚非常重，很多人因为一点小事就被砍去了腿脚，因此就有专门卖假肢的人。晏子回答说：“假足贵，鞋子贱。”齐景公明白了晏子的意思，因此减轻了刑罚。《左传》评论说：“晏子一句话，就让齐景公减轻了刑罚。他是真君子啊！”

公元前539年，晏子出使晋国，处理晋平公夫人少姜去世和为晋平公重新选夫人的事情。齐景公安排人利用这个机会，拆迁四邻扩充面积，为他修建了住宅。晏子回来时，新房已经完工。晏子向齐景公拜谢以后，就让人拆毁了新房。他为被毁坏房屋的邻居重修了房屋，一切恢复原样，让原来的邻居重新搬回来居住。他认为：“非宅是卜，唯邻是卜。”就是说谁都希望居住在好风水之地，好风水需要有好邻居。住宅风水需占卜，好邻居更需要占卜寻找！这些多年的邻居都是占卜选的好邻居，让他们离开不祥，君子不应该去做不合礼法的事情。齐景公同意了。

现在，我们的生活水平提高了，从城市到乡村，都建起了漂亮的住宅。我们更应该向晏子学习，邻睦风亦暖，家和人自康。

“和”而不“同”

齐景公时期，与晏子同朝有个佞臣梁丘据，整日围着齐景公阿谀奉承，齐景公对他很赏识、宠爱。

《左传·昭公二十年》记载，齐景公患了疥疮，后来又得了疟疾，一年都没有痊愈。梁丘据对齐景公说：“大王是天之骄子，敬天地神灵，竟然还得重病，这都是掌管祭祀的祝、史心不诚的罪过。”他建议齐景公杀了祝、史。齐景公问晏子是不是可以杀祝、史消灾，晏子说："有德行的君主，国家和宫里的事情都处理得井井有条，上下没有怨恨，举动不违背礼仪。祝、史诚恳地向鬼神陈述实情，鬼神享用祭品，国家就会得到神灵的护佑。不注意德行的国君，对外有失公正，对内容忍邪恶，放纵欲望满足私心，沉溺美妓歌舞，不体恤臣民，掠夺百姓的积蓄，上下怨恨嫉妒，民怨沸腾，天怒人怨，还不肯悔改。祝、史陈说治国实际情况，必然报告国君的罪过；如果掩盖过错、专谈好事，就是虚诈欺骗。实说不行，不实说也不行，左右为难，只好陈述不相干的空话来搪塞鬼神。鬼神自然会降祸给他的国家，不保佑这样的国家和百姓繁衍有福、健康长寿。大王与其杀死祝、史，不如修养自己的德行。"齐景公于是放弃了杀祝、史的念头，下令让官吏放宽政令，毁掉关卡，废除禁令，减轻赋税，免除百姓拖欠的赋税。

这年冬天，晏子陪同齐景公到沛地打猎，回来时在遄台休息，梁丘据不辞劳苦从京城驱车前来伺候。齐景公说："还是梁丘据与我'和'啊！"晏子回答说："梁丘据只不过与大王'同'而已，哪里说得上'和'啊？"齐景公说："'和'跟'同'不一样吗？"晏子回答说："不一样。'和'好像做羹汤，用醋、酱、盐、梅来烹调鱼肉，厨师用调料加以调和，使口味鲜美，味道太淡就增加调料，味道太浓就加水冲淡。君臣关系也是这样。国君认为可行的事情其中也有不可行之处，臣下应指出其中不可行之处而使可行的部分更加完善。国君认为不可行的事情其中也有可行之处，臣下应该指出并加以肯定，从而使不可行的事得以避免，由此才能做到政事平和而不违背礼法，百姓没有争夺之心。现在，国君认为行的，梁丘据也认为行。国君认为不行的，梁丘据也认为不行。如同用清水去调剂清水，谁愿意吃这种羹汤呢？如同琴瑟只有一个音调，谁愿意去听这种乐曲呢？臣下对大王不应该一味地逢迎。"

晏婴的这段话深刻地辨析了"和"与"同"的差别，"同"就是不同人、事的相同一致，而"和"则是不同人、事之间的协调与融合。"同"看起来是一种高度统一的状态，但是这种统一往往丧失了原则、立场，其实也就没有了差别、个性的存在。而"和"则包含有求同存异、相互补充、共同前进的愿景，是事物健康发展的理想形式。晏婴借此向齐景公讲述治国为政的道理，劝谏齐景公远离佞人而亲近谏臣，同时也阐释了为人处世的道理——君子应该“和而不同。”

国家强大靠什么？

公元前538年，楚灵王派伍举到晋国，邀请晋国到楚国申地参加会盟大会。伍举就是伍子胥的祖父，楚灵王的宠臣。

伍举对晋国人说：“我们君王派我来的时候说：‘从前蒙贵国大力协助，与宋国的结盟取得圆满成功。那次盟约约定晋国和楚国的属国要到我们两国互相朝见。由于近年来多事，没有很好地履行。现在情况发生了变化，我们愿意与各国重建友好关系。你们如没有异议的话，就请通知其他诸侯国参加会盟。”

晋平公见伍举说话居高临下，非常生气，不想答应。大夫司马侯说：“君王不妨答应他。楚灵王不讲德行，肆意妄为，也许是上天想让他疯狂，然后给他以惩罚。晋国和楚国谁成为霸主，不仅仅是靠会盟决定的。我们修明德行，等着看他们的结果。如果他能借此施行仁德，我们自然要顺从他，何况其他弱小的诸侯？如果他更加荒淫暴虐，楚国人自己也会抛弃他，到时候谁又能与我们争霸主？”

晋平公说：“我们有三种优势，可以立于不败之地。地势险要，盛产战马，对手齐国和楚国灾难频繁、面临衰败。这三条决定了我们战无不胜。”

司马侯回答说：“仗着地势险要和战马众多，并把希望寄托在邻国的祸难上，这是危险的信号。四岳、三涂、阳城、太室、荆山、中南，都是九州中的险要地方，这些地方却没有一直为一姓所有。冀州的北部，是出产骏马的地方，也没有形成强大的国家。险要的地势和优良的马匹，并不能保证国家的长治久安。大王要致力于修明德行，赢得神灵的欢心和百姓的拥护，不能把邻国的灾难当成自己崛起的筹码。也许祸患能更进一步凝聚国人的力量，促使国家开辟疆土；也许没有灾难反而会丧失国家，失掉疆土。怎么能寄希望于别国的灾难呢？齐国发生了仲孙之祸，结果出现了齐桓公，齐国成了霸主，到今天齐国还受益于他的余荫。晋国发生了里克、丕郑之祸，结果出现了晋文公，从而使晋国称霸于诸侯。卫国、邢国倒是没有发生过灾祸，结果被外敌消灭了。仅仅依仗这三条，而不去修明政事和德行，同样存在危机，又怎么能高枕无忧？商纣王淫乱暴虐，商朝因此而灭亡；周文王仁慈和蔼，周朝因此而兴起，难道只是在争夺霸主吗？建议答应他们。”

晋平公答应了楚国使者的请求，派人回答说：“我国君王忙于国家大事，不能保证在春秋两季按时相见。至于其他诸侯，他们本来就是属国，何必再征求我们的意见呢？”

应该说，晋国大臣司马侯是异常清醒的一个人。唯物辩证法认为，内因是事物变化的根本，外因是事物变化的条件，外因通过内因而起作用。晋平公想依靠外因而取胜，忽视了内因的作用，注定不能成功。

羞辱他人不可取

楚共王没有嫡子，五个庶子都很受宠。当初楚共王在立储问题上十分为难，不知道应该立谁。于是就遍祭名山大川，请求“神灵”帮助他在五个儿子中做出选择。一天，他到祖庙里祭祀祖先神位，献上一块玉璧，说：“正对着玉璧下拜的，是祖先认可的。”祷告完毕，他就偷偷地把玉璧埋在祖庙的院子里，并做了标记。五个儿子斋戒后，按长幼次序到祖庙祭祖。公子昭（康王）两脚跨在了玉璧上，公子围（灵王）的胳膊放在了玉璧上，公子干、公子皙都离玉璧很远。公子弃疾（平王）还小，由别人抱着进来，两次下拜都压在了玉璧纽上。后来，公子昭、公子围、公子弃疾先后都做了楚王。

楚灵王就是楚公子围，他是杀死自己的侄子郏敖后自立为王的。楚灵王在位时，楚国实力强大。公元前 538 年，楚灵王强制留下前来朝见的许国国君和郑国国君郑简公，派大臣伍举到晋国请晋平公到楚国会盟，让各诸侯国尊自己为霸主。徐国国君的母亲是吴国人，楚灵王怀疑他有二心，还把他扣押起来。

楚灵王迎娶晋女，晋国的卿士韩起和大夫叔向护送她前往。楚灵王突发奇想，对大臣们说："晋国长期与我们争霸，是我们的仇敌。如果我让韩起看门，派叔向做宫内阉官的工作，行吗？"大臣们惊愕地面面相觑。大臣薳启强说："圣王致力于推行礼仪，不羞辱别人。城濮之战，晋国得胜而对楚国不加戒备，因此在邲地被我们打败。邲之战后，楚国得胜而未防备晋国，我们在鄢地又打了败仗。鄢陵之战以来，晋国严于防备，而且对楚国很注重礼节，所以楚国很难寻找到打败他们的机会。既然晋国已经答应我国要求，若我们再羞辱他们的使者，就会使两国成为仇敌。晋国人才济济，君王违背礼仪招致敌对，就应该做好充分准备。"楚灵王仔细地思考了一番，放弃了这种想法，对晋国使者厚加礼遇。

楚国率领多国军队攻打吴国，结果打了败仗。吴王派他的弟弟前来和解，楚灵王让人把他扣押起来。楚灵王兴建章华台，威胁鲁昭公前去祝贺；赠送鲁昭公礼物又采取恐吓的办法索回。他还借故杀了蔡灵侯，吞并了蔡国。让人意想不到的是，不可一世的楚灵王最后在内乱中自缢而死。

可见，不讲道义的国君终会被社会抛弃。

鲁昭公四渡黄河受阻

鲁昭公是春秋时期在位时间比较长的鲁国国君，在位时间长达三十二年。这一时期的鲁国，彻底被"三桓"（孟孙氏、叔孙氏和季孙氏）掌控。公元前517年，鲁昭公试图攻打势力最强的季孙氏，却被季孙氏与叔孙氏联手打败，被迫逃离鲁国，从此再也没能返还都城。所以他真正执政的时间只有二十五年，其余时间多是流浪在外，是个空有国君之名而流浪在外客死他乡的国君。

《左传》认为鲁昭公是个没有孝心之人，不应该由他继承君位。公元前

542 年，鲁襄公去世，鲁国人欲立胡女敬归所生的子野为君，不料子野因父死伤心过度而亡。鲁昭公（公子裯）是敬归的妹妹所生，权臣季武子只好把他立为国君。当时就有人反对："公子裯已十九岁了，脾气仍然像个小孩子。甚至他在居丧期间没有一点哀痛，反而有喜悦的神色。"等到鲁襄公安葬时，他一连更换了三次丧服，都很快被弄脏，丧服脏得好像旧的一样。《左传》还记载，鲁昭公的母亲去世，他也丝毫不悲痛，晋国人前来吊唁，看到他的所作所为都认为鲁国先人不会保佑他。

鲁昭公即位的第二年（公元前 540 年），晋国少姜去世，鲁昭公要到晋国吊唁，已经出发到达黄河岸边，晋平公派人辞谢，表示少姜不是正妻，不必前往吊唁。鲁昭公这次没能渡河去晋国，是晋国善意的婉辞。昭公只好返回，派季孙宿到晋国送去下葬的衣服。

鲁昭公十二年（公元前 530 年），晋国新国君晋昭公继位，鲁昭公计划与其他诸侯一起去祝贺。因为之前莒国人向晋国投诉鲁国出兵攻占莒国的郠地，晋国正准备讨伐鲁国，遇到了晋平公的丧事一直没有出兵，这样晋国就拒绝了鲁国的请求。鲁昭公到达黄河岸边被迫返回。次年秋，晋国会盟诸侯，鲁昭公没有参加，晋国人还抓了执政的季平子作为人质，并组成联军要讨伐鲁国。冬季，鲁昭公去晋国做辩解，晋国派人在黄河岸边拒绝鲁昭公入境。

鲁昭公二十一年（公元前 521 年），鲁昭公去晋国朝见，来到黄河岸边，遇到晋国的鼓地人叛乱投靠鲜虞，晋国准备进攻鲜虞，所以辞谢了鲁昭公。

鲁昭公二十三年（公元前 519 年），邾国人筑城回国，途经鲁国的武城，被鲁国伏击消灭。邾国人向晋国告状，晋国派人到鲁国问罪，鲁国派叔孙婼到晋国与邾国人辩论，晋国人就扣押了他。鲁昭公为解救叔孙婼，动身前往晋国，到达黄河时，因为生病而返回。

《左传》记载，鲁昭公有三次渡过黄河，到了晋国。《史记》对此有记载，但行文中对他充满鄙视和不屑。

鲁昭公五年（公元前 537 年），鲁昭公去晋国，从郊劳之礼一直到结束的赠礼，没有一点失礼行为。晋平公觉得他还是懂得礼节的。晋国大夫女叔齐却说：“礼是用来保有国家，推行政令，不失去百姓的。鲁昭公做的只是仪式，不是礼。”期间，莒国人向晋国控告鲁国收留莒国的叛将牟夷，鲁昭公险些被晋平公扣留。晋国放他回国，计划找机会用武力讨伐鲁国。

鲁昭公十五年（公元前 527 年），鲁昭公去晋国朝见，被扣留。直到第二年夏天才被允许回国。司马迁在《史记 · 十二诸侯年表》中写道：“日蚀。公如晋，晋留之葬，公耻之。”其实，晋昭公死于公元前 526 年秋，当年就下葬了，并无留鲁昭公参加葬礼之事。可见司马迁的记载或有疏漏。

鲁昭公二十五年（公元前 517 年），鲁昭公发兵攻打季氏，失败而逃亡齐国。鲁昭公在齐国寄人篱下得不到尊重，公元前 514 年春，他想去晋国，就派人请求晋国来人迎接。晋国非常客气地让昭公回到鲁国的边境上，然后派人把他送到晋国的乾侯。

鲁昭公在外多年，一直在齐国、晋国和鲁国交替生活，跟随他的子家羁说他有求于人而安于现状。到死鲁昭公也没能回国。

俗话说德不配位必有灾祸。司马迁以鲁昭公的事情向世人提出了警告。

季札周游列国

季札，吴王寿梦第四子，春秋晚期政治家。季札三次辞让王位，保证了吴国政权的平稳交接，体现了其淡泊名利、尊重传统和坚守道义的圣人品德。公元前 544 年，季札出使北方列国，促进了所到各国与吴国的友好关系。

季札出访的第一站是鲁国。他见到了叔孙穆子，对穆子说：“您恐怕不得善终！你担任鲁国的宗卿而主持国政，喜欢人才而不能够选用人才，国君怎么能受得了呢？将来必然招致祸患。”

季札请求观赏周室的音乐和舞蹈。于是鲁襄公就让乐工为他演唱《诗经 · 国风》里面的《周南》《召南》。季札听后，说：“听到了周朝王业开启，百姓勤劳而没有怨恨。”乐工为他唱《鄘风》《邶风》《卫风》，他说：“美好而深沉，听到了卫国忧愁而不困惑的仁德教化。”为他唱《王风》，他说：“思虑而不恐惧，听到了周室东迁以后的倔强民风。”为他唱《郑风》，他说：“太过琐碎了，百姓不堪忍受，郑国将要灭亡。”为他唱《齐风》，他说：“宏大的声音，是海边大国的音乐。国家前途不可限量。”为他唱《豳风》，他说：“听到了周公东征的声音。”为他唱《秦风》，他说：“听到了西方的夏声、秦国的强大。”为他唱《魏风》，他说：“抑扬顿挫啊，洪亮而又婉转，节拍局促而流畅，再用德行加以辅助，就是贤明的君主了。”为他唱《唐风》，他说：“听到了陶唐氏遗民的深沉思虑。”为他唱《陈风》，他说：“听到了国家没有君主的乱象。”乐师为他唱《小雅》，他说：“听到了周朝衰落的忧思。”为他唱《大雅》，他说：“和谐动听，抑扬顿挫而刚健劲直，感悟到了文王的仁德。”为他唱《颂》，他惊叹：“美极了！正直而不倨傲，婉柔而不卑下靡弱，亲近而不相逼，疏远而不离心，活泼而不邪乱，反复而不使人厌倦，哀伤而不忧愁，欢乐而不过度，常用而不匮乏，宽广而不显露，施舍而不浪费，收取而不贪婪，静止而不停滞，行进而不流荡。五声和谐，八风协调。节奏有一定的规律，乐器都按次序，这都是盛德之人所共同具有的。”

季札又观看《象箾》《南籥》舞，认为美又有所遗憾。看《大武》舞，认为反映了周朝兴盛的景象。看《韶濩》舞，认为圣人不易。看《大夏》舞，说：“大禹勤劳而不自以为有德。”看《韶箾》舞，认为功德到达顶点了，像苍天无不覆盖，像大地无不承载。盛德到达顶点，诗歌乐舞已达最高境界。于是不再观看。

季札到齐国访问，他非常喜欢晏子，就对晏子说：“您赶快把封地和政权交还国君，没有封地和政权，才能免于祸难。齐国的政权将会另有归属，如果没有变更，祸难不会停止。”于是晏子通过陈桓子把政权和封邑交还给齐景公，逃过了后来栾氏、高氏发动的祸难。

季札到郑国访问，给子产赠送白绢大带，子产送给季札麻布衣服。季札对子产说：“郑国的执政者过于奢侈，一场祸难将要来临！将来政权必然落到您手中。您执政，要用礼来谨慎地处事。否则，郑国将会败亡。”

季札到达卫国，与蘧瑗、史狗、史鱼、公子荆、公叔发、公子朝等人谈得很投机，他认为卫国有很多贤能的君子，不会有什么祸患发生。

季札从卫国去晋国，准备在戚地住宿。听到一阵钟声，说："奇怪啊！发动变乱而没有德行，必然遭到诛戮。孙文子逃到这地方，害怕还来不及，又怎么可以寻欢作乐呢？国君还没有安葬，怎能击钟寻乐呢？"孙文子吓得再也不听音乐。

公子札到了晋国，认为晋国的政权要落在赵氏、韩氏、魏氏三家手里。他对叔向说："您努力吧！国君奢侈但良臣很多，大夫们都富有，政权将要归于大夫手中。您为人耿直，一定要谨慎使自己免于祸难。"

季札一行出使五国，通过观赏乐舞、拜见执政者，发表了一套自己的理论，提出了自己的观点，他的预言后来都被证实。司马迁因此称赞他是阅历丰富见多识广的君子。《史记》还记载了季札出使晋国前，途中拜见徐国国君，徐君喜欢季札的宝剑。出使回来又经徐国，徐君已死，季札解下宝剑，挂在徐君坟墓边的树木之上离开。季札认为当初因公务无法赠送，但内心已答应了他，不能因为徐君之死就违背自己的心愿！

后出生的哥哥和先出生的弟弟

在古代嫡重庶轻观念之下，出生顺序尤为重要。然而，事情往往会有特殊性。春秋时期的鲁国，就有后出生的"哥哥"和先出生的"弟弟"一事。

《左传·昭公二十九年》记载，鲁昭公的两个妻室同时怀孕。临近生产时，两个女人商量着一起到产房去生，一起报喜。儿子公衍先出生了，他的母亲等着一起报告喜讯。三天后，另一个儿子公为出生，他的母亲却先去报了喜。后出生的公为就这样成了哥哥。

鲁国政权自鲁宣公以后，就逐渐形成了"三桓"联合执政，尤以季氏为主的局面，国君大权旁落。季平子为卿士执政时，因为处理事情不周，得罪了众多贵族。一些贵族就联合起来，怂恿公为，劝鲁昭公除掉季平子。鲁昭公出兵攻打季氏，结果另一势力大族叔孙氏帮助季氏，鲁昭公没能取胜，就逃亡去了国外。

鲁昭公赐给公衍一件羔裘，让他把一块雕刻着龙纹的美玉献给齐景公，公衍把羔裘也一起献给了齐景公。齐景公非常喜欢，就把阳谷赐给了他。鲁昭公又想起往事，说："我们逃离故国，是公为惹起的祸事，而且出生在后却当哥哥，欺骗了我这么多年。"于是就废黜了公为，把公衍立为太子。鲁昭公借用晋国和齐国的力量，几次想回国夺回君位，都没有成功。公元前 510 年，鲁昭公客死他乡。由于国外无人帮助，国内无人支持，公衍这个太子没能继承君位。季平子立鲁昭公的弟弟公子宋为新国君，也就是鲁定公。从此以后，鲁国的国君就更没有什么威势了。贵族大家季氏，后来也被其家臣阳虎所控制。

先出生的成了弟弟，后出生的反倒成了哥哥。其实鲁昭公很早就知道这件事的真相。为什么他不纠正？俗话说打断骨头连着筋，纵观历史，这也是个千年难解之社会课题。

长猪嘴巴的牛

人和牲畜最大的区别是什么？思维。牲畜之间最大的区别是什么？外观。有长着猪嘴巴的牛吗？

春秋时期鲁桓公有四个儿子，嫡长子同（鲁庄公）继承了鲁国国君之位。其余三个儿子庆父、叔牙和季友的后人，皆被封为公卿，后来都形成了大家族，分别被称为孟孙氏、叔孙氏、季孙氏，后世称其为"三桓"。自鲁宣公开始，鲁国国政就被操纵在以季氏为首的"三桓"手中了。

起初，季友为了让鲁庄公的儿子般继承君位，害死了叔牙。赐封叔牙的儿子公孙兹做了卿士。叔牙的孙子叔孙得臣的儿子叔孙侨如的名字，就是因为鲁国打了胜仗活捉夷狄首领侨如而起的。叔孙豹出生的时候，叔孙得臣用《周易》为他占了一卦，得到《明夷》变成《谦》。卜人楚丘说："这个孩子将来会逃亡他国，还能领着一个奸佞之人回来管理你的家业。佞人的名字叫牛，这个孩子最终将因饥饿而死。"

后来，叔孙侨如与鲁成公的母亲有私情，叔孙豹害怕受到牵连，就逃亡去齐国。行至庚宗这个地方时，饥饿难耐，遇到一个女人，便请她为自己弄点东西吃，并且还和她发生了关系。之后，那女人问他干什么去，叔孙豹把原因告诉了她，她眼含热泪不舍地送叔孙豹上了路。

叔孙豹到齐国后，娶了国氏女子为妻，生了两个儿子孟丙、仲壬。《左传》记载，有一次，叔孙豹梦见天塌下来压得自己喘不动气，快支撑不住了。他回头一看，发现一个人，黑皮肤，驼背，眼睛深陷，猪嘴巴。他大喊："牛，快来帮我！"这个被称作牛的人帮他顶住了天，叔孙豹才没被憋死。第二天早晨，叔孙豹召见所有属下，希望能够找到梦中这个人，可是没有一个体貌特征相似的，于是就对属下说："都帮我记住这个人！一定要找到他。"后来，他的哥哥叔孙侨如借鲁成公母亲的力量想独揽大权，结果被赶出鲁国，也逃亡到了齐国。鲁君召叔孙豹回国掌管叔孙氏，成了卿士。曾经在庚宗和他有过交往的女人找上门来，献上野鸡。叔孙豹问她儿子的情况，回答说："儿子已长大，跟着我来了。"把她的儿子叫来，发现正是叔孙豹梦中之人！叔孙豹没有问他的名字，就喊他"牛"，她的儿子非常爽快地答应了。牛由此受到宠信，后来替叔孙豹主管家政。

叔孙豹要接回在齐国娶的女人国姜，没想到国姜已经改嫁齐国大夫公孙明，叔孙豹非常生气。等国姜生的两个儿子长大以后，叔孙豹才派人把他们接回鲁国。鲁昭公四年（公元前 538 年），叔孙豹得了重病。他希望孟丙继承家业，就专门铸造了一口钟，对孟丙说："我要宴请鲁国大夫们，在举行钟的落成典礼时确定你为叔孙氏继承人。"孟丙将享礼准备妥当之后，让牛去请示叔孙豹，牛想借此机会独占叔孙豹的家产。他并没有向叔孙豹报告这件事，哄骗孟丙说叔孙豹已经定了典礼日期，邀请客人参加。这天宾客都应邀来到，敲响了钟声。叔孙豹感到奇怪，问牛缘由。牛说："孟丙正在招待他的母亲和公孙明。”叔孙豹非常生气，要前去看个究竟，却被牛阻止了。客人走了以后，叔孙豹便命人把孟丙抓住给杀了。

牛要仲壬认同自己，仲壬也不同意。仲壬和鲁昭公的御者莱书在公宫游玩，鲁昭公赐给他一个玉环。仲壬让牛转告叔孙豹，牛见到叔孙豹后什么也没有说，出来后告诉仲壬叔孙豹让他佩戴。牛随后对叔孙豹进言，表示仲壬已经私自见过鲁国国君了，国君还给了他玉环，他已经佩戴在身上，仲壬要取代叔孙豹。叔孙豹发现仲壬果然身上有玉环，非常气愤，就让人把他赶走了。仲壬逃亡到齐国。

叔孙豹病危，让牛把仲壬召回来，牛虽然答应了，却不派人去召他回来。叔孙豹在病床上又饥又渴，牛对前来探望的人说：“叔孙豹病重，不想见人。”叔孙豹最后被饿死。牛让叔孙婼掌管叔孙氏并主动辅佐他。

仲壬从齐国回来，季孙氏要立他为叔孙氏的继承人。牛给季氏家臣南遗送去礼物，南遗帮助牛杀死了仲壬。牛把东部边境的三十个城邑送给了南遗。叔孙婼掌管叔孙家族后，召集叔孙家族的人要杀死牛。牛闻讯逃跑，结果在齐、鲁边界的关口之外被杀。

其实，牛只是叔孙豹梦中之人，巧合的是牛还是一个与他有缘的人。叔孙豹的宠爱，再加上牛本身的心机，给叔孙豹家族带来了灾难。

季孙在晋，一波三折

弱国无外交，被人常常提及。小国如果要与大国叫板，寻回面子和所谓的尊严，真的很难。

齐桓公做霸主的时候，基本上是讲公道的。后来，晋国强大起来，成为霸主，各个小诸侯国都要向霸主交纳贡赋，而且越交越多。霸主有义务保护和维护这些小诸侯国的利益。春秋时期的鲁国，也算得上是东方的一个大国。鲁国也想让小国进贡，故而经常出兵攻打临近的郲国、莒国等小诸侯国。郲国、莒国向晋国告状，寻求公道。

《左传·昭公十三年》记载，邾国人和莒国人向晋国控诉说：“鲁国经常进攻我国，我国快要灭亡了。我国不能向霸主进贡财礼，完全是鲁国造成的。”晋昭公因此不让鲁昭公参加诸侯会盟，也不接见他。

鲁昭公不参加会盟。晋国人逮捕了鲁国大臣季孙意如，并把他带回到晋国。鲁昭公要到晋国去辩解，晋国人不让。鲁国大臣子服惠伯私下对晋国大臣中行穆子说：“鲁国事奉晋国，凭什么不如夷人的小国？鲁国和晋国是同宗兄弟之国，我们每年按规定进贡。如果为了夷人而抛弃鲁国，那么鲁国只好投靠齐国、楚国，这样对晋国没有什么好处。您还是考虑一下吧！”穆子认为子服惠伯说的有理，就把他的话告诉了权臣韩宣子，补充说：“楚国灭亡陈、蔡，我们不能救援，反而为了夷人抓同宗之国的人，这对晋国不利！”韩宣子同意放季孙意如回去。

鲁国人认为此事冤枉。惠伯说：“我们没有罪过，你们在诸侯大会上抓了我们的大臣。现在说放就放了，好像是我们行贿赎回来似的。你们给个理由，在会盟大会上赦免他吧。”韩宣子认为这件事不好办，问大臣叔向：“您能让季孙意如回去吗？”叔向回答说：“我办不到。羊舌鲋是能办得到的。”于是就让羊舌鲋去。羊舌鲋的贪婪世人皆知。羊舌鲋拜见季孙意如，说：“从前我得罪了国君，逃到了鲁国，如果不是您的恩赐，不能到今天。我一直想尽心尽力报答您。我听说让您回去而您不回去，在西河修造一所房子把您安置在那里，怎么样？”说着，就流下了眼泪来。季孙意如害怕，就回国了。

买不到抢不走的玉环

公元前 529 年，在平丘会盟中，郑国执政大臣子产据理力争，使晋国同意降低了对郑国的贡税要求。为了安抚盟国，公元前 526 年，晋国执政大臣韩起到郑国聘问。郑定公设宴款待了他。

韩起是个非常重视文化修养的人，晋侯常常让他代表晋国出访。《左传·昭公二年》记载，韩起曾到鲁国太史的家中参观图书，研读过《易》《鲁春秋》等书籍。韩起还是一个金石高手，对玉石情有独钟。他珍藏有一只玉环，非常精美，经常欣赏。他打听到在郑国商人手里，还有一只同样的玉环，于是就借机向郑定公请求想得到这只玉环，使其合璧。没料到子产不同意，说："郑国的这只玉环不是国家府库中保存的器物，我们国君不知道。"

事后，郑国大臣子太叔、子羽对子产说："晋国是大国，是霸主，韩宣子（韩起）是晋国执政大臣，他的要求不算多，一只玉环而已。我们对晋国不敢怀有二心，更不能得罪韩宣子。如果有人借此挑拨离间两国关系，惹恼韩宣子，后悔就来不及了。我们不能吝惜一个玉环！"子产说："我这样做并不是对晋国和韩宣子无礼，而是从长久考虑。君子忧虑的不是缺少财物，而是身居高位却没有好名声。治理国家考虑的应该是如何与其他国家相处，按照礼仪来维护国家的地位。我们是小国，对大国的尊重要体现在礼仪上，而不是投其所好。对他们的无理要求，如果不依礼来拒绝，一旦他们变本加厉，我们将无法承受。韩宣子奉国君之命出使，为求取一只玉环而失去名声，难道不是罪过吗？"

韩起打听到了那个商人，直接与这位商人协商，要购买玉环，两人谈好价格即将做成交易。商人说："这件事一定要告诉执政的子产大夫。"韩起对子产说："不久前我向定公请求得到那只玉环，子产先生认为不符合道义。现在我找到了玉环的持有人，他也同意把玉环卖给我，你同意吗？"子产回答说："郑国从立国那天起，就告诉百姓，不强买强卖他们的东西，让他们不要背叛郑国。依靠这个盟誓，国家上下一心，忠心于盟主。您为着友好情谊来到郑国，却要我们同意强夺商人的东西，这会令我们背弃盟誓，也会让您的名声蒙尘。"韩起终于忍痛放弃了玉环。

在完成使命回国时，韩起特地拜见子产，赠送给他宝玉和骏马，说："您让韩起舍弃玉环，赐给我金玉良言，以此薄礼表示拜谢！"韩起的精明、子产的正气，两人共同演绎了一出维护良好声誉的佳话。

娘家舅也不想多管闲事

郑国大臣驷偃娶晋国大夫的女儿，生了儿子丝。公元前 523 年，驷偃去世。此时丝尚年幼，不能问事。驷氏家族的人便立了丝的叔叔驷乞为家族继承人。郑国的执政大臣子产讨厌驷乞的为人，而且也认为这种立弟不立子的行为违背常规，所以他既不表态同意，也不制止。驷氏一族非常担心会惹事。

几天后，丝把驷氏立宗主的情况告诉了他的舅舅，也就是晋国的大夫。当时，郑国每年都要去晋国朝贺进贡。舅舅也想帮助外甥。不久，丝的舅舅派人带了财礼来到郑国，询问驷氏家族立弟不立子的缘故。驷氏一族害怕了，驷乞打算逃走，子产不让他走。驷乞请求用龟甲占卜，子产也不允许。大夫们急得像热锅上的蚂蚁，商量如何向晋国解释。子产不等他们商量好就回答客人："郑国不能得到上天保佑，我们国君的几个臣下都不幸病逝了，现在又失去了大夫驷偃。他的儿子尚且年幼，他的家族长辈害怕宗主之位断绝，便商量着立了年长的驷乞。我们国君和几位老臣说：'这也许是上天要破坏这种继承之法，我真的无能为力啊！'俗话说，不要经过犯上作乱者的门口，老百姓打架也要避开不去凑热闹，何况是上天要让他发生动乱的家族？现在您要询问驷氏家族改立继承人的原因，我们国君都不知道，还有谁知道呢？再说，如果我国的大臣中有人去世，晋国的大夫都要专断地干涉他们的继承人，这是把我们当成晋国的边境城邑了，还把郑国当作是独立的国家吗？"

于是他拒绝了客人的财礼。晋国人认为子产说的有理，对这件事就不再过问了。

历史上，有实力就拥有话语权。郑国外交家子产提出的"避乱"，成功地让晋国这个"娘家舅"避开，有时候"娘家舅"也未必就愿意蹚浑水啊！

险些亡国的楚平王

春秋后期，楚国为拉拢和控制蔡国，为蔡景侯之子般娶了一位漂亮的楚国女子为妻。蔡景侯为儿子聘娶以后，发现楚女貌美如花，蔡景侯便抢先占有了她。太子般知道后，愤怒地杀死了父亲蔡景侯和楚女，自立为蔡国国君，是为蔡灵侯。公元前 531 年，楚灵王召见蔡灵侯，把他灌醉，诱使他写下认罪书，以其杀父得不到百姓的拥护为由杀了他，并吞并了蔡国。随后楚灵王派自己的弟弟弃疾到蔡地做了蔡公。

楚灵王对外处处展示霸权，处理国事也很随意。他担任令尹的时候，杀了大司马薳掩并侵占了他的家财。即位后他还夺取了薳居的土地，灭了许国而以许国大夫围为人质。蔡洧的父亲死于楚灭蔡的战争中，楚灵王却很宠信蔡洧，派他守卫国都。在申地会盟时，楚灵王轻慢而侮辱越大夫常寿过。楚灵王还收回了大臣斗韦龟和蔓成然的封邑，让蔓成然为郊尹。蔓成然曾事奉蔡公（弃疾）。公元前 529 年，薳氏、许围、蔡洧、蔓成然等人依靠越国大夫常寿过发动了叛乱。

观从是观起的儿子。观起因为受宠于楚令尹子南而被楚康王所杀。当时，观从在蔡地跟随蔡国旧臣朝吴。观从用蔡公（弃疾）的名义邀请逃亡在外的子干、子皙（两人皆为楚灵王弟、蔡公兄长），等他们到达蔡地，观从才把真相告诉他们，强迫他们与自己结盟，进而袭击蔡都。蔡公发现情况有变就逃走了。观从让人对蔡地人散布流言说："蔡公四处结盟，准备造反了！"朝吴召集当地人说："你们是死心塌地跟随楚王而死或者逃亡，还是听从蔡公的？"大家都说愿意跟随蔡公。于是，他们与子干、子皙利用蔡人、陈人希望复国的心理，率领陈、蔡、许等地的军队，攻进楚国。楚灵王当时正在外打猎。蔡公派人先进入楚都，谋杀了太子禄和公子罢敌。立子干为楚王，子皙为令尹，公子弃疾为司马。楚灵王的军队听到消息就溃散了。楚灵王知道家人自相残杀，自己又没有救兵增援，最后上吊自杀。

楚灵王自杀的消息大家都不清楚，楚都城里尽是流言蜚语。常常有人夜里惊叫：“大王回来了！”城里的人皆惊恐。一天，弃疾让蔓成然告诉子干、子皙：“大王回来了，已杀了司马弃疾，你们快想办法抵抗吧。”接着就有人慌慌张张地跑来报告：“大王打回来了！”子干、子皙两人害怕，就自杀了。弃疾即位，就是楚平王。他让人找到一个长得有点像楚灵王的囚犯，让他穿上楚王的衣服，然后杀了他，把尸体抛进汉水中让其漂流，再让人打捞出来，为他收尸安葬。如此一来，国内人心才安定下来了。

楚平王偏听偏信，宠信费无极，诛杀伍奢、伍尚父子，逼迫太子建、伍子胥出逃，死后被伍子胥掘墓鞭尸，险些亡国。

以毒攻毒

春秋时期楚国的费无极，是历史上著名的佞臣。他心理非常阴暗，只要是他看不顺眼的人，不论与他有没有利害关系，他一定会想方设法陷害他们。

楚国攻破蔡国国都后，楚灵王让弟弟弃疾镇守蔡国之地，称蔡公，蔡国大臣朝吴跟随蔡公。楚平王（蔡公）继位后，让朝吴掌管蔡地。费无极妒忌朝吴，就想除去他。费无极挑拨朝吴和蔡地官员的关系，公元前 527 年，朝吴被赶跑，逃亡到了郑国。楚平王知道后，责问费无极。费无极竟然说：“朝吴有野心，他治理蔡地成绩太出色，蔡地强大了就会背叛楚国。除掉朝吴，有利于楚国稳定。”

楚平王派忠直大臣伍奢担任太子建的师傅，费无极为少师。太子建非常讨厌费无极。费无极就想出卖太子建和伍奢，以求得宠信。楚平王为太子建在秦国聘娶一女，让费无极前去迎娶。秦女貌美，费无极知道楚平王好女色，就劝楚平王自己娶了这个女子。公元前 523 年，他又劝说楚平王，让太子建镇守边城城父。一年后，费无极诬陷太子建和伍奢要据城造反，楚平王相信了费无极的谗言，逮捕伍奢，太子建逃亡到宋国。后来费无极又设套骗来伍奢的儿子伍尚一起杀害，伍奢另一个儿子伍子胥逃跑。伍子胥投奔吴国，后来帮助吴国险些让楚国灭亡。

蔡国国君朱避难逃到楚国。费无极收受朱的叔父的贿赂，立其叔为国君，废了蔡侯朱，蔡侯朱逃跑，后与楚国为敌。

楚国的左尹郤宛威望很高，费无极非常妒忌他，便与右领鄢将师相勾结设计陷害他。费无极对令尹子常说："郤宛要请您喝酒。"又对郤宛说："令尹要到您家里去喝酒。"郤宛问费无极需要怎么招待令尹，费无极说："令尹喜欢兵器，你一定要准备上好的兵器放在门口，让他参观。"费无极又对令尹子常说："郤宛在家准备了武器，可能要谋反，您不要去了。"令尹秘密派人到郤宛家察看，发现郤宛果然准备了武器。令尹子常马上召见鄢将师，下令出兵攻打郤宛。郤宛听到消息，就自杀了。楚国人都替郤宛喊冤。

子常虽然官居令尹，权倾一方，却非常贪财而无能。他曾向唐成公和蔡昭侯索要宝马、玉佩，没有得到，就扣留二位国君。蔡昭公后来请求晋国、吴国攻打楚国，楚国险些为此而亡国。楚昭王痛骂子常："误国奸臣，偷生于世，犬豕不食其肉！"

大臣沈尹戌实在看不下去了，对令尹子常说："左尹郤宛无辜被杀，楚国上下怨言很大，您不考虑给大家一个交代吗？费无极是个卑鄙小人，他逼跑朝吴、太子建，杀害伍奢父子，离间我国与蔡国的关系，蒙蔽君王，太阴险了！他在利用您啊！"令尹子常说："这是我的过错！"于是杀了费无极和鄢将师，把他们的族人全都杀了。

去除小人，以毒攻毒。

你勒索，我奉陪到底！

敲诈勒索自古就是为人所不齿的行为，勒索之后会有无穷后患。

《左传》记载，春秋晚期，楚国政治黑暗，内部钩心斗角，对外穷兵黩武。公元前 507 年，蔡国国君蔡昭侯为了讨好楚国，让匠人制作了两块精美的玉佩和两件裘衣，他亲自到楚国面见楚昭王，把一块玉佩和一件裘衣献给了楚昭王。昭王穿上裘衣戴好玉佩，非常满意，设宴招待了蔡昭侯。楚国令尹子常想要蔡侯的另外一件裘衣和玉佩，蔡昭侯不舍得给。子常恼羞成怒，就扣留了蔡昭侯。唐国的唐成公到楚国拜访，他的马队中有两匹稀世骏马，子常想让唐成公将马匹献给自己。唐成公不给，子常又把唐成公扣留下来。后来唐国人把宝马献给了子常，子常才放回了唐成公。蔡国人听说了这件事，也劝说蔡昭侯把玉佩献给了子常，蔡昭侯被释放。蔡昭侯回国，发誓一定要报仇雪恨！他前往晋国，把他的儿子送到晋国当人质，请求晋国出兵攻打楚国。

第二年春天，晋国准备出兵讨伐楚国。晋国的大夫荀寅向蔡昭侯索取财物，没有得到。荀寅就建议执政的范献子不要出兵帮助蔡国。于是，晋国谢绝了蔡昭侯，还让蔡国人进攻沈国，蔡国借势消灭了沈国。当年秋天，楚国以蔡国灭沈国为由，出兵围攻蔡国。蔡昭侯把他的另一个儿子送到吴国为人质，请求吴国出兵攻打楚国。

公元前 506 年冬季，蔡国、吴国和唐国组成军队进攻楚国。双方军队在汉水对峙。楚国司马沈尹戌对子常说：“您领兵沿着汉水和他们上下周旋，我带领大军抄他们的后路。到时候，您渡过汉水进攻，我领兵从后面夹击，必定打败他们。”沈尹戌就领兵出发了。子常认为楚国人讨厌自己而喜欢司马沈尹戌，他下定决心不能让沈尹戌立头功。于是他改变战术方案，率领士兵渡过汉水，摆开阵势，开始与蔡、吴联军交战，结果三战皆输。子常想逃跑又不敢。最终两军在柏举大战，楚军溃败。吴军一直追到了楚国的郢都，楚昭王逃走。子常逃亡去了郑国。

这就是勒索付出的代价。如果不是申包胥到秦国求救，楚国也许就灭亡了！

“变色龙”引发“海啸”

变色龙因身体的颜色多变而得名，它的变色是为了保护自己。人类中也有很多善变的人，为了达到自己的目的，变来变去，迷惑他人。在春秋后期，卫国就有这样一个人，结果引发了一次如海啸般的大混乱。

卫国的公孟絷是卫襄公的宠姬婤姶生的儿子，因为脚有残疾，影响走路，所以把国君之位让给了亲弟弟元，即卫灵公。公孟絷长大后成为执政大臣，他很轻视大司寇齐豹，就设法免去了他的官职，还剥夺了他的封地鄄地。国家有战事了，公孟絷又把鄄地还给了齐豹，命令他领兵打仗。仗打完了，他又把齐豹的官职免去，把鄄地要了回去。公孟絷树敌很多，他讨厌大臣北宫喜、褚师圃，想要赶走他们。公子朝和卫襄公夫人宣姜有私情，因为宣姜无子，元才成了国君。公子朝害怕公孟絷对己不利，也想除掉公孟絷。所以齐豹、北宫喜、褚师圃、公子朝联合起来发动了叛乱。

《左传》记载，公孟絷的车右宗鲁，是齐豹推荐给公孟絷的大力士。公元前 522 年，齐豹将要发动叛乱的时候，告诉了宗鲁，要宗鲁离开公孟絷。宗鲁拒绝了。结果公孟絷在都城城门外祭祀的时候，齐豹设伏，杀死了宗鲁和公孟絷。

卫灵公听到哥哥被杀的消息，携带财宝，坐着车子就逃跑了。

齐豹想与北宫喜联合。不承想北宫喜乘机攻打齐豹，并消灭了齐氏一族，赶跑了褚师圃、公子朝等人，杀死了宣姜，迎回了卫灵公。卫国这才稳定下来。

孔子认为，齐豹之所以成为坏人，公孟絷之所以被害，都是由于宗鲁。作为一个君子，应该不食坏人的俸禄，不默许动乱，不能为了私利而助纣为虐，不以邪恶待人，不袒护不义的行为，不做出违背礼法的事情。

卫灵公的话语权

卫国是周武王时分封的诸侯国，第一任国君是武王的弟弟卫康叔。《史记》记载，周武王灭商入朝歌，“毛叔郑封明水，卫康叔封布兹”。西周为戎人所灭，周平王东迁，卫国的卫武公曾出兵助周平戎，由此迎来了卫国在周王室地位显赫的时期。春秋初年，卫国与郑国都是周天子依赖的强国，两国的矛盾上升引发战争，消耗了双方的国力。公元前 660 年，荒淫奢侈的卫懿公被狄人所杀，卫国失国，在齐、宋、郑等国的帮助下才复国。春秋后期，吴、越兴起，晋、楚等强国国内矛盾加深。这时的卫国在年轻国君公子元（即卫灵公）的带领下，一度实现了中兴，成了一个生存在大国中间享有话语权的国家。

公元前 506 年，周王室大臣刘文公召集诸侯在召陵会盟，准备商讨攻打楚国的事情。在去往召陵的路上，卫灵公听说诸侯商讨后准备把蔡国的蔡侯安排在自己前面。这个先后顺序可是代表了国家地位的。卫灵公马上派大夫祝佗去找刘文公的谋士苌弘，非常郑重地对苌弘说：“听说要把蔡国安排在卫国之前，请问是否有这回事？”苌弘说：“是这样打算的。因为当初的蔡叔（蔡国的第一任国君）和康叔都是武王的兄弟，蔡叔是康叔的兄长，把蔡国排在卫国之前，不是应该的吗？”祝佗说：“先王排定位次的标准是德行。从前武王战胜商朝，成王平定天下，选择有德之人分封，把他们作为保卫周朝的藩篱屏障。为宣扬彰显德行，当年天子分赐鲁公、康叔、唐叔三人。他的兄长还很多，但都没有得到分封，说明天子并不崇尚年龄。管叔、蔡叔引诱商人，策划侵犯王室，天子因此杀了管叔而放逐蔡叔。蔡叔的儿子蔡仲改恶从善，天子又把他封为蔡侯，警告他不要像他父亲那样违背天子的命令！怎么能让蔡国排在卫国之前呢？”苌弘认为祝佗讲的很有道理，与刘文公和晋国商量后，最终采纳了卫国的建议，在结盟时卫灵公排在蔡侯之前。孔子因此对祝佗大加赞赏。

公元前 504 年，鲁定公听命于晋国而发兵讨伐郑国。去的时候途径卫国不向卫国借道，回来时鲁国军队又经过卫国都城。卫灵公发怒，欲派军队追击，被劝阻。因此卫灵公开始疏远晋国，同意与齐国结盟。

公元前 502 年，晋国与齐国发生战争，希望与卫国结盟。晋国卿士赵简子问：“谁敢去和卫国国君结盟？”晋国大夫涉佗、成何主动请缨。结盟时卫国人请他们两人执牛耳。成何说：“卫国不过有晋国温地、原地那么大，怎么能和晋国一样把自己当作诸侯国呢！”准备歃血时，涉佗推了一下卫灵公的手，血顺着胳膊一直流到手腕上。卫灵公非常生气，因此没有与晋国结盟。他征求大夫、工匠、商人们的意见，并把誓与晋国决裂的决心告诉他们，请他们选择。大家都赞同不与晋国结盟。

晋国请求重新结盟，卫国拒绝。晋国出兵攻打卫国，并责问卫国背叛的原因，卫国人说：“因为涉佗、成何二人无礼。”晋国人逮捕了涉佗，以此向卫国讲和，卫国人还是不答应。晋国人杀了涉佗，成何逃亡到燕国。《左传》评价说：“涉佗、成何两个人不讲礼仪，危害国家，还不如早点死去。”

可见，一个国家只要有理于世人，上下同心，自然充满浩然正气，即使弱国也有话语权！

季平子执政

在鲁桓公之后的鲁国，“三桓”家族一直把持着国家政权，其中以季孙氏势力最为强大。鲁昭公时，曾想消灭季孙氏，结果事与愿违，鲁昭公出逃，季平子（季孙意如）代为执政了近八年。期间，季平子真正体会到了高处不胜寒的感觉。

当时，季孙氏家族内部矛盾也比较多。季平子继承家业后，对有功于季孙家族的南遗的儿子南蒯不够尊重。南蒯便串通公室及叔孙氏的人，想赶走季平子，没有成功。

郑人、莒人向晋国控诉经常被鲁国进犯，不能按时进贡。晋国人逮捕了季平子，后来又把他放回。

季公若的姐姐是小邾国国君夫人，她生了宋元公夫人，宋元公夫人生了女儿，准备把她嫁给季平子，叔孙婼到宋国行聘并迎亲。季公若跟随前往，他劝宋元公夫人不要答应这门亲事，说鲁国正在准备赶走季平子。结果宋元公没有听从季公若之言，还是将女儿嫁给了季平子。

季公鸟的妻子是齐国鲍文子的女儿季姒，生了儿子甲。季公鸟死后，季公若（公鸟弟）、公思展和季公鸟的家臣申夜姑一同管理季公鸟的家务。季姒和一位管理伙食的家臣有私情。她又害怕被季公若等人发觉，就想到了一个嫁祸于人的计策。她让侍女把自己抓伤，然后披头散发，去找季公鸟的妹妹秦姬哭诉："公若无礼，我不答应，他就打了我。"她又通过季公甫、季公之等人向季平子告状，说公思展和申夜姑要挟她。季平子相信了季姒，扣押了公思展，还要杀掉申夜姑。季公若前去找季平子说情，季平子不见他，因此季公若怨恨季平子。

季平子在贵族层面树敌较多。季孙氏、郈氏两家斗鸡，季孙氏的鸡头上戴皮甲，郈氏的鸡腿上安了金属爪子，季孙氏的鸡斗败，季平子发怒，责骂郈氏，还侵占了郈氏的房屋。所以郈昭伯也怨恨季平子。

臧昭伯与堂弟臧会不和，臧会偷了臧昭伯的宝龟逃走。后来臧会到季孙氏家办事，臧昭伯派人到季孙氏家抓他。季平子很生气，拘留了臧氏的家臣。在祭祀鲁襄公时，季平子为抢风头，失去礼节。臧昭伯便鼓动大夫们一起怨恨季平子。

鲁国公室一直想削弱"三桓"势力。鲁昭公二十五年（公元前 517 年），机会来了。季公若主动要求鲁昭公除掉季平子。于是，鲁昭公与郈氏、臧氏一起发兵攻打季孙氏，攻进了季平子家里。季平子请求带五辆车逃亡，鲁昭公不答应。这时候，叔孙氏和孟孙氏感受到了危机，他们权衡后前来救援季平子。鲁昭公见大势已去，就逃亡去了齐国。

季平子执政时，他每年安排人送马匹、衣物到昭公居住的地方。昭公却扣留送马的人，还把马卖掉。季平子因此就不再送马过去了。

齐景公准备送鲁昭公回国，结果季孙氏家臣向齐臣行贿，昭公没能回国。鲁昭公又去了晋国，晋国权臣也接受了季孙氏送去的礼物。

晋定公继位后，准备出兵护送鲁昭公回国。范献子说："不妨召见季孙意如前来，他若不来，就说明他确实有失臣道了，然后再出兵也不迟。"于是，晋定公召见季平子，晋国的范献子派人私下告知了季平子。季平子到了晋国，光着脚，头戴练冠，身穿麻衣，毕恭毕敬地对晋国大臣说："事奉国君，是我求之不得的，岂敢逃避刑罚？君王如果认为我有罪，就请把我囚禁起来，以等待君王的明察。若念在先君的份上，不断绝季氏的香火，就是赐我一死，我也死而无怨。如果赦免我，不杀我，也不放逐我，这是君王的恩德，我至死也不敢忘记。能让我跟随君王一同回去，是我最大的愿望，岂敢有别的想法？"

鲁昭公认为，有晋国的帮助，一定能赶走季平子。没想到等来的结果竟然是晋定公派人慰问，劝他跟随季平子回国。鲁昭公很生气，表示此生不想再见季平子，并以"河神"为证！晋国使者见事已至此，就对季平子说："贵国国君的怒气还没有平息，您回去继续主持国政吧。"结果昭公想回国最后也没有能回去。公元前 510 年，鲁昭公在晋国去世。

赵简子问史墨："季氏赶走他的国君百姓却顺服他，诸侯又都帮助他，国君死在外边而没有人去怪罪他，这是为什么？"史墨回答说："上天降生季氏，让他辅佐鲁国国君，时间已经很久了。百姓顺服季孙氏，不是很合理吗？鲁国的国君世代放纵安逸，季孙氏代代修德勤政，百姓已经忘记他们的国君了。即使国君客死他乡，有谁会怜惜他？社稷无常奉，君臣无常位，自古以来就是这样。百姓心中没有国君，国君还凭什么掌控国家？"

鲁定公五年（公元前 505 年），季平子到东野巡视，死于途中。

《左传》之南蒯问卦

鲁国"三桓"家族之一的季氏季平子执掌国政以后，对待家臣南蒯很是傲慢。南蒯的祖辈就效忠于季氏家族，出了很大的力。南蒯很生气，想脱离季氏，打算利用鲁国国君的力量消灭季氏。鲁昭公的儿子子仲同意与南蒯联合，答应事成之后将费地赐予南蒯。在两人即将采取行动时，鲁昭公父子却避险去了晋国。南蒯害怕斗不过季平子，便要带着费地逃到齐国。

南蒯将逃往齐国，先占了一卦，是《坤》卦变为《比》卦。《坤》寓意厚德,《比》寓意亲近。《坤》卦六五爻爻辞为“黄裳元吉”，非常吉利。而《比》卦九五爻的爻辞则为“显比。王用三驱，失前禽，邑人不诫，吉”，非常明显，就是要顺应自然。

南蒯让子服惠伯解卦。子服惠伯是一个非常有计谋的大臣，他告诉南蒯，《周易》是不可以用来占问险恶之事的，内得不到支持，外无援，不能成功。南蒯最后只身逃走，结局不佳。

可见，漫漫人生路，有着太多的不确定性，既有偶然，也有必然，并不是卜卦所能算出来的。

排斥孔子的阳虎为何作乱

孔子是我国古代伟大的思想家、教育家，儒家学说的创始人。孔子一生怀才不遇，周游列国，奔走游说，致力于传播推广其文化思想和政治主张，特别是他的教育思想，对后世影响巨大。

孔子的一生中，对他仕途影响最大的有三个人。一个是他的伯乐孟僖子。鲁昭公七年（公元前 535 年），孟僖子作为外交大臣随鲁昭公出访楚国，因为不懂礼仪而受辱，回来后便向鲁国大夫和他的亲属推荐孔子，并让两个儿子说和何忌拜师孔子学习礼仪。另一个是宿敌阳虎。孔子母亲去世不久，季氏宴请鲁国名士。当时虽然年轻但已有盛名的孔子前去参加，结果在季氏家门口被阳虎嘲讽：“季氏飨士，非敢飨子也。”孔子被阳虎搞得灰头土脸，败兴而归。中年时期的孔子做了一段时间的官，因为阳虎的反对，也只好罢官回家，以教书为业。后来孔子周游列国，在卫国的匡地还因为阳虎而受困。再有一个就是齐国的大臣晏婴。孔子年轻时到齐国避难，齐景公向孔子问政，很欣赏他，想重用孔子并封赏给他土地。晏子认为孔子只能夸夸其谈，治理国家却不行。齐景公便打消了重用孔子的念头，孔子只好离开齐国。

客观地讲，阳虎对孔子的打击是最大的。阳虎在鲁国执政三年，实施了一系列改革措施，改变了鲁国以往忍耐退缩的国策，在与齐国的冲突中打退了齐国的进犯，甚至主动进攻齐国。阳虎的最终目标是除掉鲁国的“三桓”家族，以便独揽大权，实现自己的政治抱负。那么，曾一手遮天于鲁国的阳虎，后来为何又作乱了？

鲁定公五年（公元前 505 年）六月，季平子死于东野巡视途中。季氏家臣开始争权。阳虎准备用美玉随葬季平子，仲梁怀不同意。阳虎想要赶走仲梁怀，公山不狃不同意。九月底，阳虎囚禁了季桓子，与桓子盟誓、诅咒，并驱逐了仲梁怀。次年，阳虎又和鲁定公与“三桓”盟誓、诅咒。

季氏家臣季寤、季公弥、公山不狃，叔孙氏家臣叔孙辄、叔仲志都不得志，这五个人依靠阳虎，想要除掉“三桓”取而代之。计划在十月初三日在蒲圃设享礼招待季桓子时杀死他，结果被发觉。季桓子逃到了孟孙氏那里，阳虎劫持鲁定公攻打孟孙氏。孟孙氏家臣公敛处父率领成地人前来救援，打败了阳虎。阳虎逃到讙地、阳关而叛变。

鲁定公九年（公元前 501 年）六月，鲁军进攻阳关，阳虎战败，突围逃往齐国，请求齐国出兵攻打鲁国。结果齐景公没有听从阳虎之言，而是逮捕了阳虎。后来阳虎逃走，到了宋国，又逃到晋国归顺了赵鞅。

阳虎之乱是春秋时期鲁国历史上一次重大的政治事件，它不仅反映了当时鲁国政治的复杂性和动荡性，也展示了阳虎作为一个政治人物的野心和才能。阳虎之乱对鲁国乃至整个春秋时期的政治格局都产生了深远的影响。

会变的宝圭

古代人非常迷信黄河，认为得到“河神”的护佑事情才能成功，为了祭祀“河神”，贵族们不惜用活人、宝物献祭。祭“河神”活动历来是神秘而虔诚的。史书记载在春秋后期有祭祀“河神”的宝玉变石头的故事。

周景王的太子寿早夭，周景王许诺改立王子朝为继承人。公元前 520 年，周景王外出意外死亡，太子猛继位，是为周悼王。《史记》记载：“子丐之党与争立，国人立长子猛为王。”王子朝依靠周朝的旧臣和王室子弟发动叛乱。周悼王死于战乱。周大臣单穆公与王子朝不和，向晋国请求救援，并立周悼王之弟王子匄为天子，是为周敬王。晋国出兵，打败王子朝的军队后撤军。

第二年夏天，王子朝的军队开始反攻，打败周天子的军队，自立为周天子。周敬王逃到了晋国。许多周室大臣开始投奔王子朝。

公元前 518 年，晋顷公派人到王城调查周王室发生变故的原因，认为王子朝的做法不符合礼法，决定不支持他。这年初冬，王子朝把一块宝圭沉到黄河里，向“河神”祈祷。第二天，摆渡的船夫在河里捞取了这块宝圭。周大夫阴不佞带领军队追击王子朝，得到宝圭出水的消息。他抓住了捞取宝圭的船夫，把宝圭夺了过来，准备高价卖掉它，却发现这块宝圭变成了一块石头。等到周敬王王位稳定以后，阴不佞把它献给了周敬王，周敬王把东訾一地赐给他作为奖赏。

宝圭能变成石头吗？肯定不能！宝圭是古代帝王诸侯举行礼仪时所用的一种玉器。玉是什么？美石！只是不知道当时阴不佞是不是为私吞宝圭掩人耳目而假说宝圭变成了石头。这应是黄河给后人留下的有趣故事。

没有根基的许诺没用

在我们现代人的想象中，古代的天子，他的权力应该是至高无上的。天子想办的事情，没有商讨的余地。其实历史上，在每个朝代不同的阶段，最高统治者的地位是不一样的。王朝将要落幕之时，天子往往沦为一个朝代的象征，自己的命运自己也未必能够掌握。在选定自己的接班人时，许下的诺言也未必能实现。

《左传》记载，鲁昭公十五年（公元前 527 年），周太子寿去世。周景王和宠臣宾起想立王子朝为太子。单旗（单穆公）是周朝的卿士，刘献公的儿子刘蚠跟随他。刘蚠憎恶宾起和王子朝，想除掉他们。宾起和王子朝也知道其中的缘由，双方相互在周天子面前攻击对方。

公元前 520 年夏天，周景王让公卿们陪他去北山打猎，计划杀掉单穆公和刘献公。不料周景王途中病亡了。王子朝没有了后盾，卿士们拥立王子猛继位，即周悼王。刘献公也死了，单穆公便让刘蚠继位。刘蚠觐见周悼王后，杀了宾起。王子朝不愿接受权力旁落的现实，安葬周景王之后，依靠大批不得势的旧贵族发动叛乱，驱逐刘蚠，追杀单穆公。单穆公逃亡，王子朝的同党追赶他，不料多名王子反倒被单穆公杀死，形势逆转，王子朝只好逃亡到了京地。单穆公挟持周悼王，向晋国求援，晋国派军队把周悼王送回王城。王子朝组织人马攻打单穆公、刘蚠，单、刘二人率领周王室军队应战。周悼王在恐惧中去世，他的弟弟王子匄（周敬王）继位。晋国出兵帮助周敬王，大败王子朝的军队。第二年夏天，单穆公、刘蚠领兵再次攻打王子朝，王子朝退守尹地，组织反攻，打败单穆公、刘蚠，进入王城。

晋国当时是被周王室认可的霸主。他们继承了齐桓公“尊王攘夷”的旗帜，号令诸侯。晋顷公派人调查王子朝和周敬王谁具有成为周天子的资格。晋国是单穆公的靠山，晋国人认为王子朝没有合法的理由，于是公开不支持他。

单穆公、刘蚠进攻王子朝的军队，被打败。刘蚠挟持周敬王逃跑。晋国再次出兵，护送周敬王回京，王子朝逃到了楚国。

王子朝派人通报各个诸侯："从前武王战胜殷商，成王平定四方，康王与民休息，分封同母兄弟为诸侯，以此作为周朝的屏障。到了夷王，他恶疾缠身，诸侯遍祭境内的名山大川，为夷王的健康祈祷。到了厉王，他乖张暴虐，老百姓不能忍受，把他流放到了彘地。各诸侯都来参与王朝的政事，后来把王位奉还给了志向远大的宣王。到了幽王，天子昏乱，上天不佑，因此失去王位。幽王的儿子携王违背天命，诸侯废弃他，立平王为继承人，迁都到郏鄏。诸侯们一直都效忠王室。到了惠王，王子颓生祸乱，波及叔带。惠王、襄王避难，离开了国都。晋国、郑国发兵勤王，除掉奸人，安定王室。当今王室动乱，单旗、刘蚠搅乱天下，倒行逆施，说：'先王王位没有定制，只要我想立谁，就立谁，谁敢不从！'他们领着一些奸邪之人，在王室制造混乱，亵渎鬼神，藐视王法，背弃盟约，蔑视礼制，诬蔑先王。晋国不但不主持公道，反而帮助他们，使其更加放纵。现在我流离失所，躲到荆蛮之地，没有栖身之所。如果兄弟甥舅们能遵从先王的命令，顺应天命，不再帮助乱臣贼子，除去我的忧患，那就是我最大的愿望。从前先王的命令说：'王后没有嫡子，就选立年长的，年纪相当就根据德行，德行相当就根据占卜确定。'天子不立偏爱的人，公卿没有私心，这是古代的制度。穆后和太子寿早年去世，单氏、刘氏偏私立了年幼者，无疑违反了先王的命令。请各位诸侯考虑如何应对这种局面。"

客观地讲，王子朝是周天子选定的接班人。可是，檄文发出，各个诸侯国都没有理会他。鲁国的闵马父看到王子朝的说辞，说："文辞是用来施礼的。王子朝不依靠晋国这个大国，文辞有什么用处？"王子朝虽然聪明且比公子猛、公子匄年长，但他没有得到大国（晋国）的支持。公元前 505 年春，周人到楚地杀了王子朝。

《左传》说龙

龙是中华民族的图腾。我们伫立于九龙壁前，漫步于紫禁城内，徜徉于龙灯庙会，呐喊于龙舟岸边。龙作为一种文化标识，已经渗透到了我们生活的方方面面，深深扎根于我们的意识之中。

世界上到底有没有龙？人们已经争论了很多年。

《左传》记载，公元前513年秋天，在晋国都城绛地郊外，龙现身了。大臣魏献子问蔡墨："我听说，虫类中没有比龙再聪明的了。之所以认为它聪明，是因为人们捉不到它，对吗？"蔡墨说："其实是人不够聪明，而不是龙有智慧。古代曾有人养龙，所以历史上才有豢龙氏、御龙氏。"献子说："这两个家族，我也听说过，但不知道他们的来历，是怎么说的呢？"蔡墨回答："过去有一个飂国，它的国君叔安，其后代有一个人非常喜欢龙，能够根据龙的嗜好习性来喂养它们，因此很多龙都去了他那里。他就专门驯养龙，用来伺候帝舜。帝舜赐他董姓，氏豢龙，封他在鬷川，鬷夷氏就是他的后代。所以帝舜一族世世代代都有人养龙。夏代国君孔甲，因为顺服天帝，天帝便赐给他四条驾车的龙，两条黄河龙，两条汉水龙，各有一雌一雄。孔甲不会驯养，也没有找到豢龙氏的后人。有人名叫刘累，是陶唐氏的后代，他曾向豢龙氏学习如何驯龙。因为刘累有驯养龙的技术，就被招来饲养和管理这几条龙。孔甲嘉奖他，赐氏御龙。后来其中一条雌龙死了，刘累偷偷地把龙肉剁成肉酱给孔甲吃，孔甲觉得这种肉味道十分鲜美，不久又向刘累要这个东西吃。刘累害怕，就逃走了，范氏就是他的后代。"

魏献子又问："现在为什么没有龙了？"蔡墨回答："事物的发展都有规律，例如驯养龙，需要有相应的管理机构和官吏。这些官吏要不断地学习完善管理办法，每天从早到晚都要用心思考这些事，其实就是我们说的心无旁骛。一旦失职，就会丢官，不能享受俸禄，甚至还会丢掉生命。只有世代不间断地对龙驯养管理，龙才不会断绝。如果放弃驯养管理它们，龙就会自己潜伏隐藏起来，抑郁不能生长。历代有执掌五行的官员，称为五官，一代一代世袭，生前封爵，死后为神。如木官之长叫句芒，火官之长叫祝融，金官之长叫蓐收，水官之长叫玄冥，土官之长叫后土。龙，是属于水生的动物，水官被废黜，龙就不出现了。《周易》中也有龙的记载，《乾》卦初九爻辞说‘潜龙勿用’，九二爻辞说‘见龙在田’，九五爻辞说‘飞龙在天’，上九爻辞说‘亢龙有悔’，用九爻辞说‘见群龙无首，吉’。《坤》卦变成《剥》卦说‘龙战于野’，如果不是早晚都能见到，谁能说出它们的状态？”意思很明白，你重视它，它就繁衍发展；你不重视它，它就会慢慢消亡。

除《左传》外，《庄子》在《外篇》中借孔子之口，把老子比喻成“龙”。书中对龙的描述是：“龙，合而成体，散而成章，乘乎云气而养乎阴阳。”《列御寇》篇还讲了一个寓言故事：“朱泙漫学屠龙于支离益，单千金之家，三年技成，而无所用其巧。”东西没有了，你制服它的技术再精通又有什么用呢！

一块肉惹大祸

西周时期，人们是比较讲究礼节的。包括那时的战争，也大多是贵族们的事情。到春秋后期，一些国家摆脱礼仪的束缚，实施变法，贫民开始走上政坛。孔子认为仁义礼乐因此而崩毁，他提出了克己复礼的主张。其实，周礼不存，并非因贫民参政，孔子的很多弟子都是贫民。倒是贵族们对周礼的践踏，引出了很多祸乱。

《左传》记载，鲁定公二年（公元前508年），邾国的国君邾庄公和大臣夷射姑一起喝酒，酒酣之际，夷射姑出去小便。守门人对他说：“你给我拿一块肉吃吧。”夷射姑认为守门人不尊重自己，夺过守门人的棍子就把他打了一顿。守门人不敢反抗，却把仇恨记在心里了。

之后，邾庄公站在门楼上，向远处观望。他看向下面院子里时，只见守门人在庭院里不停地浇水，边浇水边刷地。邾庄公看到后非常生气，朝守门人发脾气。守门人说：“夷射姑在这里小便了，很难闻。”邾庄公一听，更加生气，下令把夷射姑抓起来。夷射姑听到消息，逃跑了。没有抓到夷射姑，邾庄公更为生气。他气呼呼地回到房内躺在床上，越想越生气，自己是一国之君，竟被大臣蔑视！他又从床上跳下来，结果一下子摔倒在床旁边炉子里的炭火上，衣服着火，皮肉烧伤。不久皮肤溃烂，最后感染不治而亡。《左传》认为，邾庄公急躁而爱干净，所以才弄到这个地步。

其实，不论是夷射姑酒后失态，还是守门人受辱后用计报复，一位大臣因一块肉而惹大祸，被《左传》记录下来，夷射姑算得上第一人！

霸权最后的疯狂

鄢陵之战之后，晋国的士大夫们争权夺利的事件不断发生，六卿后来彻底地瓜分了晋国的政权。他们钩心斗角，使得晋国实力大减，原来依附于晋国的诸侯国纷纷脱离，投靠别国。

《左传》记载，鲁定公六年（公元前 504 年）秋，宋国的大夫乐祁对宋景公说：“晋国无德，霸权已失，各国纷纷背盟脱离。诸侯中唯有我们还跟随晋国，如果现在不去朝拜，晋国恐怕会怨恨我们。”宋景公没有表态。乐祁回家后又把这话告诉了他的家臣陈寅。陈寅很有计谋，他说：“国君一定会让您去晋国办这件事。”过了些时候，宋景公对乐祁说：“我认为你说的话很有道理，派你到晋国去一趟吧！”陈寅告诉乐祁：“此去凶险，您要让国君把乐氏家族继承人确定了再动身，必须让国君知道你是冒险而去晋国的。”于是，乐祁就带着儿子溷拜见宋景公，明确溷为继承人之后，就动身去了晋国。

晋国的执政大臣赵简子（赵鞅）迎接宋国使者，并宴请乐祁。乐祁向赵简子献上了礼物。陈寅说：“从前我们求助于晋国的范氏，如今赵氏接待我们，您又给赵氏送了礼物，必定招来祸患。”果然，范献子（士鞅）向晋定公进言：

“宋国使者出使晋国，没有完成出使使命便私下和我国大臣饮酒，这是对两国国君的不尊敬，必须加以惩罚。”于是就逮捕了乐祁。

乐祁在晋国被扣留了两年多。公元前 502 年春，赵鞅对晋定公说：“当今诸侯之中唯有宋国追随晋国，我们不但没有好好招待他们的使者，反而逮捕了他们的使者，恐怕今后会失去与宋国友好的关系。”范献子说：“我们已经扣留他三个年头了，现在把他放回去，宋国必然背叛晋国。”范献子还私下劝乐祁让儿子溷来代替。乐祁把范献子的话告诉陈寅，陈寅说：“宋国必定会背叛晋国，不能让溷前来送死。”不久，晋定公同意乐祁回国，不料乐祁竟死在回国的路上。范献子认为这下宋国是一定要背叛晋国了，就扣下了乐祁的尸体，想以此来要挟宋国会盟求和。

公元前 501 年春，乐祁的儿子请求接回父亲的灵柩。宋景公派大臣向巢到晋国结盟之后，才迎回了乐祁的灵柩。后来，晋国分裂为赵、魏、韩三家。

可见，霸权最后的疯狂就是撕去伪装、不要脸皮了。

对国君不能有二心

《左传》记载，春秋后期，宋景公非常宠信司马向魋。宋景公的弟弟公子地有四匹非常漂亮的白马，向魋想得到这些马，宋景公便把马要来送给了向魋。公子地非常讨厌向魋，派人打了向魋并夺回了马匹。宋景公为此赶走了公子地。

公元前 484 年冬，卫国的太叔疾逃亡到宋国，成为向魋的家臣。太叔疾献给向魋一些罕见的珍珠，向魋把城钽之地送给了太叔疾。宋景公得到消息，索要这些珍珠，向魋不给，因此得罪了宋景公。

向魋还依仗宋景公的宠信扩充自己的势力，威胁到了宋景公，宋景公想除掉他。向魋请求用自己的封地交换薄地。宋景公说：“不行，薄地是宋国祖庙的所在地。”他同意把临近的七个城邑并入向魋的封地。向魋装作很高兴的样子，要宴请宋景公表示感谢，私下里却在布置埋伏。宋景公觉察了向魋的阴谋，告诉近臣皇野说："我把向魋的势力养大了，现在他却要加害于我，请派兵救我。"皇野说："这事必须要向魋的哥哥左师向巢支持才行，请用您的名义召见他。"皇野以宋景公要他陪同打猎为名，把左师招来，命令他交出兵符攻打向魋。向魋见大势已去，就逃到了卫国。卫国大臣公文氏听说向魋有一块好玉璜，便向他索要。向魋寄人篱下，只好交出这块玉，随后逃亡去了齐国。

向魋本来在宋国大权在握，但他野心膨胀，欲壑难填，一切荣耀都化为乌有。

不服气的结局

辱骂他人是发泄不满的一种方式，但这种方式可能会带来严重后果。

公元前 502 年，曹国的曹靖公去世，曹伯阳即位。曹伯阳喜欢打猎射鸟，曹国人公孙强是个好猎手而且善于投机。一天，他捕到一只非常稀奇的白雁，献给了曹伯阳，还向曹伯阳讲述了打猎射鸟的技巧，曹伯阳很欣赏他。由此而向公孙强询问国家大事，公孙强应对得体，曹伯阳就让他担任司城执掌国政。公孙强经常向曹伯阳讲述称霸的好处和策略，曹伯阳被公孙强蛊惑得热血沸腾，认为公孙强是治国强国之奇才，很快听从他的意见背弃晋国，侵犯宋国。晋国虽然衰落了，但毕竟是多年霸主，宋国也比曹国强大得多。《左传》记载，宋景公出兵攻打曹国，曹军大败，公孙强在都城郊外建城邑防范。

由于晋国国内士大夫权力之争愈演愈烈，晋国国君失去了控制权，郑国也背叛了晋国。公元前 488 年春天，宋国派军队攻打郑国，后又出兵攻打曹国。郑国派兵救援曹国，攻打宋国本土。宋景公准备从曹国撤兵回国，宋大夫褚师子肥断后。曹国人不服气，辱骂他，他的军队便停下不走了，宋军全部停下来等待褚师子肥。宋景公听说了这件事，极为愤怒，命令宋军再次进攻曹国。宋军攻破曹国都城，杀了曹伯阳和公孙强，灭亡了曹国。

春秋早期，姬姓同宗诸国往往是不亡人之国的。公元前632年，曹国曾被晋军占领，曹共公被活捉，晋文公还把曹国的土地给了宋国。后来，晋文公又让曹国复国。但宋国属于殷商裔国，此时周天子和姬姓之国的国君已经没有号召力了，曹国在存在了五百多年后，由此亡国。

这也许就是历史上骂人付出的最大的代价！

无所作为的曹国为何能延续五百年？

曹国是周代诸侯国之一，位于山东省西部。当年这里水系发达，交通方便，被司马迁称为“天下之中”。东周以来，天子衰微，诸侯征战和会盟频发，大国争霸崛起，小国被吞并。《史记》记载：“春秋之中，弑君三十六，亡国五十二，诸侯奔走不得保其社稷者不可胜数。”无所作为的曹国，生存于大国争霸的夹缝中，为何能够延续五百多年国祚呢？

在武王灭商之年，周武王的弟弟姬振铎即被分封到曹地建立了曹国。《史记·管蔡世家》记载：“曹叔振铎者，周武王弟也。武王已克殷纣，封叔振铎于曹。”（还有一种说法认为曹国始受封于武王十三年）当时的曹国，是最早分封的十二诸侯之一，采邑之地就在古九州之一的兖州地界内，位于雷夏泽、菏泽之畔，西接郑、卫，北邻于齐，东靠于鲁，南临于宋、徐，其疆域为以陶为中心的平原、湿地和丘陵地带。这里是华夏民族发祥地之一，生产生活条件较其他地方要好，交通便利，人口密集，山水相宜，物华天宝，面积虽不大，却比较富足，是当时周朝的重镇，为一流的诸侯国。曹国都城设于陶丘（今山东菏泽市定陶区西北）。曹叔振铎到封国后，“敬服王命，以绥四国，纠逖王慝”，体察民情，爱护百姓，重视农商，教人礼教，受到国人的赞扬。在现存的《诗经·曹风》中，有一篇《鸤鸠》，就歌颂了曹叔振铎勤政廉洁、治理有方，使得曹国国强民富、人民安居乐业的事迹。

曹国建立以来，除第一位国君曹叔振铎外，其他国君都非常傲慢，使得国内矛盾重重。曹国宗室贵族为抢夺国君之位，数次出现兄弟、叔侄相残杀的悲剧。如公元前 826 年，戴伯（名苏）杀死兄长幽伯（名强），自立为国君；公元前 760 年，穆公（名武）杀掉其兄废伯（名石甫）自立为国君。

春秋初年，宋、郑两国交恶。宋、卫结盟，郑、齐结盟，双方不断地会盟征伐，波及周王室和多个诸侯国。当时还比较富足的曹国却很少参与。曹庄公时，鲁国在曹国组织了两次会盟，曹国都没有参加。

据《左传》记载，在春秋中期以后，曹国开始频繁参加诸侯会盟和战争。曹国参与会盟，是从曹昭公时开始的，当时是齐桓公称霸时期。公元前 670 年，曹国被戎国攻占，齐桓公出兵帮助曹国复国。曹国稳定以后，紧跟齐国，参与了齐桓公组织的大大小小的会盟九次，参与齐国发动的战争五次。著名的召陵之盟和葵丘之盟，曹国都参与了。

齐桓公之后，宋襄公欲借齐国的威势称霸，拉拢和威逼周边小国会盟，曹国、邾国等被迫参加了宋国组织的两次会盟。到曹共公（名襄，公元前 652 年立）时，曹国已经非常衰弱了。但曹共公并没有吸取灭国的教训，反而更加奢侈荒淫。《史记》记载，像曹共公这样一个小国之君，出门时却有三百位美女陪伴。不但如此，他还目光短浅，喜欢乘人之危。

公元前 637 年，晋公子重耳因为国内动乱逃亡国外，逃亡途中路过曹国拜见曹共公。曹共公听说重耳的肋骨与常人不同，是连在一块的，就想趁此机会看看重耳的肋骨。重耳非常生气，虽然没有表露出来，但也没有答应曹共公的无理要求。为了达到目的，曹共公后来竟然设计偷看重耳洗澡，满足了自己的好奇心。几年后，重耳回到晋国夺取了国君之位，就开始讨伐曹国。“（共公）二十一年，晋文公重耳伐曹，虏共公以归。”曹共公被俘虏后，若不是重耳念在同宗的亲情关系上，恐怕曹共公的命就没了。这场战争，直接摧垮了曹国的政治和经济基础。“成公三年，晋厉公伐曹，虏成公以归。”公元前 515 年，曹国国君悼公到宋国朝见而被扣留，客死他乡，进一步加速了曹国的衰亡。

更可悲的是，已经沦为大国附庸的曹国，其最后一代国君曹伯阳自不量力，野心膨胀，妄想称霸诸侯。公元前 488 年，曹国撕毁盟约，断绝和晋国的依附关系，后又蛮横地干预宋国内政。次年，宋国兴兵攻打曹国，占领了曹国都城。经二十六代国君传承之后，曹国灭亡。

曹国的历史之所以能够延续五百余年，第一个原因是，西周近三百年，礼乐征伐出自天子，各个诸侯国相安无事，曹国非常安逸。到齐桓公称霸时期，仍然遵循“尊王攘夷”和安定诸侯的思想，还实施了存邢救卫的行动。这一时期，小诸侯国得以保留。第二个原因是，晋国也是姬姓封国，即使是曹共公无礼对待了晋文公重耳，晋文公即位后讨伐曹国，抓获曹共公后也只是把他教训一通放回，而没有灭他的国、毁坏他的宗庙。但不是姬姓封国的宋国就不一样，宋国先是扣留曹国国君，后又灭了曹国。第三个原因是，春秋中后期曹国的国君，除曹伯阳外，都能够紧跟晋国、鲁国，积极参加晋国主持的会盟大会和发动的战争，主动献上贡礼。如公元前 620 年，参加晋灵公继位的扈会盟；公元前 613 年，参加对抗楚国的新城会盟；还有讨伐齐国的扈会盟、鞌之战；讨伐郑国的虫牢会盟；讨伐秦国的战争，协调同盟国关系的黑壤会盟、扈会盟、清丘会盟；参加与楚抗衡的戚会盟等。据《左传》记载，曹国随晋国和鲁国参加的会盟和战争有数十次之多，所以能够得到晋国的保护。只是后来脱离晋国，才导致灭亡。

你的脸面没有我的信义重要！

脸面是人的外表，很少有人不在意。信义是做人准则，反映了一个人的内涵。脸面重要，信义也重要。有人重视脸面，有人更重视信义。

卫灵公的夫人南子是宋国人，貌美，在还未出嫁时便与宋国贵族美男子公子朝有私情。后来，南子嫁给了荒淫的卫灵公，但南子还思念着公子朝。

公元前 496 年，卫灵公为了满足漂亮妻子南子的心愿，二人在洮地召见了宋国的公子朝。

当时，晋国内乱不断，卫国想脱离晋国的束缚而与齐国、郑国和好。卫国太子蒯聩奉命出使齐国，路过宋国郊外时，宋国有人对着他说：“母猪已经有了家室，为什么还不把我们的公猪放回来？”蒯聩感到羞耻万分，他知道这是在说南子和公子朝的龌龊事。于是对随行家臣戏阳速说：“你跟着我去见夫人（南子），夫人接见我时，只要我一回头看你，你就杀了她。”戏阳速很干脆地答应了。蒯聩去朝见母亲南子，南子接见了他。蒯聩回头看了戏阳速三次，戏阳速都不肯动手。夫人看出蒯聩的脸色不对，哭着逃离了，并大喊：“蒯聩要杀我。”卫灵公过来拉着她的手躲走了。太子事情没办成，知道父亲将要处罚自己，无奈之下只好逃亡去了宋国。

为什么在关键时候戏阳速不肯动手？有人认为是戏阳速见到南子被她的美貌迷住了。甚至还搬出孔子见南子一事，说当年孔子见到南子也心动不已。蒯聩认为是家臣戏阳速言而无信害了自己。戏阳速则说：“蒯聩嫁祸于人，为了脸面行大逆不道之事，要杀自己的母亲。我若不答应他去杀夫人，他就会杀死我。如果我杀死了夫人，他就会归罪于我以解脱自己。我只有答应他而不去做，才可以暂免一死。我这样做就是用道义来保护自己。”

做人必须有信用，要以行为合于道义。

治病不能靠求“神”

晋、楚争霸后期，南方的吴国在晋国的帮助下迅速崛起，与楚国开始发生摩擦。此时的楚平王昏庸无道，听信佞臣费无极的谗言，强娶为太子建聘娶的妻子，迫害忠臣良将，大批国之栋梁逃到吴国。公元前 516 年，楚平王去世，年幼的太子壬继位，即为楚昭王。吴国借此机会，大举进攻楚国，在柏举之战中，大败楚军，此后仅用十几天的时间，就攻陷了楚都郢。楚昭王弃都城逃跑。楚大夫申包胥孤身到秦国请求救援，在秦国宫廷外哭了七天七夜，滴水未进，直至气息奄奄，终于感动了秦哀公。秦国出兵救楚，秦、楚两国合兵，多次击败吴军。吴国突生内乱，吴王阖闾只好撤军回国。

楚昭王发奋改革，修治甲兵，把郢都迁到鄀地，重建了都城。公元前496年，楚国消灭了背楚而归晋的顿国。次年春又消灭了胡国。公元前494年春，楚昭王以在柏举之战中蔡国支持吴国为由，发兵攻破蔡国国都，蔡人投降，楚昭王把蔡国迁移到长江、汝水之间。公元前491年夏，楚国攻下夷虎，开始策划向北方扩张。

《左传》记载，鲁哀公六年（公元前489年）春天，吴国再次攻打陈国。楚昭王说：“我们先王和陈国有过盟约，不能不去救援。”当楚国出兵陈国驻扎在城父的时候，楚昭王生病了。当时，连续三天天空中有血红色云霞，像一群飞翔的鸟一样围绕着太阳。楚昭王向太史询问天象吉凶，太史说：“天象不利于楚王。如果举行祭祀，就能够把灾祸转移到本国令尹、司马身上。”“把腹心的疾病去掉，而放在大腿胳臂上，有什么益处？我没有大的过错，上天能让我死去吗？如果有罪受到处罚，又怎能逃得脱呢？”楚昭王没有举行祭祀。又占卜病因，太史说是黄河之“神”在作怪。大夫们请求在郊外祭祀“河神”。楚昭王说：“三代时规定的祭祀制度，祭祀不超越本国的山川。长江、汉水、睢水、漳水，是楚国的大川，祸福的影响不会超过这些地方。我即使没有德行，也不会得罪黄河之神。”所以也没有去祭祀。楚昭王又让占卜战争结局，占卜的结果显示不吉利。占卜退兵，还是不吉利。楚昭王说：“看来我只有死了。楚国刚刚开始复兴，如果军队再次打败仗，不如让我去死。抛弃盟约、逃避仇敌，也是逼我去死。同是一死，还是死在仇敌手里吧！”

当时楚昭王病得很厉害，他要公子申接替他，公子申不同意；要公子结接替他，公子结也不接受；要公子启接替他，公子启连辞了五次才答应他。楚军进攻大冥，楚昭王死在城父。楚人迎立昭王之子熊章（惠王）为王。

孔子说：“楚昭王悟出大道了。他使楚国中兴，是当然的事情。”人的生老病死是自然规律，也与环境有着密切关系，不是靠求“神”解决的。

落魄之人自有落魄的道理

中国有句俗语：滴水之恩当涌泉相报。人在落魄之时，如果能够得到帮助，那将是莫大的幸运。同样，历史上农夫与蛇的故事也经常上演。

《左传》记载，楚平王时，佞臣费无极得不到太子建的信任，就用计把太子建驱逐到城父，后又诬陷太子建伙同他人造反。太子建逃亡到宋国，不料宋国发生内乱，他又被迫去郑国躲避。郑国人非常友好地对待他，没想到他却和晋国人合谋想进攻郑国。事情败露，郑国人杀了他。

太子建的儿子胜也是一个和他父亲一样的角色，恩将仇报！太子建死后，胜逃到了吴国。楚国令尹子西打算召他回来。叶公说胜这个人狡诈而好谋乱，让他回来恐怕会滋生祸端！子西认为胜诚实而勇敢，就把他召回并安置在了边境上，让他保卫边疆。号称白公胜。

白公胜一心为父报仇，公元前 479 年，白公胜请求攻打郑国，子西委婉拒绝了。过了些时候，胜再次请求进攻郑国，子西同意了。结果楚国还没有出兵，晋国就开始进攻郑国了，楚国怕郑国因此依附晋国，就救援郑国，并和郑国结盟。白公胜非常恼怒，他不但不感谢楚王把他召回国内，反而想杀楚王、子西和子期以泄愤。他认为有五百士兵即可完成任务，可是他没有这么多士兵。他还认为没有士兵只要勇士熊宜僚帮助他也可以实现此目的。他就去求见熊宜僚，结果熊宜僚不愿意跟从他。一天，他非常夸张地磨一把利剑，子期的儿子平问他磨剑做什么，他说我要杀死你的父亲。平把这些话报告给子西，子西不相信他会恩将仇报。

吴军进攻楚国慎地，白公胜出兵打败了他们。白公胜借向楚惠王进奉战利品之际，发动叛乱，杀了子西和子期，并劫持了楚惠王。他的属下劝他焚烧府库，杀死楚惠王，自立为王，他没有听从。白公胜考虑不周，楚惠王被人救走。楚军马上进攻白公胜，白公胜兵败自杀。

按照卦象去打仗

春秋时期，《易经》被广泛应用于生活的各个方面。行军打仗前卜卦是非常常见的活动，但因卜卦结果而变更攻击对象，还是少有记录的。

随着南方吴、越崛起，晋国衰落，原来晋国的属国纷纷脱离晋国，投靠他国。公元前 504 年，宋国的大臣乐祁就对宋景公讲“诸侯唯我事晋”，如果不到晋国去走动，恐怕要被怪罪。宋景公便派乐祁出使晋国，结果乐祁到晋国因为结好执政大臣赵鞅而没有看望范氏而被扣留。赵鞅为救乐祁，也对晋定公讲“诸侯唯宋事晋”，对宋人要宽容些。可见，当时只有宋国还依附晋国，晋国实际上已没有太大的威慑力了。

公元前 488 年，郑国公开背叛晋国，宋国为讨好晋国，出兵攻打了郑国。后又出兵攻打背叛晋国的曹国。

公元前 486 年，郑国也出兵攻打宋国，不承想自己没准备好，打了败仗。晋国的赵鞅不知是怎么考虑的，竟然想去救援郑国，为此而占卜，得到的卦象是水流向火。于是就此卦向史赵、史墨、史龟询问卦象的吉凶。

史龟说：“这是阳气下沉，可以发兵。但卦象显示宜于攻打姜姓之国，不宜于攻打子姓商国。齐国是姜姓之国，攻打齐国可以获胜，攻打宋国就不吉利。”

史墨说：“盈，是水泊的名称。子，是水的方位。名称和方位相当，不能侵犯。炎帝是火师，姜姓是他的后代。水胜火，攻打姜姓可以成功。”

史赵说：“这就好像河水涨满，不能游泳过去。郑国正处于灾难之时，不能救，救援郑国不吉利，其他的不知道。”

阳虎用《周易》占筮，得到卦象为本卦《泰》卦，之卦《需》卦，其中六五爻为动爻，爻辞为“帝乙归妹，以祉元吉”。阳虎说：“宋国是微子启的封国，微子启是帝乙的长子，他受封后把妹妹嫁到了郑国。宋国和郑国是舅舅和外甥的关系。祉是爵禄。如果他们双方纠缠在一起吉利有福的话，我们哪里还能够得到好的结局？宋国没有凶兆，不能与它为敌。”阳虎以前是鲁国季氏家臣，非常有本领，他曾挟持季孙氏执政，消灭“三桓”不成出逃，从鲁国逃亡到齐国，后来到了晋国，得到赵鞅重用。赵鞅认为阳虎说的有道理，就停止救援郑国。

第二年夏天，赵鞅领兵攻打齐国，随军大夫请求占卜。赵鞅说：“我正是根据去年占卜的结果而出兵，一次行动不能占卜两次。”随后，晋军攻占了犁地和辕地，摧毁了高唐的外城，攻到赖地而回兵。

也许这就是古代文化的魅力所在！

花言巧语与言而无信

春秋时期，齐国的齐景公在晏婴、司马穰苴的辅佐下，逐渐走向了强大之路。但是，齐景公的儿子阳生却不如其父，靠花言巧语赢得王位，对人言而无信，最终把齐国姜氏政权交给陈（田）氏，造成田齐代姜而丢失政权。

齐景公宠爱鬻姒，对鬻姒所生的儿子荼也就格外亲近。大臣们害怕齐景公立小弃大，如果荼被立为太子，将会引起混乱。于是就劝齐景公抓紧立太子储君。齐景公知道他们不同意立荼为太子，就提醒他们不要过问此事。齐景公生病后，果然让大臣国夏、高张立荼为太子，并把其他的儿子流放到外地。公元前 490 年秋，齐景公死，他的儿子公子钼、公子阳生逃亡到鲁国。鲁国权臣季康子把妹妹季姬嫁给了阳生。

公元前 489 年，齐国大臣陈乞挑拨高张、国夏与大臣们的关系，伺机和鲍牧及大夫们一起进攻高氏、国氏，国夏和高张逃亡国外。陈乞是陈完的后代，此时已经在齐国形成了很大的势力。

陈乞派人到鲁国接公子阳生回国，准备拥立阳生为国君。鲍牧喝醉了酒，质问陈乞说：“您忘记先君的遗诏了吗？”鲍牧是鲍叔牙的后代，齐国上卿。听此一言，阳生害怕了，连忙叩头，对鲍牧说："您是奉行道义之人。如果我被立为国君，一定不会杀掉您这样一个大夫。如果我没能立为君王，相信您一定不会杀我这个公子。合于道义就做，不合道义就罢，一切听从您的安排。无论废谁立谁，只要不发生动乱，就是我最大的愿望。"阳生的花言巧语蒙骗了鲍牧。鲍牧说："你们都是先君的儿子，都有资格做君王！"于是他们结盟，拥立阳生为国君，即齐悼公。齐悼公即位后把荼安排到赖地，把荼的母亲鬻姒迁往别处。他清洗了支持荼的大臣，随后派人杀死了荼。

齐悼公派人到鲁国接季姬。不料，季姬和她的叔叔季鲂侯有私情，季康子知道了这件事，不敢把她送到齐国去。齐悼公发怒，公元前 487 年夏，让鲍牧带兵进攻鲁国，攻占了讙地和阐地，并请求吴国一起攻打鲁国。

秋季，鲁国和齐国讲和，两国结盟，齐国迎回季姬。齐悼公很宠爱季姬，季姬让齐悼公把讙地和阐地归还回去。鲍牧很生气，煽动公子们造反，被告密，齐悼公言而无信，把他杀了。

公元前 486 年春季，齐悼公通知吴国不用出兵了。吴王一心想北上称霸，对齐国出尔反尔非常生气，就组织鲁、郯、邾国一起出兵攻打齐国。齐国人杀了齐悼公，齐国政权落入陈乞之手。公元前 484 年，吴国在艾陵大败齐军。

花言巧语与言而无信，能得到一时的利益，但终究会遭到报应。

戴了绿帽子又被杀的国君

春秋晚期的齐国，虽然不能再称霸于诸侯，但也还是一个强大的国家。作为齐国国君，齐悼公可算得上是一个复杂之人。

齐景公与夫人燕姬生的儿子未能成年就死了，他便非常宠爱与鬻姒所生的儿子荼。齐景公病重的时候，让大臣国夏、高张立荼为太子。齐景公病逝，太子荼继位，国夏、高张把持朝政。景公其他的儿子逃亡国外。

大臣陈乞策划制造国夏、高张与鲍牧和其他大夫们的矛盾。鲍牧和大夫们受了陈乞的挑唆，率领甲士冲进公宫，赶跑了国夏和高张等人。陈乞到鲁国请回公子阳生，并安排他与诸位大夫签订盟约，阳生（齐悼公）成为了新国君。齐悼公即位后便杀死了荼。

齐悼公逃亡鲁国的时候，季康子把他的妹妹（季姬）嫁给了悼公。悼公离开鲁国以后，季姬和她的叔叔季鲂侯有私情。悼公即位以后，忘不了季姬，便派人去迎接她。季姬向季康子讲出了与季鲂侯有私情的事情。季康子害怕了，不敢把她送到齐国去。齐悼公非常恼火，让鲍牧带兵进攻鲁国，占领了讙地和阐地。齐悼公还派人到吴国求援，说要一起攻打鲁国。

鲁哀公害怕了，公元前 487 年秋，便和齐国讲和。齐悼公接回了季姬，还非常宠爱她。不久，齐国便把讙地和阐地归还给了鲁国。

鲍牧成全了齐悼公却不受重视，于是挑拨众公子们造反。公子们将此事告诉了齐悼公，齐悼公借机杀了鲍牧。

公元前 486 年春，齐悼公才派人到吴国，告知他们不必再出兵了。吴王说："去年我听了贵国君王的命令，要出兵攻打鲁国，现在说变就变了，我不知道该怎么办才好。我还是亲自到贵国去听从齐王的命令吧。"意思是要出兵到齐国讨要一个说法。

公元前 485 年春，吴王召集鲁、邾、郯等国军队，攻打齐国南境，军队驻扎在鄎地。齐国发生内乱，齐悼公被杀死。吴王认为有必要彻底降服齐国，派水军从海上进攻齐国，结果打了败仗。又过了一年，吴、鲁两国组成联军，再次进攻齐国，在艾陵大败齐军。

在当时，吴王本来就是一个不守信义之人。齐悼公与狼为伍，又出尔反尔，结果引火烧身，只能说齐悼公之死是咎由自取。

把对手当心腹

齐悼公当初在鲁国的时候，他和他的儿子壬（齐简公）非常崇信阚止。齐悼公回国夺位时，阚止就打算跟他回去，悼公没有同意，再三叮嘱他留下照看好儿子壬。等到壬（齐简公）回国即位，就让阚止执掌政权。当时已经在齐国羽翼丰满起来的陈常很忌惮阚止，在朝廷上屡次回头看他，担心出事。大夫鞅对齐简公说："陈常和阚止两个人，你还是选择一个重用吧。"齐简公没有把这话放在心上。

陈豹想要当阚止的家臣，让公孙推荐自己。公孙对阚止说："有一个叫陈豹的人，身高背驼，眼睛仰视，事奉君子一定能让人满意，想要当您的家臣。我怕他人品不好，所以没有立即告诉您。"阚止说："这有什么了不起，品行好坏在于我如何使用。"于是陈豹成为了阚止的家臣，还得到了信任。

一次，阚止对陈豹说："我把陈氏全部赶走立你为继承人，怎么样？"陈豹回答："我在陈氏族中是远支，再说与您为敌的也就几个人，为什么要把他们全部赶走呢？"陈豹接着就把阚止的话告诉了陈氏族人，陈逆对陈成子说："阚止得到国君信任，我们不先下手，他必然要加害于您。"

一天晚上，阚止去朝见齐简公，正好遇到陈逆杀了人，阚止就把他抓起来带进了宫里。陈氏族人让陈逆假装生病，并送去酒肉和洗头用的淘米水。陈逆明白了，请看守自己的人吃喝，看守喝醉以后，陈逆就杀了看守，然后逃回家中。阚止追问，陈氏族人马上贿赂阚止，并和他结盟，同意共同约束陈逆，防止其继续作乱。

公元前 481 年，陈成子率人冲进齐简公住处，赶跑了在宫内的阚止。陈逆杀死了国君的护卫侍者，胁迫陈成子造反。阚止集合家丁攻打陈氏，没有获胜就想外逃，结果被捉住杀死。后来陈氏又杀了齐简公，陈成子自任太宰，印证了当年周史为陈国陈厉公之子敬仲占筮的预言。

这就是用人不当毁自己啊！

千乘之国不及子路一诺

子路是孔子的弟子，也是《史记·孔子世家》中出现较多的一个弟子。孔子对他的评价是果烈刚直，忠心不二，讲信义。《二十四孝》中为父母百里负米的故事的主人公就是子路。

鲁哀公十四年（公元前 481 年），小邾国的大夫射带着他的管辖地句绎投奔鲁国。他对执政的季康子说：“只需要让子路给我一个口头约定，我就不用和鲁国签约盟誓了。”鲁人派子路前去，子路推辞不去。季康子派冉有劝说子路，冉有对子路说：“邾人射不相信一个有千辆战车国家的盟约，却相信您的口头许诺，对您来说是无上的荣耀，您为何不去呢？”子路回答说：“鲁国和邾国有仇，如果鲁国和邾国发生战事，我不用询问原因，就义不容辞出征甚至战死。现在射不守为臣之道，如果我和他约定而使他的愿望得以实现，就等于承认他的行为合乎道义了，我不能这么办。”

可见，子路是那个年代非常罕见的看重道义之人。

《左传》记载，鲁定公十二年（公元前 498 年），子路曾任季氏家宰，建议季孙、叔孙、孟孙“三桓”大家族支持定公，采用孔子提出的富国强兵、集权中央的建议，主动毁弃三家的城邑。虽然叔孙氏先毁掉了自己的封地郈邑，季孙氏也通过内部战争毁掉了费邑，但孟孙氏不同意，最终没有成功。

公元前 487 年，子路在卫国被聘为蒲邑宰，后又为卫大夫孔悝的家臣，受到重用。公元前 480 年，卫太子蒯聩得到他姐姐的帮助，回国争夺王位，劫持执政的外甥孔悝，卫出公外逃。子路认为吃了孔氏的俸禄，就不应躲避祸难。他得到消息，冒死冲进卫国国都去救援孔悝，结果被杀。

子路为了自己的信仰，在生死关头临危不惧，即使是面对死亡也大义凛然。这就是儒家所提倡的价值观，也是市场经济环境之下必须提倡、发扬的。

父子相继，卸磨杀驴

春秋时期的父子争夺君位、相互残杀，这类事情在《左传》中司空见惯。但发生在春秋末期卫国的父子夺权案，彻底丢掉了仁义道德和人伦，给后人以警示。

卫灵公就是卫襄公宠姬婤姶所生的儿子元。因为卫襄公夫人无子，元的哥哥絷脚有残疾，元才得以继位。卫灵公在位时尊重贤才，善于用人。但他又胡作非为，荒淫无耻，被孔子称为无道之君。卫灵公非常宠爱夫人南子，竟满足她与情夫宋公子朝见面约会的愿望。他的儿子太子蒯聩忍受不了，又杀不了南子，只好逃亡到了国外。

卫灵公在郊游的时候，他的另一个儿子郢为他驾车。卫灵公许诺要立他为继承人，公子郢没有回应。过了些时候，卫灵公又对公子郢这么说，公子郢胆小，回答说："我不堪重任，您还是改变主意吧。既没有和大臣商量，又没有举行仪式，将来会惹麻烦。"公元前 493 年夏，卫灵公去世，灵公夫人要公子郢继位，说这是国君的遗命。公子郢没有接受。于是卫国人就立了太子蒯聩的儿子辄为国君，即卫出公。当年，逃亡在外的太子蒯聩被晋国人送回卫国。

卫国的卿士孔悝是蒯聩的姐姐所生，是卫国卿士孔圉的儿子。孔氏的仆人浑良夫高大威猛，并且长得很漂亮，孔圉死后，他就和蒯聩的姐姐孔姬有了私情。孔姬派浑良夫前去戚地看望蒯聩，蒯聩对浑良夫说："如果你帮助我夺回君位，我封你为大夫，赦免你三次死罪。"浑良夫和蒯聩为此盟誓，决定请孔姬帮忙。

公元前 480 年冬，浑良夫和蒯聩回到都城，住到了孔悝家里。孔姬亲自出面召集心腹，武力逼迫孔悝盟誓，要立蒯聩为君取代卫出公。栾宁得到消息后，保护着卫出公逃走了。

孔悝立了蒯聩为卫庄公。卫庄公认为原来的大臣都靠不住，就想把他们全部除掉，司徒瞒成和褚师比害怕，就逃亡去了宋国。

卫庄公派人向周室报告卫国政变的情况，得到了周敬王的认可。随后，卫庄公请孔悝到平阳喝酒。孔悝喝醉了，套上马车拉着孔姬半夜离开。卫大夫子伯季子请求追杀孔悝，结果被孔氏家臣许公为射死。孔悝只得逃亡宋国。此后，卫庄公又赶走了孔圉的女婿太叔遗。

卫庄公与浑良夫商量改立太子的事情，被仆人密告给了太子疾。太子疾召集武士劫持了卫庄公，强迫和他盟誓，请求杀死浑良夫。卫庄公说："我和他盟誓曾答应赦免他三次死罪。"太子说："在三次以后，再有罪就杀死他。"卫庄公同意了。

公元前 478 年春天，卫庄公建造了一座漂亮的小木屋，太子疾请浑良夫陪他在里边吃饭。浑良夫应约，太子疾举出浑良夫三条罪就杀了他。此后，太子疾开始在晋国人面前状告父亲卫庄公，晋国遂出兵攻打卫国。不料，卫国人赶走了卫庄公，也不欢迎太子疾。他们与晋国和好，晋人立公子般师为新君。卫庄公和太子疾不久又返回卫国，再次引发内乱，二人被杀。

靠演技治国：必乱！

治理国家是一项非常复杂而严肃的大事。虽然《老子》认为治大国若烹小鲜，但国家就像一个庞大的机器，运转中任何一个环节出问题，就有可能停摆。所以，从古代开始便有了官员和各种办事机构。然而，历史上有些统治者把治理国家当成演戏，最终引发战乱。

《左传》载，卫太子蒯聩因为忍受不了父亲卫灵公夫人南子的作风，计杀南子没有成功，逃亡晋国。卫灵公欲立另一个儿子郢为太子，老实的郢没有答应。卫灵公死后，卫国人立蒯聩的儿子辄（卫出公）为国君。蒯聩想从儿子手中夺回王位，他与姐姐的情人浑良夫暗中勾结，伪装成女人，回到卫都，在执政大臣、外甥孔悝的帮助下，逼走了卫出公，成为卫国国君，是为卫庄公。

卫庄公即位后，便开始像演戏一样设局清洗大臣。他还派人到周王室，非常客气地向周天子请罪，周天子此时已没有什么影响力，十分爽快地册封他为卫君。

卫庄公希望得到国人的支持。浑良夫给他出主意：把儿子们召集起来，重新选太子，然后以没有才能为由废掉他，就可以得到支持了。公子疾得到消息，抢先劫持了卫庄公，父子二人布置了一个精致的小木屋设宴，杀了赴宴的浑良夫。公子疾自立为太子。

公元前 478 年，晋国召见卫庄公，卫庄公以内乱为由拒绝，太子疾借机向晋国状告卫庄公。晋国出兵攻打卫国。卫国人赶走了卫庄公而与晋国讲和。晋国人立卫襄公的孙子般师为国君，然后回国。不久，卫庄公又从鄄地回国都，般师急忙出逃。卫庄公想要驱逐国卿石圃，石圃率先发动反对力量攻打卫庄公，杀死了太子疾，卫庄公逃到戎州己氏家里躲避。他拿出一块玉璧，央求说：“你如果救我一命，我就把这块玉璧给你。”己氏回答：“我如果杀了你，这块玉璧不是照样落到我手里吗？”于是就杀了卫庄公，夺取了玉璧。卫国人又把公孙般师请回国并再次立他为国君。齐国人趁乱进攻，卫国人请求讲和，齐国人废般师而新立公子起为国君。第二年夏天，卫卿石圃驱赶国君起，卫出公（公子辄）重新回国继位，赶走了石圃。

卫出公对大臣并不好，他夺走了公孙弥牟的封邑，收回了司寇亥的权力，让侍从把公文懿子的车子推到池塘里。卫出公认为褚师声子不尊重自己，声称要砍去他的脚。卫出公宠爱夏戊的女儿，让她的弟弟期任司徒。后来夏戊的女儿不受宠，期也被他疏远了。卫出公还故意侮辱大夫拳弥。这些大臣联合起来发动叛乱，公元前 470 年夏，卫出公逃亡，派祝史挥到越国求取救兵。第二年夏天，越国的皋如率领越国、宋国、鲁国的军队准备护送卫出公回卫国都城。卫国人私下拜见皋如：“您是打算灭亡卫国，还是要送他即位呢？”皋如说：“把卫君送回来就行了。”卫国人重重地贿赂越国人，答应一定配合。越人护送卫出公到卫都，卫都城门大开，城上布满守卫，卫出公不敢进城。皋如就率军队回去了。卫国人立了蒯聩的弟弟，把卫出公居住的城钮送给了越国。后来卫出公在越国也不受待见，他怨恨司马期参与叛乱，便杀了夫人所生的儿子，最后他也死在了越国。

善于演戏的父子，最终都没能稳固政权。

利嘴子贡

子贡，又名端木赐，博学多才，善于外交，是孔子的得意门生之一。《史记》称“子贡利口巧辞，孔子常黜其辩”，“子贡一出，存鲁，乱齐，破吴，强晋而霸越。子贡一使，使势相破，十年之中，五国各有变”。

对于子贡出使五国，《史记》是这样记载的。因为齐国田常想要篡位，却害怕高氏、国氏、鲍氏和晏氏四家，他就发动军队去攻打鲁国。孔子听说这件事，对门下弟子们说：“鲁国是祖宗坟墓所在，父母之国，要设法救它。”于是便安排子贡与别国联络以救鲁。

子贡到齐国，游说田常说：“您攻打鲁国是错误的。鲁国城墙单薄而矮小，护城河狭窄而水浅，国君愚昧而不仁慈，大臣们虚伪而无用，士兵百姓又厌恶打仗，这样的国家不可以和它交战。您不如去攻打吴国，吴国城墙高大而厚实，护城河宽阔而水深，铠甲坚固而崭新，士卒经过挑选而精神旺盛，拥有精锐的部队，又派英明的大臣守卫，这样的国家是容易攻打的。”田常质问子贡为何出此无知之言。子贡说：“忧患在国内的，要去攻打强大的国家；忧患在国外的，要去攻打弱小的国家。我听说您多次被授予封号而未能封成，是因为朝中有大臣反对。现在，你想攻占鲁国来扩充齐国的疆域，若是打胜了，占领了鲁国土地，齐国的国君就更骄纵，大臣就更觉得自身尊贵。国君骄纵就无所顾忌，大臣骄纵就要争权夺利。这样，您在齐国的处境就危险了。假如攻打吴国不能取胜，则在上没有强臣对抗，在下没有百姓的非难，国君只能依靠您。”田常说：“可是我的军队已经开赴鲁国了，现在从鲁国撤军转而进兵吴国，大臣们怀疑我，怎么办？”子贡说：“您按兵不动，不要进攻，我为您出使吴国，让吴王出兵救援鲁国而攻打齐国，您可趁机出兵迎击它。”田常采纳了子贡的意见。

子贡游说吴王说：“我听说，施行王道的不能灭他人之国，施行霸道的不能树立强敌。如今，齐国拥有万辆战车还欲吞并鲁国，欲和吴国争高低，我私下替大王感到危险。讨伐强暴的齐国，援救弱小的鲁国，镇服强大的晋国，安抚北方的各国诸侯，没有比这样做获利更大的了。这道理，聪明人是不会怀疑的。”吴王说：“我曾经和越国作战，败越王勾践于会稽山上，现在勾践发奋图强，有报复我的决心。等我打败越国后再按您的话做吧。”子贡说：“越国的力量超不过鲁国，吴国的强大超不过齐国，大王把齐国搁置在一边，去攻打越国，等您打完越国，齐国早已平定鲁国了。况且大王高举‘存亡断绝’大旗，却攻打弱小的越国而害怕强大的齐国，这不是勇敢的表现。勇敢的人不回避艰难，仁慈的人不让别人陷入困境。聪明的人不会错失时机，施行王道的人不会让一个国家灭绝。现在，保留越国向各国诸侯显示您的仁德，援助鲁国攻打齐国，施威于晋国，各国诸侯一定会竞相来吴国朝见，称霸天下的大业就成功了。大王果真畏忌越国，我请求东去会见越王，让他派军队追随您前往讨伐齐国。”吴王同意派子贡到越国去游说。

越王勾践以高规格迎接子贡，并亲自到子贡下榻的馆舍问策。子贡说：“现在我已劝说吴王救援鲁国而攻打齐国，他害怕越国借机起事，故一定要先攻打越国。你们要报复吴国，事情还没有开始，就被发现了，这件事做得不够聪明！”勾践听罢叩头到地，问子贡怎么办。子贡说：“吴王为人凶猛残暴，大臣们难以忍受；国家多次打仗，弄得疲惫衰败，士兵不能忍耐；百姓怨恨国君，大臣内部思变；伍子胥因谏诤被杀死，太宰嚭执政当权，以权谋私。这是亡国之兆啊。大王要迎合他的心志，用重金宝物来获取他的欢心，用谦卑的言辞奉承他，果断出兵追随他，他一定会攻打齐国。如果吴王不能取胜，是大王您的福气。如果他打胜了，一定会带兵威逼晋国。我会北上会见晋国国君，让他一同攻打吴国。等吴国的精锐部队全部消耗在齐国，重兵又被晋国牵制住，大王趁它疲惫不堪的时候攻打它，这样一定能灭掉吴国。”越王非常高兴，答应照计行动。

子贡回报吴王说："我十分郑重地把大王的话告诉了越王。越王非常惶恐和自责，仰赖大王的恩赐，保存国家，至死也不敢忘怀，不敢另有其他的打算！"随后，越国请求出动军队三千人，勾践要亲自披甲随吴王出征。越国又送来大批宝物贺礼。吴王非常高兴，问子贡："越王想亲自跟随我攻打齐国，可以吗？"子贡回答说："不可以。调动人家所有的人马，还要人家的国君跟着出征，这是不道义的。你可以接受他的礼物，许他派出军队，辞却他的国君随行。"吴王同意了，于是就调动军队去攻打齐国。

子贡又到了晋国，对晋国国君说："我听说，不事先谋划好计策，就不能应付突然出现的变化；不事先治理好军队，就不能战胜敌人。现在齐国和吴国即将开战，如果吴国不能取胜，越国必定会趁机攻击它；如果取胜了，吴王一定会带着他的军队威逼晋国。"晋君惊恐地问："那该怎么办呢？"子贡说："整治好武器，休养士卒，以逸待劳。"

吴王和齐军在艾陵交战，大败齐军，又带兵和晋国人在黄池会盟。吴、晋两国争雄，晋国人攻击吴国，大败吴军。越王听到吴军惨败的消息，就渡江去袭击吴国，逼近了吴国都城。吴王听到这个消息，匆忙带军队返回，和越军在五湖一带大战，接连战败。越军包围王宫，杀死了吴王夫差。越王称霸东方。

那么，历史上子贡真的出使五国一趟，就改变大局了吗？下面再看一下《左传》对子贡的记载。

鲁定公十五年（公元前 495 年）春，邾隐公到鲁国朝见，子贡观礼。当时邾隐公手里拿的玉举得很高，仰着脸。鲁定公接玉姿势又太低，脸朝下。子贡说："用礼法来看待这件事，两位国君都有将死的征兆。礼是死生存亡的主体，左右周旋、进退俯仰，一举一动，都能寻找到信息。朝会、祭礼、丧事、征战，也可以用来观察。在正月互相朝见，都不合法度，说明两位国君的心里已经不存在礼了。朝会不符合礼仪，哪里能够长久？高和仰，表明骄傲；低和俯，表明衰颓。骄傲接近祸乱，衰颓接近疾病。君王是主人，恐怕会先死吧！"这是《左传》中子贡对礼的解释。孔子认为子贡是多嘴的人。当年夏天，鲁定公死亡。公元前 479 年，孔子去世，鲁哀公致悼词深痛悼念孔子。子贡（赣）认为鲁哀公在圣人活着的时候不能任用，死了又致悼词，不合于礼仪；自称“一人”，不合于名分。鲁哀公把礼与名两样都丧失了，不能善终。此外，就没有相关内容了。

《史记》中所记与《越绝书》的内容几乎雷同，有学者考证，《史记》此部分内容抄自《越绝书》，而《越绝书》这部分内容可能为子贡所写，所记有自我夸大之嫌。而且，子贡的外交活动，没有一个具体的时间，与同时期发生的事情也存在出入。只能说，《史记》所谓的“子贡一出，存鲁，乱齐，破吴，强晋而霸越。子贡一使，使势相破，十年之中，五国各有变”，是司马迁编撰的一个理想故事。

楚灭陈

陈国是西周初年分封的一个非姬姓诸侯国，其开国之君为陈胡公。《史记·陈杞世家》载：“陈胡公满者，虞帝舜之后也。昔舜为庶人时，尧妻之二女，居于妫汭，其后因为氏姓，姓妫氏。舜已崩，传禹天下，而舜子商均为封国。夏后之时，或失或续。至于周武王克殷纣，乃复求舜后，得妫满，封之于陈，以奉帝舜祀，是为胡公。”

东周时期，诸侯国之间战争不断，陈国被卷入，加上陈国国内政治荒淫腐败、内乱迭起，国势逐渐走向衰落，终至覆亡。陈国自公元前 1045 年胡公妫满立国，至公元前 478 年被楚国所灭，生生死死，历时五百六十余年。

陈国在春秋时期是个有故事的国家。公元前 719 年，陈国因与卫国有姻亲关系，曾派军队与宋国、卫国军队一起讨伐郑国。鲁桓公五年（公元前 707 年），陈桓公鲍去世，其弟佗在蔡国的帮助下杀死了太子免（桓公的儿子）继位，是为陈厉公。陈厉公即位后，生子陈完（字敬仲）。周太史预言，陈完的后代将在齐国兴起。他的弟弟林(庄公)、杵臼(宣公）二人相继成为陈国国君。

陈庄公时，陈军经常跟随宋、卫等国出兵伐郑。陈宣公曾多次参与齐桓公组织的会盟。

陈国有美女，嫁蔡侯、息侯。息侯迎娶陈女时，蔡侯调戏她，引发战争。楚文王借机灭息国而抢走陈女（息妫）。公元前 676 年，周惠王也娶陈女为王后（惠后）。

公元前 672 年，陈宣公杀死了太子御寇。御寇平时与陈完关系较好，陈完害怕祸及于己，就带着家人逃到了齐国，成为齐国的工正，后来田齐代姜的田氏就是他的后代。公元前 656 年，陈宣公跟随齐桓公征伐蔡国，与楚国在召陵会盟。陈国大夫辕涛涂欺骗齐桓公，招来联军围攻，被狠狠教训了一顿。

齐桓公之后，陈穆公倒向楚国，助楚成王参加了宋襄公在盂地组织的会盟。宋襄公被抓，宋国也被狠狠地教训了一顿。后来，楚国人发现陈国暗中与宋国勾结，出兵讨伐，陈国不得不归顺。公元前 633 年冬天，楚王带领陈、蔡、郑等国围攻宋国，引发城濮之战。楚军战败，陈国又归顺晋国，参加了晋国组织的践土、温地、翟泉结盟，又参与晋国组织的攻许之战。公元前 625 年冬，陈国派军队参与晋国组织的攻打秦国的战役。次年春，又随晋军攻打沈国。公元前 618 年，楚军攻打陈国，攻占壶丘，陈国被迫与楚国讲和。

公元前 613 年，陈灵公即位，陈国又与晋结盟，归顺晋国。不久便出兵参与晋国组织的平息宋国内乱的战争。公元前 608 年秋，楚国以陈、宋两国背楚而听命于晋国为由，联合郑国攻打陈、宋两国。公元前 604 年，陈国与楚国讲和。公元前 601 年，陈国又与晋国讲和，楚军随即前来攻打，陈国又请求与楚讲和。次年九月，晋国也来问罪。

陈灵公时期的陈国非常混乱，《国语》中有一篇《单子知陈必亡》，讲的就是周定王安排卿士单襄公出使宋国，此后又借道陈国去访问楚国的故事。已是清晨能见到大火星的季节了，陈国道路上杂草丛生无法通行，负责接待宾客的官员不在边境迎候，司空不巡视道路，湖泽不修筑堤坝，河流之上不架设桥梁，野外堆放着谷物，谷场还没有修整，路旁没有种植树木，田里的庄稼稀稀拉拉，膳夫不供应食物，里宰不安排住处，都邑内没有客房，郊县里没有旅舍，百姓将去为夏氏修筑台观。到了陈国都城，陈灵公与大臣孔宁、仪行父穿戴着楚地流行的服饰到夏氏家玩乐，丢下客人不会见。单襄公回朝后告诉周定王：“陈侯如果不遭凶灾，国家也一定要灭亡。”后来陈灵公等人与夏姬淫乱，侮辱夏姬子夏徵舒，夏徵舒射杀陈灵公。楚庄王以夏徵舒弑君为由，出兵陈国，杀夏徵舒，灭陈国。因申叔时劝阻，楚庄王又恢复了陈国。

公元前 570 年，陈国背叛与楚国的盟约，楚共王出兵伐陈，后因陈成公去世而撤兵。公元前 549 年，郑简公给晋国送去大批贡品，请求晋军攻打陈国，解除后顾之忧。第二年六月，陈国被郑国夜袭，攻破都城，陈哀公带领朝廷上下向郑国投降。

公元前 534 年，司徒招和公子过趁陈哀公生病之际，杀死太子偃师，愤懑的陈哀公自缢身亡，司徒招遂立公子留为国君。楚灵王派公子弃疾率兵伐陈，灭了陈国。弃疾（楚平王）弑楚灵王自立，陈国再次复国。

吴国兴起后，开始入侵江淮流域。吴王僚时就曾派公子光攻打陈国。吴王阖闾攻楚，请陈怀公出兵相助，陈怀公拒绝。公元前 502 年，陈怀公去吴国。吴王阖闾将其扣留，陈怀公死在吴国。吴国在夫椒之战打败越国后，吴军就入侵了陈国，并在陈国驻军。公元前 489 年，吴国再次攻打陈国。陈国向楚国求救，楚昭王领兵救援，死于军中。此后，陈国亲近吴国，楚国又讨伐陈国，吴国出兵救援。

公元前 479 年，楚国的白公胜造反，陈国人趁机侵入楚国。楚国安定下来以后，楚惠王派公孙朝率军攻打陈国，公孙朝领兵灭了陈国。《史记》记载：“楚惠王复国，以兵北伐，杀陈湣公，遂灭陈而有之。”

陈国最终还是成了楚国的一个县。

贪图虚名的吴王夫差

大家都知道，历史上四大美女之一的西施，被越王勾践送给了吴王。勾践借机卧薪尝胆，发展经济和军事，鼓动吴王杀伍子胥、率兵北上称霸，最后利用吴国国内兵力空虚之际消灭了吴国。那么，这个吴王是谁呢？夫差，阖闾之子！阖闾就是雇专诸刺死吴王僚的公子光。

春秋中期，晋、楚两国争霸近百年，相互消耗实力，南方楚国的统治地位被新崛起的吴国所替代。吴国的崛起得益于晋国的支持和帮助。晋景公时，派申公巫臣出使吴国，牵制楚国，帮助吴国很快发展起来。公元前 544 年，吴国公子季扎（吴王阖闾的叔叔）先后到鲁国、齐国、郑国、卫国、晋国等国访问，以文化交流谋求相互友好。公元前 538 年夏天，楚国攻打吴国，随后，吴国反击楚国。公元前 506 年，双方在柏举大战，吴军大败楚军，攻破楚国都城，楚昭王逃离都城。虽然在越国和秦军的帮助下，楚军又打跑了吴军，楚国却因此而迁都。公元前 496 年，吴国发兵攻打越国，在檇李交战，吴军大败，阖闾受伤而亡，他的儿子夫差即位。两年后，吴王夫差发兵报仇，在夫椒打败越军，勾践无奈求和。此后，势头迅猛的吴军攻打陈国，以报复陈国以前对吴国的不尊重。

公元前 488 年，鲁国、吴国在鄫地会盟。夫差竟然要求鲁国必须以超过礼仪规定的百牢之礼宴请自己。鲁国的子服景伯认为，自周朝建立以来从未有过这样的事情！吴国人坚定地说：“宋国曾以百牢之礼招待我们，鲁国不能比宋国差。而且，鲁国也曾以超过十牢之礼的规格宴请过晋国大夫，以百牢之礼宴请吴王，不也是可以的吗？”子服景伯说：“晋国的大夫范鞅贪婪而抛弃礼仪，仗势欺压弱小，我们不得不以十一牢之礼宴请他。周朝统一天下，制定礼仪，上等物品数字不超过十二，因为十二是上天的大数。贵国若讲究礼仪，以诚心来对待诸侯，那么我们就按照规定的数量宴请。若贵国抛弃周礼，一定要我们以百牢之礼相待，我们只能照办。”最终鲁国以百牢之礼款待了吴王。当年秋天，鲁国军队侵入邾国都城，俘获了邾国国君。邾国的大夫茅夷鸿带了五匹帛四张熟牛皮到吴国求援。吴国遂出兵攻打鲁国，逼迫鲁国签订盟约。齐国请求吴国一起出兵攻打鲁国，鲁国害怕了，向齐国求和。齐悼公出尔反尔，惹怒夫差。公元前 486 年，夫差要鲁国一起攻打齐国。越王勾践趁机朝见吴王，赠送食物财礼。在佞臣伯嚭的诱导下，沉溺于声色犬马、视百姓如寇仇的夫差，杀了骨鲠之臣伍子胥。夫差又率兵在艾陵打败了齐国。

公元前 482 年夏天，夫差率精兵到黄池参加会盟，决定与晋定公一争高下。夫差领兵北上后，蓄力多年的勾践率兵攻打吴国，大败吴军，俘虏了太子友、王孙弥庸等人。夫差得到消息，匆忙与晋定公歃血会盟后返回，向越国求和。公元前 480 年，楚国也出兵攻打吴国。公元前 478 年，越王领兵再次攻打吴国，在笠泽大败吴军。公子庆忌谏言夫差务实求保，结果被杀。公元前 475 年，越国围攻吴国，北方的晋国不能相救，两年后吴国灭亡，夫差自杀。

吴王夫差至死也没有放下自己的面子。

越国的崛起

人们习惯连称吴国和越国为“吴越”，其实，在汉朝人所著的《吴越春秋》《史记》诸书中，可以非常清晰地看出，两国的文化起源不一样。吴国的开创者吴太伯是周太王长子、周文王父亲季历的哥哥，因为不愿意继承家业，就躲到吴地。越国的开创者无余则是大禹后裔，少康之庶子，被封于会稽，因守护和祭祀大禹的陵墓而建越国。所以，越人早在周朝之前便已建国，吴国要晚得多。

越国的崛起是一个漫长的历史过程。《吴越春秋》载，无余传了十余代，最后一位君主能力平平，与平民无异，禹祀断绝。过了十多年，一个生而会说话的小孩，号称无壬，他指向禹墓说：“我是无余君之后代。我要向天祈福，恢复对大禹的祭祀。”此后，越国才渐渐有了君臣道义。寿梦成为吴王后，允常也成为越国之主，越国的兴起与称霸就从允常开始了。

春秋晋、楚两国争霸激烈，吴、越两国被支持发展起来，继而转向争霸，成为冤家对头。

晋国的“吕相绝秦”这一举动，对当时的大国关系产生了深远影响。晋国与齐国、楚国，甚至吴国都发生过战争。楚国联秦抗晋，晋国形势危急。为了牵制楚国，晋国派楚国叛臣申公巫臣出使吴国。在晋国的扶持下，吴国迅速崛起，时常袭扰楚国，以致“无岁不有吴师”。楚国为了缓解压力，就与吴国南部的越国加强交往。鲁昭公二十四年（公元前 518 年），越国大夫胥犴在豫章江边慰问楚平王，越国公子仓还送给楚平王一艘船，并随楚国攻打吴国。公元前 516 年，吴国出兵攻打越国，两国冲突不断。随着时间的推移，吴、越崛起，地缘关系再加上晋、楚两国的支持，吴、越矛盾加剧，由此引发了“吴越争霸”。

《史记》记载，周敬王十四年（公元前 506 年），吴王阖闾在伍子胥、孙武的辅佐下，五战大败楚军，攻入楚国都城郢。伍子胥鞭楚平王尸为父报仇。越王允常探知吴军倾巢出动，国内空虚，就出兵攻伐吴国。楚国向秦国求援，秦国出兵击吴救楚，吴军大败，由此引发夫概之乱，吴王阖闾被迫撤军。由于此战，吴、越两国怨恨加深，战争日益频繁。公元前 497 年，越王允常去世，勾践承袭王位。次年，吴王阖闾发兵攻打越国。勾践率兵迎战吴军于槜李，吴王阖闾因此战受伤而死。阖闾临终之前，告诫儿子夫差日后一定要向越国复仇。

勾践听说吴王夫差日夜秣马厉兵准备攻越，不顾范蠡等人劝阻，决定先发制人攻打吴国。公元前 494 年，吴、越双方于夫椒大战，越国兵败，勾践在范蠡劝说下派文种求和，向吴国称臣。勾践卧薪尝胆，并贿赂吴国佞臣伯嚭，而夫差在失去越国的威胁后，开始放松警惕，最终释放勾践回国。勾践回国后，一方面以金钱美女贿赂吴国君臣，导致吴国自上而下对越国不设防。另一方面则精心治理国家，暗中积聚力量，随时准备向吴国复仇。公元前 489 年，吴王夫差得知齐景公去世，齐国内乱，乃兴师伐齐，后又攻鲁。齐国再次内乱，夫差再攻齐。吴军在北方征战了五年多的时间。公元前 482 年，吴王夫差又率精兵北上，会诸侯于黄池，与晋国争霸主之位。越王勾践经过十年生聚，国富兵强，趁着吴国国内空虚，出兵攻入吴国境内，大败吴国守军，俘获吴太子友，夫差回国后被迫向越请和。四年后，越国再度出兵攻吴，在笠泽大败吴军，吴国自此一蹶不振。

公元前 476 年，越王勾践再度伐吴，经过长达近三年时间的围困，最终于公元前 473 年攻入吴都，吴王夫差自杀，吴国灭亡。勾践灭吴之后，北渡淮河在徐州与齐、晋会盟，向周天子进献贡品，周元王则派使者赐勾践胙肉，承认越王为“伯”。此后，越王勾践将淮河流域的土地送给了楚国，将吴国攻占的宋国领土还给了宋国，又将泗水以东方圆百里的土地送给了鲁国。他纵兵横行于江、淮流域东部，自称霸王，获得了诸侯们的认可。

历史就是你方唱罢我登场。战国时，越王无强受齐威王蛊惑而攻楚，战败后臣服于楚。

许瑕求封

郑国罕达的宠臣许瑕求取封邑，当时郑国国内大家世族已经固化，没有地方可以封给他了。许瑕请求取之于国外，罕达竟然答应了。到哪里找地方呢？宋国和郑国之间本来有六块空地：弥作、顷丘、玉畅、嵒、戈、钖（锡）。当初子产和宋国人达成协议，说：“谁也不要占用它。”宋平公、宋元公的族人逃亡到郑国，郑国人答应他们在嵒地、戈地、钖（锡）地建城。公元前 486 年，郑国出动军队进攻宋国的雍丘。宋国又出兵包围了郑军，罕达救援失败，最终郑军在雍丘被全灭。随后，宋景公还发兵攻打郑国。

鲁哀公十二年（公元前 483 年）九月，宋国的向巢进攻郑国，占领了钖（锡）地，杀死了宋元公的孙子，随后又包围了嵒地。十二月，郑国的罕达救援嵒地，包围了宋军。第二年春天，宋国的向魋率军前往嵒地解救宋军，没有成功。郑军将嵒地的宋军全杀了，把六城掠夺一空。

郑国人求取封邑，到宋国去取，结果引发冲突。各不相让的双方最终还是回到了原状！

三族共政

宋景公是宋元公的儿子。宋元公的自私行径，引发了华氏和向氏叛乱，华氏抓捕和杀死了宋元公的儿子，宋景公有幸逃脱。等到宋景公继位时，宋国的政局已经发生了重大变化，华氏和向氏失势，皇氏、乐氏和灵氏三族兴起，政权仍然掌握在大家族手里。

宋景公没有儿子，就过继了公孙周的儿子得和启。景公在宫里抚养他们两人，没有确立谁为继承人。当时皇缓任右师，皇非我任大司马，皇怀任司徒，灵不缓任左师，乐茷任司城，乐朱钼任大司寇，三族六卿共同执政，通过大尹向宋景公报告国家大事。大尹经常不向宋景公报告，而按照自己的意图假称君命发号施令。时间一久，就被发现了，六卿和大臣都很厌恶他。司城想要除掉大尹，左师说："随他去吧，让他蒙蔽国君，一旦失去信任和根基，他就完了！"

宋景公外出游玩时，死在了空泽的连中驿馆。大尹很镇定，他带领上千位甲士，秘密护送宋景公的尸体返回国都，到了沃宫。他马上派人召请六卿说："听说国内有城邑发生动乱，国君请六卿前来一起商量对策。"六卿到达宫廷后，大尹用武力威胁他们说："国君有了重病，请诸位盟誓，没有外心。"六卿在小寝院子里盟誓之后，大尹马上立启为国君，然后把宋景公的棺椁安放在祖庙里。三天以后，国内的人才知道宋景公死了。六卿很愤怒，司城乐茷派人在都城到处宣扬："大尹蛊惑国君，专权跋扈，国君没有生病就死了。死了以后又秘不发丧，肯定是大尹害死了君王！"

大尹听到传言，害怕了，和他的家臣商量说："他们在小寝院子盟誓我没有参加，恐怕他们几个会合伙对付我。我再跟他们盟誓吧！"他的家臣认为可以这样补救。于是，他让太祝制作了盟书，并通知了六卿。六卿也准备和他盟誓。不料太祝提前把盟书的内容告诉了皇非我，皇非我就与乐茷、灵不缓等人商量，决定要把大尹赶走。于是他们组织队伍，发放武器，煽动队伍在都城巡游，说：“大尹蛊惑国君，欺凌公室。大家行动起来去解救君王。”大尹也派人到处宣扬说：“皇氏、乐氏准备发动内乱，打败他们可享荣华富贵。”大尹抬出了国君，皇氏、乐氏等六卿不敢行动了，就到处宣传大尹的罪恶，导致国人都认为大尹欺上瞒下，是祸根。大尹只好带领着启逃亡去了楚国。

《左传》记载，得梦见启头向北睡在都城的外边，自己变成大鸟栖息在他的身上，嘴巴搁在南门上，尾巴搁在北门上。他醒来以后说：“我的梦很吉祥，注定要成为国君。”宋人于是就立得为国君。六卿达到了目的，盟誓说：“三族共政，无相害也！”这样三大族又形成了同盟，只是换了一个国君而已。

苛求，用人者戒

最近，读书之余，对古代用人突然产生了一些感想。国家兴盛富强，在于用人；国家衰亡，在于乱用人。总之，事业成败在人！

大禹治水是家喻户晓的神话故事。尧用鲧治水，鲧没有长远眼光，一味采用堵塞之法，治水九年而水不息，功用不成，结果造成后来更大的灾难，于是鲧被杀了。大禹接受鲧的教训，“劳身焦思，居外十三年，过家门不敢入”。他疏堵结合，因势利导，“开九州，通九道，陂九泽，度九山”，最终制服了洪水。可见，一个人的眼界和处事之法不一样，结局就不一样。用人对与否，决定事业的成败。

《左传》记载，春秋时期的齐桓公，不计前嫌，重用曾箭射自己的管仲，实现了富国强兵，从而“九合诸侯，一匡天下”，成为一代霸主。吴王夫差听信伯嚭谗言，害死骨鲠之臣伍子胥，最终国破人亡。

应该说，无论鲧、大禹，还是管仲、伯嚭，都是才能突出的人物，只不过所用不同，结局不同而已。历史上，还有掌权者没有容人的肚量，苛求于人，即盯住他人的弱点不放，强求他人十全十美，美其名曰眼中容不得沙子。殊不知，这种人才观对事业百害而无一利。

战国时，卫国已经沦为一个弱小诸侯国。为了自强图存，卫侯（卫国国君）四处招揽人才，孔子的孙子子思向他推荐了苟变。卫侯说：“我知道苟变，他的确是一位可以统帅军队的将才！但他在担任收税的小官吏的时候，吃了老百姓两个鸡蛋。所以，我一直不用他。”子思听了卫侯的话，意味深长地告诉卫侯：“圣人用人，就如同匠人选木料，取其所长，弃其所短。当今天下纷争不断，为了先前的两个鸡蛋而舍弃攻城略地的将军，因小失大啊！这样的人才如被他国发现而聘走，损失就大了！”卫侯诚恳地接受了子思的意见，任用苟变为将。

人无完人。不能因为有小毛病而埋没真才实学者，懂得扬长避短事业才会有大发展。

“无自律”

鲁哀公十六年即公元前 479 年，孔子去世。鲁哀公亲自为其撰写了一篇悼词：“旻天不吊，不慭遗一老，俾屏余一人以在位，茕茕余在疚。呜呼哀哉！尼父，无自律。”这段悼词虽然简短，但深刻表达了鲁哀公对孔子逝去的深切哀伤，以及对孔子无法继续指导自己的遗憾。

“无自律”，就是没有了效仿的榜样的意思。鲁哀公为什么说孔子离世自己就“无自律”了呢？

孔子是我国古代伟大的思想家和教育家，儒家学派创始人。孔子一生怀才不遇，曾担任过季氏的门下小吏，管理仓库和牧场，后升为中都宰、司寇。后来看不惯鲁国贵族的腐朽，开始周游列国，致力于传播推广其文化思想和政治主张，寻求实现政治抱负的机会。孔子晚年回到鲁国，并未得到鲁哀公的任用。鲁哀公和季康子都曾向孔子请教治理国家的问题，孔子强调了用人的重要性。此外，孔子还曾对鲁哀公提出过“水则载舟，水则覆舟”的比喻，警示他要时刻意识到人民的力量和重要性。

鲁哀公是春秋时期鲁国的第二十六任君主，是鲁定公的儿子。鲁哀公时期，鲁国的政权实际上是掌握在季孙氏、孟孙氏、叔孙氏三家族（史称“三桓”）手中，他自己则扮演了一个象征性的角色。

鲁哀公宠爱公子荆的母亲，打算立她为夫人，派宗人衅夏献上立夫人的礼品。衅夏回答：“没有这样的礼节。”哀公发怒说：“你担任宗司，立夫人是国家的大礼，你怎么能说没有？”衅夏回答：“周公和武公娶薛国女，孝公、惠公娶宋国女，从桓公以后都娶齐国女，这样的礼节是有的。如果把妾立为夫人，就没有这样的礼节。”鲁哀公最终还是立了公子荆的母亲为夫人，荆为太子。国人由此开始讨厌他。鲁哀公曾试图请越国帮助讨伐“三桓”，公元前471年，鲁哀公到越国拜访，越太子要把女儿嫁给他，季孙氏从中阻挠没有成功。公元前468年，“三桓”围攻鲁哀公，鲁哀公逃往卫国，最终到了越国，也没实现自己的目标。

子贡听了哀公的悼词后，就说：“国君恐怕不能在鲁国善终！圣人活着时不能任用，死了又致悼词，这不合于礼仪；自称‘一人’，这不合于名分。国君把礼与名两样都弄丢了。”现在看来，当时鲁哀公所讲的“无自律”，也许就是一句好听的客套话而已，并不一定体现真心。

春秋终结于“三家灭智”

《左传》最后一章，记录的是鲁哀公二十七年，即公元前468年的事情。结尾是“三家灭智”。

晋国自晋文公时期开始实行三军六卿制，这一制度使得军中的权力逐渐集中到六卿手中。六卿采取世袭制，主要由狐氏、先氏、郤氏、胥氏、栾氏、范氏、中行氏、智氏、韩氏、赵氏、魏氏等十一个世族所把持，他们按照“长逝次补”的原则，轮流执政。随着六卿之间争权夺利的矛盾日益加剧，狐氏、先氏、郤氏、胥氏先后被灭，赵氏也仅仅因赵氏孤儿赵武的特殊身份而得以保留。鲁襄公二十三年（公元前550年），晋人杀栾盈，栾氏被灭族，六卿世家此时仅剩韩氏、赵氏、魏氏、智氏、范氏、中行氏六家，每家占据一个卿位，把持着晋国军政大权。鲁哀公二年（公元前493年），赵鞅灭范氏、中行氏，六卿变为四卿。赵鞅去世后，他的儿子赵无恤继承了赵鞅的卿位。日益强大起来的智氏智瑶位列正卿。

《左传》记载，鲁悼公四年，智瑶领兵围攻郑国，晋军将要攻破城门，智瑶对赵无恤说："你领兵攻进去！"赵无恤说："您是主帅，我怎敢先攻城！"智瑶嘲讽赵无恤："你相貌丑陋而缺乏勇气，如何掌管赵家！"赵无恤因此而怨恨智瑶。智瑶不知收敛，想要消灭赵氏，不久便率领韩氏和魏氏军队围攻赵无恤。智瑶贪婪而刚愎自用，韩、魏反戈，与赵氏联合将智氏消灭了。

《史记·赵世家》记载得更为详细。晋出公十一年（公元前464年），智瑶领兵讨伐郑国。赵鞅生病，派太子毋恤(无恤）率兵围攻郑国。智瑶喝醉了，用酒强灌毋恤并击打他。事后智瑶还要赵鞅废掉毋恤的太子之位，赵鞅没有理会他。毋恤从此更加怨恨智瑶。

赵鞅去世，毋恤继承赵氏主位。智瑶和赵、韩、魏三家瓜分了范氏、中行氏原有的领地。晋出公大怒，通告齐国、鲁国，想依靠这两国讨伐四卿。四卿竟联合起来攻打晋出公，晋出公死于逃亡路上。智瑶于是立了晋懿公，专权于晋国。智瑶要求韩、魏两家割让领地，韩、魏害怕，不情愿地给了他。他又要求赵氏割地，毋恤不给。智瑶大怒，就率领韩、魏两家军队进攻赵氏。毋恤退守晋阳。

智、韩、魏三家围攻晋阳，攻了一年多，还掘引汾水灌城，也没攻下。毋恤担心城被攻破，于是派家臣张孟同趁着夜色出城到韩、魏两家游说。韩、魏被说服，韩、魏、赵结成同盟，放水淹没了智瑶的营地，三家一起灭了智氏，共同瓜分了他的领地。

有人讲"三家灭智"，已经是发生在战国时期的事情了。但《左传》结束的时候，专门对此事件做了介绍。这就是明确地告诉后人，春秋与战国的分界就是“三家灭智”。这场战争最终以智瑶的失败和智氏的灭亡告终，为后来的“三家分晋”奠定了基础。这一历史事件不仅改变了晋国的政治格局，也标志着春秋时期的结束和战国时期的开始。